MARINS
ET
MISSIONNAIRES

CONQUÊTE DE LA NOUVELLE-CALÉDONIE

1843—1853

PAR

LE P. A. DE SALINIS, S. J.

PARIS

V. RETAUX ET FILS, LIBRAIRES-ÉDITEURS

82, RUE BONAPARTE, 82

1892

Droits de reproduction et de traduction réservés.

MARINS
ET
MISSIONNAIRES

L'AMIRAL FÉBVRIER DES POINTES
Qui, en 1853, prit, au nom de la France, possession de la Nouvelle-Calédonie. — Tableau appartenant au comte Guy de Polignac (château de Kerbastic).

MARINS
ET
MISSIONNAIRES

CONQUÊTE DE LA NOUVELLE-CALÉDONIE

1843 — 1853

PAR

LE P. A. DE SALINIS, S. J.

PARIS
V. RETAUX ET FILS, LIBRAIRES-ÉDITEURS
82, RUE BONAPARTE, 82
1892
Droits de reproduction et de traduction réservés.

A MES ANCIENS ÉLÈVES

DE

L'ÉCOLE PRÉPARATOIRE A LA MARINE

A BREST ET A JERSEY

(1879 A 1888)

La rivière de Tarataka à Saint-Esprit (Nouvelles-Hébrides).
D'après une photographie du docteur François.

AVERTISSEMENT

arins et *Missionnaires* est le récit authentique de l'occupation de la Nouvelle-Calédonie par la France. Cette page de notre histoire maritime n'a jamais été écrite jusqu'à ce jour. En sorte que tout est inédit dans notre récit. Il a paru une première fois dans les *Études*[1] : l'accueil encourageant que lui ont fait les nombreux lecteurs de cette revue nous a décidé à le publier de nouveau.

Les documents que nous avons consultés sont de première main. Ils nous ont été fournis par le commandant Candeau, qui a fait la campagne du *Phoque* en qualité de chef d'état-major de l'amiral Fébvrier des Pointes.

1. *Études religieuses*, etc., par des Pères de la Compagnie de Jésus. Retaux, libraire-éditeur, 82, rue Bonaparte, Paris. — 20 francs par an.

M. le comte de Marcé, que son oncle l'amiral Fébvrier des Pointes avait pris pour aide de camp, a bien voulu aussi nous communiquer, avec une parfaite courtoisie, la correspondance qu'il entretenait avec sa famille pendant la campagne du *Phoque*.

Ces deux témoins ont vu tout ce que nous racontons et noté au jour le jour les événements auxquels ils ont pris part.

Enfin, le P. Montrouzier a daigné nous envoyer de Nouméa ses observations : nous en avons profité. Ce vétéran de l'apostolat est un des héros les plus illustres de l'histoire de la mission new-calédonienne.

Les lecteurs qui cherchent à la fois la vérité et l'intérêt du récit seront satisfaits en parcourant la suite de ces épisodes curieux et attachants.

Un officier de marine, qui trois ans après l'occupation fut envoyé dans la nouvelle colonie, écrivait au commandant Candeau, après avoir parcouru ses notes :

« Avec votre consciencieux travail, je suis momentanément revenu aux années lointaines, hélas! où moi aussi, en 1856, j'ai connu presque toutes les personnes désignées dans vos mémoires : le P. Rougeyron, devenu évêque[1], et l'excellent et si dévoué P. Montrouzier, de Balade.

« C'est surtout le souvenir de ce petit Père au grand nez, à l'air chétif; c'est surtout son souvenir qui m'est resté, à cause de son complet oubli de lui-même et de

---

1. C'est une erreur; le P. Rougeyron, par humilité, n'a jamais voulu accepter la dignité épiscopale. Il a dirigé près de vingt ans la mission en qualité de pro-vicaire apostolique. A l'arrivée de Mgr Vitte, il a été reprendre son ancien poste de Pouébo. (Note du P. Montrouzier.)

son activité. Je ne connaissais pas son haut fait, d'avoir ramené le chef Tiangoun à bord pour y faire sa soumission, après sa fugue.

« Le récit de sa lutte avec l'amiral, de son aventureux voyage tout seul au village, de l'entrevue du chef canaque avec l'amiral; tout cela est palpitant d'intérêt. De même, l'expédition nocturne, si habilement conduite et couronnée d'un succès si complet, l'enlèvement des cinq chefs turbulents, la douloureuse attente de l'*Américain*, du *Catinat*, du *Prony*, de la *Constantine;* l'impression si triste, si pénible qui a suivi l'empoisonnement. Tous ces faits m'ont d'autant plus intéressé que leur récit se borne à en faire l'exacte relation.

« Que de romanciers de profession seraient heureux de posséder ces récits tout empreints encore de leur saveur maritime et canaque. »

Nous nous sommes bien gardé de faire du roman, nous avons voulu écrire une page d'histoire; et il se trouve que l'histoire est plus intéressante que ne le serait le roman.

Notre désir eût été de ne rien perdre du pittoresque que la plume inexpérimentée de l'ancien chef d'état-major de l'amiral des Pointes donne parfois à son style : trop souvent la langue française aurait reculé un peu effarouchée. Il a fallu modifier, élaguer, refondre : c'est en cela qu'a consisté surtout notre tâche. Mais nous ne saurions nous refuser à citer quelques passages de ces Mémoires d'une originalité d'expression passablement militaire. Le lecteur aura ainsi une connaissance plus complète de la source à laquelle nous avons puisé plus abondamment.

Le roi de l'île des Pins vient d'annoncer au commandant du *Herald* qu'il s'y est pris trop tard pour lui demander son royaume. Le commandant Candeau écrit ce qui suit : « A cette réponse inattendue, dont le jet électrique éclaira subitement le vertueux hydrographe des pieds à la tête, en lui permettant de bien voir, en la personne du capitaine du *Herald*, un joué par-dessous la jambe et un *blackboulé*, suivant le mot de sa langue, de la façon la plus complète et la plus dédaigneuse !... A cette réponse humiliante, redit-on, le malin fils d'Albion, devenu instantanément un Anglais tout nature, se mit dans une colère féroce, chassa ce bon et loyal monarque à coups de pied sur le nu et n'importe où ! Enfin, en termes de bord, le débarqua sans palans, traduction libre, le fit jeter à la mer par-dessus bord.

« A quelque sentiment patriotique que puisse appartenir le juge d'un semblable fait, il est assez difficile d'admettre que, même le plus partial, ne dise avec juste raison : Pauvre roi ! Oh ! oui, pauvre et unique roi au monde, car certes tout autre que lui, en Europe particulièrement, aurait été infailliblement blessé de ce procédé, peut-être trop violent ! Mais cet homme supérieur ! ce grand philosophe, cet admirable et religieux esclave de sa parole et de son honneur, ne proféra même pas un mot de protestation, et toujours oublieux de sa dignité, il se borna à une humide et froide appréciation de sa position, et prenant bravement son parti en présence de cette chute de sa grandeur terrestre, il se mit à tirer la brasse, et méprisant l'adversité, les hommes et les requins, il se dirigea majestueusement vers la plage la plus rapprochée d'abord ; puis, sans mesquine précipitation, il marcha vers sa capitale et fit sa rentrée dans le palais de ses pères, rafraîchi de corps et rasséréné d'esprit, sous la douce pensée qu'il n'aurait jamais plus rien de commun avec ses indignes frères insulaires, si peu respectueux de sa gracieuse majesté et de sa loyale et belle personnalité. »

Nous bornons là nos citations. Cet exemple suffit. Nous pourrions cependant, à la louange de l'auteur de ces mémoires inédits, faire ressortir les qualités de son âme charitable et loyale, et remarquer, dans son œuvre, avec l'ami qui lui écrivit la lettre citée plus haut, « un jugement rempli de bienveillance à l'égard de tous, missionnaires, officiers et inférieurs, un dévouement affectueux à l'égard de son supérieur, l'amiral Fébvrier des Pointes, qui sort agrandi aux yeux du lecteur ».

Nous ajouterons simplement que le commandant Candeau a trouvé récemment la récompense de ses nobles vertus et des services rendus à la France et aux missions catholiques, dans une mort chrétienne. Son désir, exprimé en nous remettant son manuscrit, eût été de pouvoir lire, avant de mourir, notre travail : qu'il daigne en accepter l'hommage et obtenir de Celui qui est à jamais son partage que ce livre contribue à glorifier notre patrie et notre mère l'Église catholique.

Notre dessein se bornait d'abord au récit de la campagne du *Phoque*, mais cédant à de pressantes sollicitations, nous avons retracé l'histoire sanglante de la lutte soutenue en Nouvelle-Calédonie, pendant dix ans, avec une admirable bravoure, par les missionnaires de la Société de Marie, avant que la France ait définitivement pris possession de cette riche colonie.

Il n'est pas, que nous sachions, de pages plus glorieuses dans l'histoire de l'Eglise, et il est consolant pour nous Français de pouvoir noter, dans nos annales, que notre marine sut admirer la vaillance des apôtres de l'Evangile. Nos braves matelots firent davantage : ils ont donné au zèle des disciples du Christ un appui qui hâta l'heure du triomphe de la foi, et ce dévouement à la plus noble et à la plus sainte des causes ne saurait qu'attirer sur notre patrie les bénédictions du ciel.

Dans cette partie de notre travail, nous nous sommes servi des lettres des missionnaires, des notes gracieusement mises à notre disposition par M. le comte de Marcé, de la Vie si admirable du premier vicaire apostolique de la Nouvelle-Calédonie, et de l'ouvrage récemment publié par le R. P. A. Monfat : *Dix années en Mélanésie*.

Ce n'est pas l'histoire de la mission de la Nouvelle-Calédonie que nous retraçons, mais plutôt celle de la lutte soutenue en commun, des combats engagés côte à côte par les missionnaires catholiques et par les marins français, pour le triomphe de la civilisation chrétienne.

Vue de l'île Vaté (Nouvelles-Hébrides).
D'après une photographie inédite du docteur François.

CHAPITRE I

En route pour la Nouvelle-Calédonie. — La frégate *l'Uranie.* — Mgr Douarre et le commandant Bruat. — Tempête. — L'escadre de l'amiral Dupetit-Thouars. — Le *Bucéphale.* — Visite triomphale à Wallis. — Arrivée à Balade. — Le grand chef Païama. — Les marins missionnaires.

'est le 3 mai 1843 que Mgr Douarre, évêque d'Amata, monta à bord de la frégate *l'Uranie*, commandée par M. Bruat, pour aller fonder la mission de la Nouvelle-Calédonie. Le gouvernement français favorisait ses desseins apostoliques en mettant à sa disposition un de ses navires de guerre. La veille de son départ, Sa Grandeur avait bénit solennellement la frégate, en présence de tout l'état-major.

Une foule considérable, près de trois mille personnes, couvrait les quais du port de Toulon à l'heure de l'embarquement des missionnaires. Le prélat, entouré de ses compagnons et escorté du clergé de la ville, fut acclamé lorsqu'il mit le pied sur le canot qui devait le conduire à bord, et, levant la main, il traça le signe de la croix au-dessus de cette multitude tombée à genoux pour recevoir la dernière bénédiction du futur apôtre de la Mélanésie.

Les Pères de la Société de Marie, qui doivent partager les travaux de l'évêque, saluent, les yeux pleins de larmes, la terre de France, et, courageux et confiants, ils quittent leur patrie pour annoncer l'Évangile aux peuples les plus sauvages du monde [1].

Entourés des soins empressés et respectueux des officiers de marine, et admirablement secondés dans leur zèle, l'évêque et les missionnaires firent voile pour Valparaiso, et de là se rendirent aux Marquises.

C'est dans cette longue traversée qu'une amitié des plus fidèles unit pour jamais Mgr Douarre et le futur amiral Bruat. L'élévation de leurs caractères et les périls de la mer bravés en commun, furent le fondement de cette intimité.

Le commandant avait dans la vertu de son ami une confiance qu'il ne put s'empêcher de lui témoigner en des circonstances bien critiques. A la hauteur de la Plata, une tempête terrible s'éleva subitement au milieu de la nuit et surprit l'équipage. Les matelots n'eurent pas le temps de carguer les voiles. Les rafales, de plus en plus menaçantes, s'engouffraient dans la voilure et tendaient à cou-

---

[1]. C'étaient les PP. Roudaire, Calinon, Bréhéret, Favier, Mathieu et Rougeyron, M. Grézel, qui fit plus tard profession, et les Frères Blaise Marmoiton, Jean Reynaud, Annet Pérol, Jean Taragnat.
Un paquebot à vapeur, *le Phaéton*, était parti le 24 avril.

cher sur le flanc, le navire prêt à s'abîmer dans les flots. « Monseigneur, s'écria le commandant, priez Dieu que l'ouragan emporte les voiles et que le péril cesse ! » L'évêque jeta une médaille de la Vierge dans les flots et dit simplement : « Que le vent emporte les voiles ! » Aussitôt, sous l'effort plus puissant du cyclone, elles se déchirent et sont arrachées des vergues. La frégate était sauvée.

Le Ciel semblait ainsi protéger les marins et les missionnaires voguant vers une terre où l'Évangile n'avait pas encore été prêché.

En vue de Tahuata, le dimanche 15 octobre, l'évêque et l'équipage s'unirent pour fêter le roi du ciel. Descendu à terre, sous un grand arbre au feuillage touffu, Mgr Douarre célébra la messe pontificale. Les marins de l'*Uranie* y assistèrent avec la garnison, ayant à leur tête le gouverneur des possessions françaises au Sénégal, et M. Bruat assisté d'un brillant état-major. L'autel, élevé en un lieu qui avait été maintes fois souillé du sang des sacrifices humains, fut salué, au moment de l'élévation, par les canons de la frégate et du fort.

Le lendemain, l'*Uranie* levait l'ancre et se dirigeait vers la grande île de Nukahiva. Cinq navires, sous les ordres de l'amiral Dupetit-Thouars, mouillaient dans ces eaux.

L'amiral mit aussitôt le *Bucéphale*, commandé par M. de la Ferrière, au service de Mgr d'Amata, et, après avoir dit adieu à leurs amis et compagnons de voyage de l'*Uranie*, les missionnaires continuèrent leur route, faisant voile pour Tonga-Tabou.

Le P. Roudaire, qui a raconté cette longue odyssée

dans une lettre touchante adressée à un de ses frères en religion, dit que le commandant Bruat ne put se séparer de Mgr Douarre sans verser des larmes. Le missionnaire exprime la reconnaissance et les regrets de tous en louant la noble et chrétienne conduite de cet officier qui, pendant la traversée, avait comblé d'égards les apôtres de la bonne nouvelle [1].

Le jour de la Présentation de la sainte Vierge, le *Bucéphale* s'arrêtait à Tonga. Les nouveaux missionnaires se jetèrent dans les bras des P. Grange et Chevron, qui les avaient précédés dans l'apostolat des Canaques. Mais il fallut bientôt se quitter.

L'arrivée de Mgr Douarre à Wallis fut triomphale. Lorsque le canot de débarquement s'arrêta sur les récifs défendant les abords de la plage, les naturels mirent une de leurs pirogues à la mer. Ils y firent monter l'évêque et ses compagnons, et à moitié dans l'eau, poussant la légère embarcation devant eux, ils la conduisirent jusqu'au lieu le moins profond. Là, se rangeant autour d'elle en poussant de grands cris, ils l'emportèrent sur leurs épaules. « C'est ainsi, au milieu des acclamations de tout le peuple, comme nos ancêtres enlevaient autrefois les Pharamond sur leurs boucliers au jour de leur triomphe, que les sauvages allèrent déposer leur précieux fardeau au milieu de l'assemblée rangée en face de l'église. Le chef qui présidait vint alors rendre ses hommages à Mgr d'Amata [2]. »

Cette réception si empressée et si pompeuse semblait

---

1. Lettre du P. Roudaire à un Père mariste. En vue de Wallis, à bord du *Bucéphale*, le 1er décembre 1843. — 2. *Ibid.*

présager d'autres triomphes. C'était l'hosanna du jour des

MGR DOUARRE
PREMIER VICAIRE APOSTOLIQUE DE LA NOUVELLE-CALÉDONIE
D'après le tableau de la résidence des PP. Maristes, à Paris.

Rameaux précédant les angoisses de la Passion. Déjà les
Pères qui travaillaient à la conversion des âmes à Wallis

avaient connu la privation et la souffrance. Mgr d'Amata apportait à l'un d'eux, au P. Bataillon, les lettres du Saint-Siège qui le nommaient évêque d'Enos : il trouva le nouveau prince de l'Église dans un dénuement si complet qu'il n'avait plus ni chapeau ni souliers, et ses vêtements misérables tombaient en lambeaux.

L'évêque conféra la consécration épiscopale au P. Bataillon, en présence de l'état-major du *Bucéphale* et des naturels du pays accourus en foule pour jouir du spectacle.

Après une quinzaine de jours passés à Wallis, Mgr Douarre partit pour la Nouvelle-Calédonie avec les PP. Rougeyron et Viard et les FF. Taragnat et Marmoiton.

Le P. Viard quittait Wallis afin de se consacrer quelque temps à la nouvelle mission et retourner ensuite en Nouvelle-Zélande. Lorsque les sauvages baptisés de ses mains apprirent qu'il s'embarquait pour une autre région, ce fut un désespoir bien touchant. La veille de son départ, le roi de l'île et les chefs vinrent consulter Mgr Bataillon afin de savoir s'il y aurait péché à enlever leur bon Père. Ils voulaient l'emporter dans les bois, l'attacher à un arbre jusqu'à ce que le navire fût hors de vue. Quand ils surent qu'il était défendu de s'opposer à la volonté de Dieu, ils se retirèrent brisés de douleur, et toute la nuit se passa en cris et lamentations. Ils répétaient sans cesse : « Notre Père est mort, pleurons[1] ! » En revanche, le P. Roudaire restait à Wallis, pour fonder une imprimerie dont le matériel fut fourni par le *Bucéphale*.

[1]. Cf. lettre du P. Rougeyron au P. Favier. Port-Balade, Nouvelle-Calédonie, 31 décembre 1843.

Après quelques heures d'escale à Futuna, terre bénie où le bienheureux Chanel, premier martyr de l'Océanie, avait versé son sang pour la cause de Dieu et des âmes, les missionnaires ne s'arrêtèrent plus et marchèrent droit au but de leur expédition.

Le 19 décembre 1843, aux premiers feux du matin, l'île tant désirée apparut enfin avec ses montagnes bleues et ses cascades argentées. Le lendemain, quelques points noirs se mouvant sur les flots furent signalés. C'étaient des pirogues montées par des Canaques. Deux d'entre elles s'approchèrent du *Bucéphale*. On distingua bientôt ces hommes à l'aspect repoussant, aux membres grêles et disproportionnés, couverts d'une sorte de graisse sale et noirâtre. Ils agitaient dans l'air des lambeaux de tapa. Il fallut deviner qu'ils invitaient le navire à jeter l'ancre en face de leur village, au sud-est de Balade.

Le *Bucéphale* gouverna dans cette direction, et à une heure de l'après-midi il entrait dans la rade. Aussitôt des nuées de pirogues se montrèrent sur tous les points. Les hommes qui les montaient étaient affreusement tatoués et de couleurs différentes. Ils paraissaient saisis de terreur et n'osaient approcher.

Enfin une barque, ornée de sculptures étranges, se présenta à portée de la voix. Sur l'invitation des officiers du bord, elle accosta. Un sauvage, d'un tatouage plus compliqué et plus brillant, suivi de plusieurs des siens, monta sur le pont. On sut bientôt que c'était Païama, le grand chef de Balade. Il apportait des présents en signe de bonne amitié. L'équipage le fêta et il quitta le bord tout joyeux, les mains pleines. Quelques verroteries et des étoffes l'avaient largement satisfait.

Mgr Douarre descendit sur le rivage le jour même de son arrivée. « C'est le 21 décembre 1843, écrit-il, que je me prosternai sur cette terre tant désirée et que j'invoquai sur elle les grâces d'en haut [1]. »

Date mémorable qui commence pour ces régions barbares une ère nouvelle, celle du salut par la prédication de l'Évangile. Ces pauvres sauvages devront une reconnaissance éternelle aux apôtres qui ont tout bravé et tout sacrifié pour leur apporter la vraie foi. Ils ne sauraient oublier non plus sans ingratitude la France et ses marins qui ont si bien servi le zèle des missionnaires. C'est le souvenir du dévouement de la marine française à la cause des missions qui met sous la plume du P. Rougeyron ces mots inspirés par une profonde gratitude : « Nous devons une grande reconnaissance à M. l'amiral Dupetit-Thouars, à M. le gouverneur Bruat et à tous les officiers du *Bucéphale*, particulièrement à M. le commandant de la Ferrière. Ils ont été admirables de générosité envers nous et envers les néophytes de toutes les missions que nous avons visitées. Je puis dire sans exagération que M. de la Ferrière a constamment déployé le zèle d'un missionnaire [2]. »

1. Lettre de Mgr Douarre à MM. les membres des conseils centraux de Lyon et de Paris. En rade de Balade, 1er janvier 1844.
2. Lettre du P. Rougeyron au P. Favier, déjà citée.

Une case d'homme à Protection (île Vaté).
D'après une photographie du docteur François.

CHAPITRE II

Visite officielle au grand chef. — Noël sur la terre canaque. — Le pavillon national ombrage la nouvelle mission. — Les Français sont de bons blancs. — Larmes d'adieu. — Pauvreté et misère. — Un évêque maçon. — La famine. — Un navire américain. — Le *Rhin* sauve la mission de Balade.

'ÉVÊQUE voulut rendre sa visite au chef Païama. « Escortés par plusieurs centaines de sauvages, armés de lances et de casse-tête, écrit le P. Rougeyron, nous nous dirigeons vers la case du grand chef. Durant le trajet, qui dura plus d'une demi-heure, nous nous trouvions tous, je ne sais comment, isolés les uns des autres. Rien n'aurait été plus facile que de nous assommer. Les sauvages ne pouvaient se lasser de nous voir. Souvent ils nous fai-

saient faire halte pour nous contempler à leur aise [1]. »

Le but de la visite était de gagner de plus en plus les bonnes grâces des autorités du lieu et de demander un terrain où il fût possible d'élever une construction. On fit comprendre au chef par signes que le désir des missionnaires était de rester. Païama se montra complaisant et céda l'emplacement nécessaire sur la plage, non loin de sa hutte, en un lieu ombragé par des cocotiers.

C'est là que, le jour de Noël, sur un autel de pierres sèches, fut célébré pour la première fois le saint sacrifice de la messe. « Le temple était beau, il avait pour voûte le firmament; l'autel ne ressemblait pas mal, par sa pauvreté, à la crèche de Bethléem, et les bons naturels qui l'environnaient dans le plus grand silence rappelaient assez les bergers accourus auprès de l'Enfant-Dieu [2]. »

En peu de jours s'élève une maisonnette de quatorze mètres sur sept, avec toit de joncs et murailles d'argile. C'est l'œuvre des marins et des missionnaires unis dans un commun labeur avec un joyeux entrain. Le *Bucéphale* fournit le bois de construction. Derrière la maison, un jardin est défriché, et au milieu un puits est creusé.

Le 21 janvier, une messe solennelle réunit l'équipage et les Pères pour l'inauguration du nouvel établissement. Le commandant vicomte de la Ferrière fit placer au-dessus de la mission le pavillon national. C'était une première prise de possession de la Nouvelle-Calédonie par la France.

1. *Vie de Mgr Douarre*, par l'auteur de la *Vie du capitaine Marceau*, t. II, p. 10.
2. Lettre de Mgr Douarre à MM. les membres des conseils centraux de Lyon et de Paris.

Elle fut saluée par vingt et un coups de canon, à l'heure où l'évêque élevait vers le ciel la divine Victime qui s'offre perpétuellement en sacrifice pour la rédemption du monde.

Le commandant du *Bucéphale* confia à l'évêque missionnaire la garde du drapeau. Mgr d'Amata accepta ce poste d'honneur, mais à la condition expresse que le gouvernement français ne tarderait pas à envoyer ses navires et ses marins pour protéger efficacement les couleurs de la patrie. Nous verrons que le gouvernement de Louis-Philippe oubliera l'engagement pris par le commandant du *Bucéphale*, et retirera honteusement le pavillon bien timidement déployé. Il faudra attendre dix ans et une révolution pour que la politique coloniale de la France entre dans une voie digne des gloires du passé et conforme à la fierté du caractère national.

M. de la Ferrière réunit une dernière fois à sa table les officiers et les missionnaires, et vers le soir l'état-major accompagna à terre ceux qui restaient pour commencer leur héroïque mission. Les Canaques accueillirent les Pères et leur escorte avec des démonstrations de joie extraordinaire. Un chef demanda la parole, et dans un discours, que le P. Viard comprit, il déclara que les Français étaient de bons blancs et que tous les hommes d'Ohao (Nouvelle-Calédonie) devaient amour et respect à ceux qui allaient vivre parmi eux[1]. A dix heures du soir, il fallut regagner le navire. L'état-major fut reconduit jusqu'au canot par les Canaques armés de torches.

1. *Vie de Mgr Douarre*, par l'auteur de la *Vie du capitaine Marceau*, t. II, p. 17.

Le lendemain, 22 janvier 1844, le *Bucéphale* mettait à la voile, et en disparaissant au milieu des flots de la haute mer, il salua de son artillerie l'île, la nouvelle mission et ses apôtres.

« Avant d'aborder cette terre si désirée, écrit Mgr Douarre, il y avait en moi un peu d'agitation intérieure. Comment serons-nous reçus ? me demandais-je... J'ajoutais cependant que Dieu devait avoir préparé la voie, que c'était son œuvre, qu'il n'arriverait que ce qu'il voudrait bien, et le cœur se calmait [1]. » Cependant, lorsque l'évêque dit adieu à ses amis du *Bucéphale*, son visage se mouilla de larmes. Il les embrassa tous avec effusion, et, vaincu par son chagrin, il se retira à l'écart; ses mains se joignirent et il resta en prières jusqu'au moment où on vint le prévenir que le commandant l'attendait pour descendre à terre. Personne à bord ne put se défendre d'un affreux serrement de cœur, à la pensée des cinq compatriotes qu'on laissait sur ces rives inhospitalières [2].

Ces tristes impressions étaient bien légitimes. Les Pères abordaient dans un pays où ils restaient seuls, sans le secours d'aucun homme civilisé, sans défense et presque sans ressources, dans une contrée dénuée de tout, chez un peuple féroce et anthropophage. Cependant, grâce à la divine Providence qui veille sur ses enfants, ils constataient, après vingt mois de séjour, qu'il ne leur était encore rien arrivé de fâcheux [3].

---

[1]. Lettre de Mgr Douarre à Mlle C. Monavon. Port-Balade, 12 janvier 1844.
[2]. Lettre d'un officier de marine, citée dans la *Vie de Mgr Douarre*, t. II, p. 18.
[3]. Lettre du P. Rougeyron au P. Colin. Nouvelle-Calédonie, 1er oct. 1845.

Les provisions étaient bien peu considérables. Ils avaient reçu du *Bucéphale* un baril de salaison et trois barils de farine. Ils ne pouvaient compter sur des échanges, ne possédant que peu d'effets à céder, et les Calédoniens ayant encore moins de denrées à leur vendre.

C'était de part et d'autre la pauvreté et la misère.

La paresse est la vraie cause du dénuement des Canaques de la Nouvelle-Calédonie. Ils cultivent la terre avec le secours d'un morceau de bois pointu ou avec leurs ongles, mais jamais suivant leurs nécessités. Ils ne savent pas tirer parti de l'arbre à pain, et dans leurs funestes guerres ils détruisent avec rage les cocotiers. Dès qu'une récolte est terminée, ils appellent leurs amis, et les festins durent tant qu'il y a des provisions. En sorte que pendant la plus grande partie de l'année ils n'ont plus rien à manger. Alors il se jettent sur le poisson, les coquillages, les racines et les écorces des arbres; parfois même ils mangent de la terre et dévorent les araignées, les lézards, jusqu'à la vermine dont ils sont couverts [1].

Afin de ne pas mourir de faim les missionnaires se mirent à gagner leur vie à la sueur de leur front. Ils défrichèrent un vaste terrain et attaquèrent à coups de bêche leur jardin, pour y semer des graines d'Europe. Il fallut des briques afin de construire un four et un nouveau puits, du bois pour une embarcation; enfin leur cabane, à la longue, tomba en ruines; les poutres vermoulues menaçaient de céder; ils élevèrent de leurs mains une nouvelle habitation en pierres.

---

1. Lettre du P. Rougeyron au P. Colin. Nouvelle-Calédonie, le 1er octobre 1845.

On ne saurait qu'admirer davantage leur génie inventif ou leur énergie supérieure à toutes les épreuves.

L'évêque encourageait ses compagnons par l'exemple du travail. Toujours le premier à la besogne, il s'était fait le manœuvre de l'humble frère coadjuteur qui dirigeait la culture et la maçonnerie.

Malgré des efforts héroïques, la sécheresse et le vol, qui est le moindre défaut des Canaques, réduisirent la mission à la dernière extrémité. Pendant plusieurs jours les Pères durent se contenter de quelques racines d'herbe. Les racines elles-mêmes manquèrent, et la veille de la Toussaint, le frère chargé des provisions, constatant que le garde-manger était vide, ne pouvait dissimuler son inquiétude. « Que mangerons-nous demain ? nous jeûnerons ! — Eh ! oui, répondirent gaiement les courageux apôtres du Christ, nous avons grand besoin de faire pénitence, l'occasion ne saurait être plus favorable. »

Cependant on arracha dans le jardin quelques troncs de choux : c'était tout ce qui restait. Le Frère commençait à les faire cuire, lorsque la Providence envoya des Canaques chargés de vivres.

La fête de saint François Xavier menaçait de ressembler à celle de tous les saints. Délaissés par la tribu qui jusque-là avait fourni quelques aliments, les missionnaires n'avaient plus qu'à se résigner à mourir de faim. Mais Celui qui nourrit les oiseaux du ciel ne peut laisser périr des serviteurs qui se sont exposés à tant de privations pour sa gloire. Des sauvages d'une tribu ennemie vinrent pour la première fois offrir aux Pères des vivres en abondance. A la vue de cette nourriture providentielle, les pauvres affamés échangèrent un regard et des larmes de reconnaissance coulèrent de leurs yeux [1].

Le 13 août 1845, parut une voile à l'horizon. Était-ce le *Bucéphale* qui avait promis de revenir? Les cœurs se sentaient joyeux. Pour la première fois les exilés allaient avoir une visite de la patrie absente. Ils crurent leurs misères finies. Le navire mouilla en rade, il portait le pavillon américain. Le capitaine Schonson fut généreux dans sa propre misère. Comme il naviguait depuis de longs mois, ses ressources étaient épuisées. Il donna ce qu'il put et n'accepta rien en retour.

Enfin les couleurs nationales se dessinèrent sur l'azur du ciel, et, le 28 septembre, la corvette française *le Rhin* jeta l'ancre en face de la mission.

« Nous allions trouver des amis, des frères, des sauveurs, écrit le P. Rougeyron. Ce moment vaut bien des épreuves. Nous ne saurions assez louer le digne commandant du *Rhin*, M. Bérard, ainsi que son état-major; ils ont subvenu à tous nos besoins avec une générosité vraiment prodigieuse. Je ne crains pas de le dire, M. Bérard a eu pour nous les soins et la tendresse d'une mère; il s'est montré d'un rare dévouement pour le bien de la mission. Voilà notre sort vraiment changé, et le *Rhin*, en nous quittant, nous laisse des vivres en abondance pour un an. Béni soit le navire de la patrie! et que le Ciel daigne rendre au centuple, à son commandant, à ses officiers et

---

1. Lettre du P. Rougeyron au P. Colin. Nouvelle-Calédonie, le 1er octobre 1845.

à tout son équipage, les biens dont ils nous ont comblés[1]. »

Les misssionnaires n'avaient pas encore de chapelle. Ils devaient leur première habitation au travail ingénieux des marins du *Bucéphale;* les matelots du *Rhin*, en se servant du bois fourni par les magasins du navire, élevèrent une jolie construction où les Pères purent à l'avenir célébrer le saint sacrifice.

Le commandant du *Rhin* n'était pas venu pour prendre possession de l'île et relever l'évêque de son poste d'honneur à la garde du pavillon français; il n'avait pas reçu d'ordres. Mais il se montra très bienveillant envers les Canaques, dans un double but : pour favoriser l'œuvre apostolique des missionnaires et afin de préparer les esprits à l'occupation officielle de l'île. Tous les sauvages qui venaient à bord recevaient du biscuit en abondance. Il fit une visite au chef de Pouébo. Celui-ci, après une réception solennelle, émerveillé des cadeaux qui lui étaient offerts, proposa au commandant toutes les terres fertiles de sa tribu, le suppliant de venir s'y établir [2].

M. Bérard apportait au P. Viard des lettres qui le rappelaient en Nouvelle-Zélande. Laissant à regret ses compagnons d'apostolat, le missionnaire obéit; il s'embarqua, et le *Rhin* fit voile pour Sydney [3].

---

1. Lettre du P. Rougeyron au P. Colin. Nouvelle-Calédonie, 1er oct. 1845.
2. Rapport du commandant Bérard, cité dans la *Vie de Mgr Douarre*, t. II, p. 88.
3. Le P. Viard fut nommé bientôt après évêque de la Nouvelle-Zélande.

La Mission de Balade (Nouvelle-Calédonie).
D'après un dessin de M. le comte de Marcé.

CHAPITRE III

Les anthropophages. — Menaces de mort et d'incendie. — Courage et intrépidité des missionnaires. — Coups de bâton et de lance. — Protection merveilleuse. — Visite d'un martyr. — Massacre de l'île Isabelle.

E n'était pas seulement la famine que les missionnaires devaient braver. A chaque heure, ils étaient menacés de tomber entre les mains de sauvages farouches dévorant leurs victimes. Après une année de séjour dans l'île, le P. Rougeyron raconte qu'une vingtaine d'individus ont été tués et mangés dans le voisinage de la mission. « J'ai vu, écrit-il, j'ai vu de mes propres yeux un morceau de chair humaine rôtie ; c'était une partie de la main, et l'on avait eu soin de l'envelopper d'une feuille pour en mieux conserver le jus et l'odeur. Il n'est pas rare de fouler

aux pieds les ossements des malheureux ainsi égorgés[1]. »

Les Pères furent menacés bien souvent du fer et du feu. Les Canaques venaient avec des lances, des casse-tête et des frondes : leurs vociférations arrivaient jusqu'aux portes de la résidence, et ils criaient qu'ils allaient tout brûler. A plusieurs reprises, on trouva autour de la maison des charbons ardents prêts à allumer l'incendie.

Les missionnaires n'échappèrent à tous ces dangers que par miracle. Un jour, c'est un Canaque armé d'un énorme bambou, qui s'est caché derrière un arbre pour se jeter sur le P. Rougeyron. Déjà il l'a frappé deux fois à la tête, sans le blesser. Le Père lui échappe. Une autre fois, au passage d'une rivière, Mgr d'Amata et son compagnon sont volés. Ils veulent réclamer, les larrons brandissent leurs lances. Une pierre vole, frappe l'aile du chapeau de l'évêque et passe heureusement par-dessus la tête du Père Rougeyron, légèrement baissé pour puiser de l'eau.

Une blouse, destinée à un chef, tente un misérable qui s'avance vers l'évêque, la lance au poing, prêt à le percer. Un monstre à face humaine, qui a déjà massacré et dévoré de nombreuses victimes, dit à Mgr Douarre, dans un accès de colère : « Malheur à toi quand tu viendras dans ma tribu ! — J'y vais, » répond l'intrépide missionnaire. Il y va, le Canaque l'embrasse et tremble devant tant de courage.

C'est en marchant droit à eux quand il les rencontrait, le front haut et ses yeux dans les leurs, que Mgr Douarre

---

1. Lettre du P. Rougeyron au P. Colin. Nouvelle-Calédonie, le 1er octobre 1845.

les forçait à lui céder le pas et à baisser la tête. Armé de son crucifix, l'apôtre de la charité arrêta des troupes de cinq à six cents hommes prêtes à en venir aux mains. Un jour, il arracha à une foule de deux à trois cents assassins un homme qu'ils allaient égorger et dépecer.

Voici comment un officier de marine, M. le comte de Marcé, apprécie des faits aussi merveilleux : « Je n'ai pas connu Mgr Douarre, raconte-t-il, mais j'ai eu le bonheur de vivre pendant sept mois avec le R. P. Rougeyron. C'est de sa bouche que j'ai recueilli le plus grand nombre des faits que je vais rapporter…. Après leur débarquement du *Bucéphale*, les Pères, ignorant le régime politique de l'île, crurent que l'engagement pris par le chef de Balade s'étendait à toutes les tribus[1], et pleins de confiance, ils se livrèrent aux travaux de leur apostolat. Pour qui aurait connu les mœurs des New-Calédoniens la promesse du chef de Balade eût été sans valeur. En effet, à deux lieues de ce port, pas plus loin, vivait une tribu qui était l'ennemie mortelle de celle qui venait de promettre sa protection aux missionnaires. La protection d'une des tribus suffisait pour attirer sur les Pères la haine de toutes les autres. Cependant les missionnaires s'aventuraient à travers l'île, allant d'un village à l'autre, et par un miracle de la toute-puissance divine, il ne leur fut fait aucun mal. Notre-Seigneur n'avait-il pas dit à ses apôtres que pas un cheveu

---

1. Ce détail peut-être manque-t-il d'exactitude, car l'auteur de la *Vie de Mgr Douarre* dit : « Le commandant du *Bucéphale* et l'évêque comprirent la nécessité de se concilier leur amitié (celle des chefs de canton), pour faciliter l'établissement de la mission ; ils leur firent des présents et traitèrent avec eux, mais séparément, à cause des haines qui les divisaient. » (T. II, p. 8.)

de leur tête ne tomberait sans sa permission? Comment ne pas compter sur une intervention surnaturelle, lorsque tout a été donné et sacrifié pour le service du [bon Dieu? On est entre les mains des hommes, c'est vrai, mais la divine Providence est là pour vous garder.

« Quinze ans plus tard, il nous était encore impossible de nous écarter des lieux habités par les tribus converties, sous peine de courir les plus grands dangers, et dans les longues conversations où il me retraçait les premiers temps de son apostolat, le P. Rougeyron me racontait que Mgr d'Amata n'avait jamais reculé. Il allait partout et revenait sain et sauf. Ce qui ne peut s'expliquer que par une puissance surnaturelle dont les sauvages subissaient la réelle influence.

« Plusieurs fois l'évêque eut la prescience des attaques que ses ennemis méditaient et des pièges qu'ils voulaient lui tendre. Les Canaques, confondus dans leur duplicité, se soumettaient et donnaient par crainte ce qu'ils auraient refusé de céder de bonne grâce.

« Je crois vraiment à ce pouvoir extraordinaire; car les missionnaires, m'affirmant qu'ils en ont constaté les effets merveilleux, ne sont pas des hommes d'imagination entraînés par l'enthousiasme[1]. »

La Providence, qui veillait sur ses enfants et les aidait d'une manière si visible, leur accorda une joie nouvelle par la visite d'un futur martyr, Mgr Épalle. Il était

---

[1]. Conférence inédite faite au Cercle catholique de Vaugirard, par M. le comte de Marcé, officier de marine, attaché à l'état-major de l'amiral Fébvrier des Pointes.

accompagné des PP. Chaurain et Frémont et du Frère Prosper. Parti de Londres, au mois de février 1845, sur le *Bassorah-Merchant*, arrivé à Sydney le 21 juin, Mgr de Sion avait frété dans ce port, pour le service des missions, le *Marian-Watson*, goélette commandée par le capitaine Richards. Il reprit la mer vers la fin d'octobre, et, se rendant aux îles Salomon, il s'arrêta en Nouvelle-Calédonie.

Le 15 novembre, la goélette jetait l'ancre à Balade et elle repartait le 23. Un mois après, Mgr Épalle cueillait la palme du martyre.

C'est le 16 décembre 1845, à Isabelle, à peu près au centre de son vicariat, dans l'île principale de l'archipel Salomon, que l'évêque reçut le coup mortel.

Après avoir longé la côte occidentale de Guadalcanar, le *Marian-Watson* arriva en vue d'Isabelle, à l'entrée de la baie des *Mille-Vaisseaux*. Mgr de Sion cherchait un lieu pour s'établir. Il fit une première exploration à terre. Les sauvages étaient engagés dans une lutte fratricide. L'un des deux partis conseilla d'éviter l'adversaire. Monseigneur répondit : « S'ils sont en guerre, nous tâcherons de mettre la paix chez eux. » — « A la tribu ennemie ! » tel fut son ordre quand le second du bord lui demanda la direction qu'il fallait donner à la baleinière. Il obéit. A quelques brasses du rivage on aperçoit une troupe d'indigènes. Plusieurs d'entre eux, effrayés, s'enfuient, mais une soixantaine environ demeurent immobiles. Sur un signe qui les invite à s'avancer, un vieillard fait quelques pas, et la baleinière touchant terre, il offre avec méfiance et en tremblant quelques fruits. Deux hommes restent pour garder l'embarcation. Mgr Épalle, le P. Frémont et le P. Chaurain, l'officier en second et deux matelots mettent pied à terre. Ces derniers, pour ne pas montrer moins de confiance que l'évêque et les missionnaires, laissent leurs armes.

L'officier, M. Blémy, offre une petite hache au sauvage qui paraît être le chef. Celui-ci la prend et la brandit au-dessus de sa tête d'une façon inquiétante.

Tous s'avancent et on essaye d'entrer en relation. Les naturels se montrent fiers. Un matelot remarque entre les mains d'un des sauvages une hache emmanchée au bout d'un casse-tête. Il la signale. Le P. Chaurain, qui observe une autre arme semblable, la montre du doigt à l'évêque. Croyant qu'on les épie, les Canaques deviennent menaçants. Le matelot Prosper s'écrie alors : « Mais ces gens-là sont prêts à combattre ! » Monseigneur répond : « C'est vrai, les matelots auraient dû prendre leurs armes; » et il veut retourner vers la barque. Il est trop tard. Dix hommes l'entourent, et un coup de hache s'abat sur la tête de l'évêque. Aussitôt les misérables poussent un cri de guerre, et l'attaque est générale. M. Blémy est frappé lui aussi avec la hache qu'il vient de donner : il court à toutes jambes vers la baleinière et tire un coup de pistolet. Le P. Frémont est renversé, par deux fois, de deux coups de casse-tête. Prosper, poursuivi, se jette à la nage tout sanglant. Le P. Chaurain recule en évitant les coups, il ne reçoit que quelques contusions.

Pendant ce temps, une quinzaine de sauvages attaquent l'embarcation; ils veulent la couler. Des coups de pistolet

MORT DE MGR ÉPALLE
D'après un dessin inédit, communiqué par le R. P. Supérieur des Maristes de Paris.

les mettent en fuite. C'est alors que le P. Chaurain aperçoit l'évêque étendu à terre et frappé à coups redoublés par ses meurtriers. Il s'élance à son secours. Un coup de fusil disperse les assassins. Le vaillant missionnaire charge sur ses épaules le corps de Mgr Épalle, déjà en partie dépouillé et criblé de blessures. Il va céder sous le poids, lorsque le P. Frémont et le matelot Prosper accourent et l'aident à transporter le martyr. Monseigneur repose bientôt dans la barque, sur les genoux de ses compagnons, pendant que les matelots font force de rames vers le navire.

Le blessé est monté sur le pont. Il a reçu cinq coups de hache ou de casse-tête, et deux coups de lance. Trois jours après, son âme s'envolait vers le ciel. Les missions océaniennes avaient un martyr.

Avant de mourir il pria pour ses bourreaux et demanda au capitaine du *Marian-Watson* de ne pas tirer vengeance de sa mort. Quand la nouvelle fatale arriva à Sydney, le gouverneur anglais déclara qu'il allait envoyer un navire de guerre pour châtier les assassins de l'évêque. Fidèles aux dernières volontés de Mgr Épalle, ses frères en religion intervinrent pour qu'on laissât à Dieu le soin de punir ces misérables [1].

Cédant à leurs sublimes supplications, l'expédition projetée fut abandonnée. Mais si l'Angleterre se montra patiente, nous verrons que les marins français furent, en plus d'une circonstance, moins dociles à écouter la charité héroïque des missionnaires.

---

1. Lettre du P. Chaurain au P. Colin. Ile San Christoval (archipel Salomon), Port Sainte-Marie, 2 mars 1846.

L'archipel Salomon sera bientôt arrosé de nouveau du sang de trois autres généreux martyrs. N'est-ce pas la semence du christianisme? *Sanguis martyrum semen christianorum*[1].

[1]. Conférence inédite faite au Cercle catholique de Vaugirard par le comte de Marcé, officier de marine.

En vue des côtes de la Nouvelle-Calédonie.

Les tabous sauvegardant l'entrée d'une case (île Mallicolo).
D'après une photographie du docteur François.

La Mission de Pouébo (Nouvelle-Calédonie). — Dessin du comte de Marcé.

CHAPITRE IV

Les couleurs françaises. — Visite de l'*Héroïne*. — Une croix sur la tombe d'un brave. — Un évêque bon marin. — Lâche guet-apens. — Le P. Montrouzier blessé. — Le pardon de l'assassin.

E samedi 27 décembre 1845, les couleurs françaises annoncèrent aux missionnaires de Balade une nouvelle visite. Un vent violent fit franchir rapidement au navire les récifs qui entourent l'île, et il jeta l'ancre derrière les brisants, sur un banc de corail. Le P. Dubreul était à bord; il avait frété ce bâtiment pour visiter comme procureur les missions de l'Océanie. Sa présence devait causer une grande joie.

Cependant le capitaine faisait erreur : il avait mouillé trop loin de Balade. Il s'en aperçut et il reprenait la mer lorsque des Canaques montés sur leurs pirogues entourèrent le navire. Ils regardaient stupidement, sans avoir l'air de comprendre. Enfin l'un deux s'écria : *E lelei, e lelei, Epicopo Balade;* « Cela va bien, cela va bien, l'évêque est à Balade. » Il montrait en même temps au loin la côte où s'élevait l'établissement des missionnaires. On prit ce sauvage pour guide et il monta à bord.

Quelques heures après, le P. Dubreul était reçu comme un sauveur. Les naturels convertis ne parurent pas moins heureux que les Pères de cette visite inattendue. Ils s'empressèrent d'accourir sur le rivage et ils offrirent leurs pirogues pour décharger les provisions et les animaux domestiques que le Père procureur amenait à la mission. Ils portaient sur leurs épaules les barres de fer, les outils et les planches qui devaient permettre à Mgr Douarre de terminer la chapelle commencée, et dans leur joie ils chantaient sur les airs d'Europe les cantiques traduits dans leur langue par les missionnaires[1].

Avant le départ du navire monté par le P. Dubreul une corvette française mouilla dans les eaux de Balade. C'était l'*Héroïne*, commandée par le capitaine Lecointe.

Sa Grandeur célébra le dimanche la messe à bord, sur l'invitation du commandant. L'équipage y assista et un grand nombre de Canaques furent admis à la cérémonie. Le lendemain, par une touchante pensée, les matelots de l'*Héroïne*, ayant à leur tête leurs officiers et les missionnaires, plantèrent une croix au milieu du port, dans une

---

[1]. Lettre du P. Dubreul à MM. les membres des conseils de Lyon et de Paris. Rome, 26 avril 1847.

petite île, sur un monticule formé par les naturels avec des rochers de corail. « Cette croix, dit le P. Dubreul, arborée au bout du monde par les mains réunies des marins, des missionnaires et des sauvages convertis, sur la tombe ignorée d'un officier français (le lieutenant de Kermadec[1]), mort, il y a quelques années, sur ces rivages naguère inhospitaliers, servira de phare aux navires qui cherchent l'entrée du port en côtoyant ses récifs dangereux : ici comme partout elle sera un signe de salut, offert par la religion à tous ceux que menace la tempête ou l'écueil[2]. »

Douze jours après son arrivée, le P. Dubreul mit à la voile pour Tonga-Tabou, accompagné des bénédictions de ceux qu'il venait de consoler et de ravitailler.

C'est alors, dans les premiers jours de l'année nouvelle, que les missionnaires apprirent la fin héroïque du premier martyr des missions océaniennes. Mgr Douarre s'embarqua sur le *Marian-Watson;* c'était le navire qui avait conduit Mgr Épalle à la mort et sur lequel il avait rendu le dernier soupir. L'évêque d'Amata se rendait à Sydney pour approvisionner sa chère mission et se procurer les matériaux qui lui permettraient de remplacer la chapelle en bois et couverte de chaume, par une église aux proportions plus vastes.

Avec une activité que tous admiraient, l'évêque d'Amata acheta mille objets indispensables, des planches pour la construction projetée et même un troupeau. Il allait re-

---

1. Le commandant Huon de Kermadec, officier en second du bâtiment commandé par le contre-amiral d'Entrecasteaux.
2. Lettre du P. Dubreul à MM. les membres des conseils de Lyon et de Paris. Rome, 26 avril 1847.

prendre la mer lorsqu'une provision considérable de farine et de vivres de diverses natures lui fut proposée. C'était providentiel, comme l'avenir le prouvera. Si Monseigneur ne s'était pas décidé à accepter, mû par une inspiration secrète, son œuvre était ruinée.

Pressé d'aller retrouver ses compagnons d'apostolat et ses bien-aimés Calédoniens, il ne craignit pas, pour gagner du temps de s'embarquer sur une mauvaise goélette, chargée outre mesure. A peine sorti de Sydney, une tempête furieuse assaillit le navire. Le danger était imminent : on avait à bord cent tonnes de marchandises et la goélette ne pouvait en porter que la moitié. Mgr Douarre n'hésite pas et sacrifie ses bestiaux et ses planches. Il les jette à la mer et ne garde que la farine.

Malgré tout, le bâtiment s'enfonçait. Le capitaine, en proie à un violent désespoir, perdant la tête, croyant tout effort inutile, abandonne son poste et va se cacher. L'évêque garde son sang-froid. Il s'arme de son chapelet et prend le commandement.

Un frère qui accompagnait Mgr Douarre secoue le mal de mer et se met aux pompes avec le charpentier du bord. L'évêque dirige les manœuvres et lutte pendant toute une nuit contre les éléments déchaînés. Au milieu des rafales, calme et confiant, et le rosaire entre ses doigts, il veille à tout, et, pensant particulièrement au salut des âmes, il baptise un petit Canaque qui l'a accompagné dans son expédition[1].

Le matin, la tempête diminue, et le péril ayant disparu, Mgr Douarre remit le commandement au capitaine rassuré.

1. Cf. *Vie de Mgr Douarre*, t. II, p. 132.

La traversée s'acheva sans danger et l'évêque retrouva avec joie les Pères et ses chers Canaques.

Le nombre des missionnaires s'était accru par l'arrivée du P. Montrouzier. On l'avait envoyé en Nouvelle-Calédonie pour se remettre d'une blessure terrible que lui avait faite lâchement un sauvage. Voici dans quelles circonstances.

En compagnie des PP. Frémont, Vergnet, Paget et Thomassin, il cherchait un poste favorable pour fonder une mission dans l'île de San Christoval. Ils avaient déjà exploré la côte à bord du *Marian-Watson*, et enfin jeté l'ancre dans une baie qu'ils nommèrent Sainte-Marie, non loin du village d'Oué, près du désert de Makira. Ils construisaient une habitation. On était au mois de janvier 1846. Les rapports avec les sauvages devenaient difficiles; plusieurs complots de leur part avaient été déjoués, lorsque les matelots du *Marian-Watson* eurent l'imprudence d'insulter un indigène qui jura de se venger dans le sang des blancs.

Pendant plusieurs jours ce misérable se tint caché dans les broussailles, près d'un ruisseau, non loin de son embouchure. Il avait remarqué que les missionnaires se rendaient parfois sur le bord de la mer en suivant le cours d'eau. Il attendit le moment pour se jeter sur sa victime.

Le P. Montrouzier, un soir, vint se promener le long de la rivière. Il respirait l'air frais après une journée de labeur, lorsque tout à coup il voit se dresser devant lui le Canaque. A ses yeux que le désir de la vengeance faisait flamboyer, le Père devine son intention barbare. Il veut fuir et n'en a pas le temps. Il ne peut éviter la lance de l'assassin. Il est frappé dans l'épine dorsale. L'arme terrible s'enfonce, se brise contre l'os, laissant six pouces de bois dans la plaie. Au cri de douleur que le blessé fait entendre, les autres missionnaires accourent. Quelques coups de fusil, tirés en l'air, mettent en fuite le meurtrier et ceux qui, cachés dans le bois, devaient probablement l'aider à partager les membres de la victime.

Le P. Vergnet arriva le premier près du blessé. Il le trouva se traînant avec des efforts qui trahissaient d'indicibles souffrances. Le Père croyait mourir, et ses paroles entrecoupées étaient des prières plutôt que des plaintes. Il demanda l'absolution. Arrêté dans sa marche par un arbre couché en travers du chemin, il tomba à genoux : il reçut ainsi le pardon de ses fautes.

Le blessé fut transporté dans la cabane qui abritait les missionnaires. Là le docteur Guior, médecin du bord, examina la blessure. Elle était très grave : la pointe de la lance enfoncée dans l'os ne put être arrachée. Il fallut trois mois pour guérir le Père, et c'est pour achever de se rétablir qu'il fut envoyé pour quelque temps en Nouvelle-Calédonie.

Suivant le précepte divin de la charité, les missionnaires ne voulurent pas châtier un attentat aussi odieux, ou plutôt ils en tirèrent une vengeance éclatante, mais toute chrétienne. Le meurtrier fut désigné au P. Vergnet. Il était d'une tribu voisine et se nommait Orimanou. Le Père demanda qu'on le conduisît jusqu'à la case du Canaque. Il s'y rendit avec le P. Thomassin.

Orimanou tressaillit en les voyant. Sans l'indigène, introducteur des Pères, qui le retint, le misérable eût pris la fuite. Après des échanges de perles et de fer, contre des bananes et des cocos, les missionnaires prièrent Orimanou de venir les voir à Makira. Celui-ci promit. Il s'agissait de l'attirer à la mission afin que sa victime lui pardonnât elle-même.

Le lendemain, les Pères apprirent que le Canaque s'était mis en route, mais qu'arrivé à Oué, il avait eu peur et refusait de traverser l'anse de la rivière.

Il fallait dompter cette nature sauvage et la vaincre par la divine charité. Le P. Vergnet, sans hésiter, alla chercher Orimanou : « Viens, lui dit-il, avec toutes tes armes; amène avec toi autant de guerriers que tu voudras; mais il faut que tu viennes. » Vaincu par ces sollicitations dont il entrevoyait la grandeur sublime, le sauvage s'avança jusqu'à la cabane habitée par les missionnaires. Il était escorté par tous les naturels du village d'Oué.

Cette journée fut pour la mission à jamais mémorable. Bien des préjugés tombèrent. Les Canaques commencèrent à comprendre que les Pères ne leur voulaient pas de mal. Les cœurs s'ouvrirent, et plus tard, lorsqu'il fallut parfois réprimer leur audace, les sauvages eux-mêmes disaient aux coupables : « N'ayez pas peur : vous savez bien qu'Orimanou leur avait fait plus de mal, et pourtant ils ne se sont pas vengés[1]. »

1. Cf. P.-A. Monfat, *Dix années en Mélanésie*, p. 198.

Paysage à Saint-Louis (Nouvelle-Calédonie).
D'après une photographie communiquée par le R. P. Fraysse.

La Mission de l'île des Pins. — A gauche, une scierie mécanique construite par les Pères de la Mission. — Dessin du comte de Marcé.

CHAPITRE V

Excursion. — Naufrage de la *Seine*. — Un évêque sauveteur. — Deux cent trente naufragés. — L'égoïsme des Anglais. — Retour en France. — Mgr Douarre et Louis-Philippe. — Ingratitude du gouvernement. — Noble fierté de l'évêque. — Courses apostoliques à travers la France. — Fatale nouvelle.

A peine de retour de Sydney, Mgr d'Amata fit une excursion dans l'intérieur de l'île avec le P. Montrouzier. Ce savant missionnaire préludait aux grands travaux scientifiques qui devaient le rendre célèbre à tant de titres dans la mémoire des hommes, en même temps que son zèle apostolique gagnait des âmes au ciel.

Dix jours après leur retour, le 3 juillet 1846, dans la soirée, un bâtiment en détresse est signalé dans la direction de Pouébo. On attendait l'*Arche-d'Alliance*, commandée par le vaillant Marceau. Mgr d'Amata gravit une colline et de loin il crut reconnaître ce navire. Il s'était engagé dans une mauvaise passe.

Aussitôt l'évêque prend un canot et vole au secours. Plusieurs fois sa vie est en danger, mais, hélas! malgré des efforts héroïques, après avoir ramé douze heures, il est obligé de renoncer à aborder le vaisseau perdu au milieu des récifs de corail.

Il revient à terre, et se mettant en marche, sans tarder, il franchit la distance de dix milles qui sépare Balade de Pouébo. Il se trouve en arrivant au milieu d'un équipage naufragé. Ce n'est pas l'*Arche-d'Alliance* qui s'est brisée sur les écueils de la côte, mais un navire de guerre français, la *Seine*, commandé par M. Le Comte. Il a fallu abandonner la corvette à la fureur des flots. Deux cent trente hommes, sans vivres, ont été contraints d'aborder sur ces rives sauvages et dénuées de toute ressource. Les Canaques entourent déjà leurs victimes avec des démonstrations de joie peu rassurantes. Le commandant est désespéré.

Mgr Douarre ranime les courages abattus, et, avec une générosité dont il ne voulait même pas prévoir les conséquences, il offre tout ce qu'il a, sa maison, les vivres qu'il a apportés de Sydney. Alors surtout l'évêque admira les secrets conseils de la Providence qui l'avait si bien inspiré. S'il n'avait pas fait le voyage d'Australie et s'il avait refusé la cargaison qui lui fut offerte à son départ, l'équipage de la *Seine* eût péri victime du plus affreux des fléaux, de la famine, et il eût entraîné dans son désastre la mission tout entière.

On se compta, afin de savoir s'il n'y avait pas de victimes. Deux hommes ne répondirent pas à l'appel. Les marins regardaient comme inutile toute tentative pour trouver les absents. L'intrépide évêque prend avec lui un Frère, saute dans un canot, et le commandant Le Comte tenant la barre, ils rament tous deux de toutes leurs forces vers le navire qui sombre à vue d'œil. La mer est houleuse; méprisant le danger, Mgr Douarre monte à bord : déjà l'eau a envahi une partie du vaisseau. Il est assez heureux pour trouver les hommes qu'il cherche. L'un d'eux, au moment du danger, avait couru à la cale au lieu de se sauver; il était ivre et dormait d'un profond sommeil. Fortement secoué, il est mis sur pied et descendu dans le canot avec son compagnon.

Pressés par l'activité intelligente de Mgr Douarre, qui semblait commander comme s'il était le chef de l'équipage, officiers, missionnaires, marins firent tous leurs efforts pour sauver les épaves du navire.

Les naufragés vinrent s'établir à Balade. La sollicitude de l'évêque les entoura de mille prévenances et il fit l'impossible pour leur faire oublier leur triste situation. Toujours sur la brèche, avec un dévouement infatigable, il sauva la vie à un aspirant qui s'était égaré à la chasse; et en même temps qu'il veillait à la conservation de tous, il prenait soin de leurs âmes.

Après un long séjour, attendant toujours l'arrivée d'un bâtiment qui pût les prendre à son bord et les rapatrier, ou du moins avertir à Sydney de leur infortune, les naufragés aperçurent enfin une voile qui se rapprochait de Balade.

C'était un navire anglais. Monseigneur traita. Suivant leurs habitudes, les Anglais demandèrent une somme exorbitante. L'évêque d'Amata leur accorda la moitié de ce qu'ils exigeaient, tout en manifestant son indignation.

Le marché fut conclu. L'équipage de la *Seine* monta à bord et fit voile pour la France.

Sur les pressantes sollicitations du commandant Le Comte et dans l'intérêt de sa mission, Mgr Douarre s'embarqua avec ceux qu'il venait de sauver.

L'évêque venait d'être relevé de la garde du pavillon qui lui avait été confié. En effet, le commandant Le Comte avait éte envoyé en Nouvelle-Calédonie, non pas pour prendre possession de l'île, comme il avait été convenu et suivant les espérances de tous, mais pour retirer le drapeau national. Le gouvernement de Louis-Philippe, qui avait accepté les humiliations imposées à la France par l'Angleterre, au sujet de l'affaire Pritchard, renonçait à une magnifique colonie convoitée par la nation rivale, et abandonnait une terre déjà fécondée par les travaux des missionnaires et à la veille d'être arrosée de leur sang.

Mgr d'Amata allait plaider devant le roi et ses ministres la cause de la Nouvelle-Calédonie.

Il fut reçu aimablement par Louis-Philippe, qui lui offrit une aumône prise sur sa cassette particulière, plus cordialement encore par la reine Amélie, mais très froidement par les ministres. Il sollicita vainement, à plusieurs reprises, une audience du ministre de la marine. De guerre lasse, il se présenta à lui un jour de réception officielle et obtint enfin une entrevue. Alors, faisant valoir les services rendus à la France par les missionnaires, il demanda des secours et un navire. C'était justice : l'évêque avait sacrifié pour les naufragés de la *Seine* les ressources de sa mission et les secours de la Propagation de la foi.

Le ministre refusa. Cependant le gouvernement fit demander à Mgr d'Amata le compte des dépenses de la mission en faveur de l'équipage naufragé. Ce n'était pas là ce que le cœur de l'évêque missionnaire avait ambitionné. Il rêvait de donner à sa patrie une belle et riche colonie, et il croyait l'honneur national intéressé à maintenir le drapeau de la France déjà planté sur un sol qu'ombrageait la croix de Jésus-Christ. Son plan était plus grandiose encore. Il espérait que la France, fidèle à ses traditions et à sa foi, lui donnerait un navire équipé, avec des matelots chrétiens, et qu'il pourrait ainsi évangéliser les îles océaniennes. Au lieu d'armer un navire et de voguer fièrement à la conquête de la Nouvelle-Calédonie, pour la patrie et pour Dieu, on lui demandait ses comptes, afin de les solder, comme ferait un marchand pour sa pratique.

La réponse de l'évêque fut indignée : « J'ai donc affaire à des épiciers, s'écria-t-il; s'il en est ainsi, je ne veux rien. »

Il ne voulut même pas accepter la croix de la Légion d'honneur que le roi ne pouvait ne pas placer sur ce vaillant cœur d'apôtre. C'est sur l'ordre de son supérieur général qu'il céda. Il la mit dans sa poche.

N'ayant rien à attendre des politiques, il recourut à la charité des catholiques et parcourut la France en prêchant pour ses chers Canaques.

Après avoir visité Lyon, il partit pour Rome. Pie IX l'accueillit avec cette bonté paternelle qui en a fait le plus populaire des papes. Le Saint-Père le nomma vicaire apostolique de la Nouvelle-Calédonie.

De retour en France, il reprit ses courses, les interrompant pour bénir l'équipage du *Stella del Mare*, navire génois, commandé par le vicomte des Cars, et armé pour le service des missions par la Société de l'Océanie.

C'est à Orléans, au moment où il allait monter en chaire, qu'il apprit la ruine de sa mission, l'expulsion des missionnaires de la Nouvelle-Calédonie et le martyre de l'un de ses vieux compagnons d'armes [1].

1. Cf. *Vie de Mgr Douarre*, t. II, p. 154.

Débarcadère du Camp Nord, dans la Baie du Sud (Nouvelle-Calédonie).
D'après une photographie du docteur François.

La mission de Port-Sandwich (île Mallicolo).
D'après une photographie communiquée par le docteur François.

CHAPITRE VI

Les Canaques flairent leur proie. — Fondation de la station de Pouébo. — Peste et famine. — Calomnie des Anglais. — Complot. — Arrivée de Mgr Collomb à bord du *Speck*. — Sinistres pressentiments. — Premier assaut. — Trahison. — Siège de la mission de Balade. — Incendie. — Capitulation. — Fuite nocturne.

E naufrage de la *Seine* fut fatal à la mission. Les naturels de Balade se jetèrent sur les épaves du navire. La cupidité des tribus voisines s'éveilla. De plus, les approvisionnements apportés de Sydney par le procureur des missions océaniennes, et quelque temps après par Mgr Douarre, firent croire aux indigènes que les missionnaires étaient aussi riches que les marins leurs compatriotes.

Toutefois les Canaques n'osèrent rien tenter tant que l'équipage de la *Seine* fut à terre. Mais après le départ du bâtiment anglais qui rapatriait les naufragés et conduisait l'évêque d'Amata en Europe, les sauvages de Balade devinrent plus inquiétants.

Les Pères, peu rassurés, fondèrent à une distance de trois lieues une nouvelle station. Elle devait servir de refuge en cas de danger et de poste pour étendre le champ des travaux apostoliques. Cette nouvelle installation était commencée lorsqu'un navire de la Société de l'Océanie, *l'Anonyme*, arriva fort à propos pour aider au transport des objets nécessaires à l'établissement naissant[1].

Les naturels de Pouébo se prêtèrent très volontiers au déchargement, et ils parcoururent bien des fois la distance du navire à l'habitation, les bras chargés de toute sorte d'effets, sans se permettre le moindre vol. Le Frère Blaise, qui connaissait ces gaillards pour les avoir vus souvent à l'œuvre, ne se fia pas à leur probité passagère : « C'est pour mieux nous piller plus tard ! » disait-il. Il était malheureusement dans la vérité, comme l'avenir allait le montrer.

La position de la nouvelle demeure des missionnaires à Pouébo était très avantageuse. La maison, située sur une hauteur, se trouvait à l'abri des coups de main. Mais en se divisant les missionnaires s'affaiblissaient. Les Canaques de Balade devinrent plus menaçants que jamais; ces braves avaient constaté que les Pères étaient moins nombreux.

En même temps que le désir de s'emparer des prétendues richesses des missionnaires devenait chaque jour plus ardent, une famine fit parmi les sauvages des ravages

---

1. Lettre du P. Grange au P. Colin. Sydney, 18 septembre 1847.

effroyables. Ils durent aller jusqu'à Yenguène, à quinze lieues de là, pour chercher des vivres; sans quoi ils seraient morts de faim.

A leur retour ils se vantèrent d'avoir mangé un Européen et de l'avoir trouvé de leur goût. C'était un Anglais, nommé Suton. Les Pères furent menacés de subir le même sort. A Yenguène les naturels avaient eu des rapports avec d'autres Anglais, des sandaliers, qui leur avaient dit de se défier des *Oui-Oui :* les sauvages appellent ainsi les Français. Les *Oui-Oui* étaient *tatous*, c'est-à-dire sacrés, et ils faisaient mourir les autres hommes. Cette calomnie produisit son effet. Les Canaques furent persuadés que les Pères étaient des sorciers, et comme une épidémie, une véritable peste[1], avait sévi quelque temps avant que la famine ne se déclarât, ils accusèrent les *Oui-Oui* de tous ces méfaits. Ils se mirent à dévaster la nuit les plantations des Pères, et finirent par être si audacieux qu'en plein jour ils arrachaient, sous les yeux des missionnaires, leurs bananiers, volaient leurs cocos et ravageaient leur jardin.

Le 20 juin 1847, après avoir tenu conseil et décidé une attaque générale par tous les villages de la tribu, ils se présentèrent en foule pour tenter l'assaut de la maison. Ils devaient massacrer tous ceux qu'ils trouveraient et piller sans merci. Le péril était imminent. Les missionnaires donnèrent l'ordre de ne pas user des armes à feu, mais tous les habitants de la maison firent si bonne contenance que les sauvages se retirèrent déconcertés.

1. Cf. Lettre du P. Rougeyron au P. Colin. Nouvelle-Calédonie, 14 février 1847.

C'est dans ces tristes circonstances que Mgr Collomb débarqua pour la seconde fois en Nouvelle-Calédonie. Evêque nommé d'Antiphelles, désigné comme coadjuteur de Mgr Épalle, il était parti de France le 15 novembre 1845, à bord de l'*Arche-d'Alliance*. Il avait appris à Taïti, en juin 1846, la mort héroïque de l'évêque martyr. Marceau, commandant de l'*Arche-d'Alliance*, reçut l'ordre de hâter sa marche, tout en ravitaillant Samoa, Wallis, Futuna et la Nouvelle-Calédonie. Ce fut la première visite de Marceau à Balade. Le futur évêque avait espéré trouver dans sa mission Mgr Douarre. Il venait lui demander la consécration épiscopale; il fut déçu. Il reprit aussitôt la mer et emmena avec lui le P. Montrouzier, remis de sa blessure et retournant aux îles Salomon. Après une halte bien courte à San Christoval, l'*Arche-d'Alliance* fit voile pour Sydney. L'archevêque, Mgr Polding, était absent pour longtemps : il n'y avait que Mgr Viard, évêque de la Nouvelle-Zélande, qui fût alors présent en Océanie. Mgr Collomb, sans hésiter, fréta une goélette, *le Speck*, et accompagné du P. Vergnet, qui devait aller au retour se reposer en Nouvelle-Calédonie, il partit pour Kororaréka, sur la côte nord-est de la Nouvelle-Zélande. Il trouva Mgr Viard, qui lui conféra l'épiscopat, sous le titre d'évêque d'Antiphelles. Après un mois de séjour à Kororaréka, le *Speck* leva l'ancre, et vers la fin de juin 1847 il fut en vue de Balade.

« Le temps était doux, la mer calme et scintillante; à mesure que se déployait la longue chaîne des montagnes bleues, arrondies en amphithéâtre, la confiance épanouissait le cœur et le visage du vicaire apostolique. Il la sentit croître encore, lorsque, en approchant de Balade où le capitaine devait d'abord mouiller, il vit les indigènes accourir en foule sur le rivage, poussant des cris de joie; ils se frappaient la cuisse en sautant, et ils montraient la case de l'Aliki Epikopo, du grand chef évêque, pour inviter les missionnaires à descendre sans rien craindre. Ce fut donc en pleine espérance qu'ils abordèrent, jugeant la population douce et bonne, comme le pays leur apparaissait riant. Ils tardèrent peu à être désabusés; c'est la croix toujours, et la croix plus terrible qu'il ne l'avait encore rencontrée, qui attendait là Mgr d'Antiphelles [1]. »

Le P. Grange reçut l'évêque, non sur la plage, ce qui aurait été peu prudent, mais près de la résidence, au bord de la rivière qui coule au pied. Le prélat fut accueilli par des paroles pleines de tristesse; elles permettaient de prévoir les plus grands malheurs. « Vous venez en de bien graves conjonctures, lui dit le missionnaire; de tous côtés nous avons à craindre le pillage, et peut-être le massacre. »

Mgr Collomb aurait voulu continuer sa route jusqu'aux îles Salomon. Mais le capitaine du *Speck* répondait que les engagements qu'il avait pris avec son armateur lui rendaient ce voyage impossible. Il fallait donc attendre le passage d'un navire de la Société de l'Océanie. L'*Anonyme* naviguait dans les eaux polynésiennes. Elle était la suprême espérance de l'évêque.

Sa Grandeur apportait des provisions importantes pour sa mission et pour celle de la Nouvelle-Calédonie. Il y

---

1. Cf. *Dix années en Mélanésie,* par le P. Monfat, p. 200.

avait en outre à bord des objets d'échange pour le compte de la Société française.

Le *Speck* ne devant pas poursuivre sa campagne jusqu'à San Christoval, on était dans la nécessité de tout débarquer. Sans le vouloir, Mgr Collomb attisait la cupidité des sauvages et augmentait les chances du désastre redouté. Il n'y avait pas à reculer : on s'abandonna à la Providence.

Les naturels, par leur entrain et leur empressement, semblaient contredire toute prévision sinistre. Ils s'étaient offerts pour opérer le transport des provisions, et ils accomplirent leur besogne avec joie et gaieté. L'évêque, trompé par ces bonnes dispositions apparentes, se rassurait, mais le P. Grange branlait la tête et disait en souriant tristement : « Je les pratique depuis sept ans, ne vous y fiez pas. Ils voient dans le dépôt une proie qu'ils comptent nous arracher. »

Le missionnaire ne se trompait pas. Dès les premiers jours de son arrivée le vicaire apostolique de la Mélanésie se vit assiégé dans le lieu de son refuge.

Le 10 juillet 1847, à six heures du soir, en pleine obscurité sous le tropique du sud, les sauvages livrèrent le premier assaut. Ils franchirent les clôtures et forcèrent l'entrée du hangar où l'on avait abrité les effets apportés par le *Speck*. Ils volèrent différents objets appartenant à la Société française, pour une valeur d'environ trois cents francs. Ils avaient espéré attirer les habitants de la résidence dans le hangar, et ils prétendaient profiter de l'obscurité pour les massacrer. Ils échouèrent dans leur plan.

UN GROUPE DE BANANIERS
D'après une photographie inédite du docteur François, chargé d'une mission en Nouvelle-Calédonie.

Il y avait alors dans l'établissement de Balade, outre Mgr d'Antiphelles et les PP. Vergnet et Grange, les FF. Blaise et Bertrand, M. le docteur Baudry, laissé par l'*Arche-d'Alliance*, pour faire dans l'île des explorations scientifiques; un charpentier, Jean-Marie Jullien, donné à la mission par Marceau; enfin un Écossais, Georges Taylor. Les assiégés sortirent à temps pour intimider les Canaques. Ils s'enfuirent dans les ténèbres.

Cinq jours après cette tentative, le P. Vergnet se rendit à Pouébo pour y passer quelque temps en compagnie du P. Rougeyron. Dès le lendemain il écrivait que le bruit courait à Pouébo, qu'aussitôt le *Speck* parti toutes les tribus se concerteraient pour attaquer en force la mission de Balade.

Le 17 juillet, le navire leva l'ancre, faisant route pour Batavia. Le jour même, Antoine et Marie, deux jeunes chrétiens, vinrent avertir que l'attaque était pour le lendemain.

Cette fois les Canaques furent plus habiles. Ils voulaient attirer leurs victimes à découvert : ils agirent par ruse. Vers huit heures du matin, le 18, le premier chef, Boéone, envoie un de ses subalternes en ambassade : c'est son second, nommé Gomène. Le sauvage se présente avec un sourire conciliant et déclare que son maître, désirant rentrer en grâce auprès des *Oui-Oui*, consent à restituer les étoffes qui ont été volées précédemment dans le hangar. La proposition est acceptée, non sans défiance.

A une heure de l'après-midi, Boéone, le grand chef, et son mandataire Gomène arrivent à la mission, suivis de deux enfants qui portent solennellement les marchandises dérobées. Le grand chef n'a pas voulu se mettre à la tête de la petite troupe pacifique sans quelque insigne de sa puissance : il a sa lance en main, et Gomène porte son casse-tête.

Le noble Canaque prend la parole et tient ce discours aux missionnaires réunis sur la terrasse de la maison : « Vous m'accusez toujours de vouloir faire la guerre et de ne pas aimer la paix; aujourd'hui vous ne pourrez pas me faire ce reproche. La preuve que je viens avec des intentions pacifiques, c'est que je vous apporte des objets que quelques-uns des miens vous ont volés à mon insu ; venez les recevoir. »

La duplicité bien connue de ces hommes dégradés aurait dû inspirer une réserve et une prudence parfaites. Les victimes se laissent jouer : elles parlementent avec leur perfide ennemi, et tout à coup, à un signal convenu, une troupe de sauvages armés de lances, de casse-tête et de haches enfonce la clôture du rez-de-chaussée, et de tous côtés fait irruption dans le bas de la maison.

Les Pères, qui connaissent la lâcheté des Canaques, au moins égale à leur hypocrisie, ne s'effrayent pas; ils payent d'audace et les attendent de pied ferme. L'évêque refuse de faire usage des armes à feu, ainsi que le P. Grange ; mais le F. Bertrand a l'heureuse inspiration de tirer un coup de fusil en l'air. Déjà l'un des assaillants a frappé mortellement le F. Blaise d'un coup de lance au bas de la poitrine, et le P. Grange a esquivé fort heureusement un coup de casse-tête. Au bruit de la détonation les misérables s'enfuient épouvantés.

Mais en se retirant ils mettent lâchement le feu au hangar qui sert d'église. L'incendie éclate au sommet de la toiture couverte en chaume.. Il est impossible de rien sauver.

Les sauvages ne se sont pas retirés. De loin ils font bonne garde. Le P. Grange écrit au P. Rougeyron et remet la lettre à une jeune chrétienne, nommée Marie. Elle est arrêtée et sommée par le grand chef de rebrousser chemin, sous peine de mort. Dans la soirée, elle revient avec Antoine pour prévenir que Boéone a convoqué tous les villages de la tribu pour le lendemain, et renouvellera l'attaque de la mission. Les assiégés veillent toute la nuit.

Le 19 au matin, la fumée qui s'élève du bord de l'eau trahit un nouveau méfait. Les embarcations, laissées par le commandant de la *Seine* pour le service des missionnaires, sont en feu. Tout espoir de salut du côté de la mer est perdu.

C'est évidemment le dernier jour. Il n'y a plus à compter que sur le ciel. Tous se confessent. L'Écossais Georges Taylor, instruit depuis quelque temps dans la vraie foi, demande et reçoit le baptême.

L'ennemi peut arriver à tout moment. A deux heures de l'après-midi des hurlements de bêtes féroces signalent sa présence. Bientôt la résidence est entourée de tous côtés par des sauvages barbouillés de noir et armés en guerre. Ils font voler sur la maison une grêle de pierres. Les murs en bois et en terre glaise sont enfoncés. Les misérables ne se montrent pas à découvert; ils se tiennent cachés derrière des blocs de rochers, n'osant envahir la cour. Tout à coup un chef s'écrie : « Brûlez tout ! » et deux des plus audacieux sortent de leur cachette. Ils courent, un brandon à la main, vers l'atelier de menuiserie. Le feu pétille et la flamme s'élève au milieu d'un tourbillon de fumée. La résidence est la proie des flammes, déjà les colonnes du rez-de-chaussée sont embrasées.

Réfugiés dans la partie supérieure de la maison, les infortunés missionnaires sentent la chaleur qui s'élève au-dessous d'eux. Cruelle alternative ! Il faut accepter de mourir brûlé vif ou la tête fendue d'un coup de hache, suivant qu'on restera ou que l'on essayera de fuir. Ce dernier parti est adopté : les assiégés vont tenter de se faire un passage au travers des flammes.

Toutefois, avant de se livrer à la merci des sauvages, tous courent à la chapelle intérieure, reçoivent le viatique et la bénédiction de l'évêque. Le F. Blaise, blessé la veille et mourant, se traîne jusqu'au pied de l'autel : « C'est ici, dit-il, qu'il fera bon mourir ! » Et le vaillant apôtre, incapable de suivre ses compagnons, attend en prière l'heure marquée par Dieu. A son confesseur qui lui demande s'il pardonne à ces méchants : « Oh ! de tout mon cœur ; et puisse ma mort être le salut de leurs âmes ! » Les assiégés tombent une dernière fois à genoux, Mgr Collomb donne une dernière absolution, puis ils se relèvent, s'embrassent et se donnent rendez-vous au ciel.

Mgr d'Antiphelles et le P. Grange font alors un vœu. Aussitôt la pensée d'essayer une capitulation se présente à leur esprit : le pillage des magasins sera le prix du salut de tous. M. le docteur Baudry fait comprendre aux assaillants le sens de la proposition qui leur est faite, et il promet de leur ouvrir le hangar où se trouvent les provisions. Les misérables poussent des cris de joie. Ils ont l'air d'accepter. Le docteur leur jette la clef du magasin. Aussitôt les Canaques s'y précipitent. Il faut profiter de la tactique : elle est le dernier espoir.

Pendant que les sauvages se livrent au pillage, dans un indescriptible désordre, les assiégés s'enfuient. Le Père Grange, qui a déjà reçu à l'épaule un coup de lance heureusement mal dirigé, se présente le premier. Il trouve sur ses pas un chef nommé Orrudo, il l'apostrophe, parlemente, pendant que Mgr Collomb et le P. Bertrand sortent par la cour. Malgré cette précaution, l'évêque était perdu sans l'intervention de M. Baudry. Il suivait l'évêque à peu de distance et il voit deux Canaques se précipiter furieux sur Mgr Collomb en brandissant leurs lances. Aussitôt il épaule son fusil, et à peine les a-t-il couchés en joue que les assassins détalent lâchement. Jean-Marie, Julien et Taylor, qui sont auprès du docteur, ne se contentent pas d'une menace, ils tirent deux coups de fusil qui ne manquèrent pas leur but.

Cependant le P. Grange parlemente toujours, au péril de sa vie; il profite de la panique que produisent les détonations, et au milieu d'une grêle de pierres, au travers des décombres de l'église incendiée la veille, il parvient à s'échapper.

Pendant qu'il se sauve, un Canaque, noir comme un démon, espèce de géant, fond sur lui, armé d'une grosse pierre, pour l'assommer. Deux fois le sauvage lance un énorme bloc, et aux deux fois le Père, qui fuit à toutes jambes, tombe, et sa chute coïncide avec le coup qui allait le tuer. A la seconde fois le misérable dut croire qu'il avait abattu sa victime; il retourna au pillage, et le P. Grange se relevant, rejoignit ses compagnons.

La troupe était au complet, moins le F. Blaise. Revenir sur ses pas pour l'emporter, c'était s'exposer au massacre de tous, sans aucun espoir de le sauver. Il fallut l'abandonner, en se hâtant dans la direction de Pouébo.

La nuit devenait de plus en plus sombre. Il y avait à craindre de s'égarer : ce n'était là que le moindre péril, car les fugitifs entendaient de tous côtés les cris des Canaques. Les pillards s'étaient dispersés dans les bois, et probablement chargés de butin, regagnaient leurs cases.

Le P. Rougeyron avait eu l'heureuse idée d'envoyer dans la direction de Balade deux jeunes néophytes, Louis et Moneko. La petite troupe les rencontra, et ces enfants leur servirent de guides.

Ces âmes régénérées par les eaux du baptême avaient déjà des sentiments chrétiens. Aussi, en voyant le dénuement des Pères, les petits Canaques, touchés d'une profonde pitié, se mirent à pleurer. Les vêtements des missionnaires et de leurs compagnons étaient en lambeaux, ils les avaient déchirés en traversant les broussailles, et en même temps leurs membres s'étaient ensanglantés. Pour éviter le chemin ordinaire ils avaient fait mille détours parmi les plantes épineuses.

Depuis deux jours les assiégés étaient sans nourriture. Le P. Grange et Mgr Collomb s'avançaient péniblement, exténués de fatigue. Tour à tour le petit Louis offrait le secours de ses épaules, et il soutenait les pas chancelants des fugitifs.

Le pauvre évêque souffrait cruellement; il ne pouvait plus marcher. Il s'arrêtait fréquemment. Alors l'enfant s'agenouillait à ses pieds, le frictionnait et l'encourageait.

Enfin, à huit heures du soir, après une marche des plus pénibles, harassés et presque mourants, les malheureux expulsés arrivèrent à Pouébo. Le P. Rougeyron et le P. Vergnet étaient venus à leur rencontre : ils voulaient unir leur douleur à celle de leurs frères, et ils se préparaient à subir le même sort.

La Mission de l'île Belep (au nord de la Nouvelle-Calédonie).
D'après une photographie communiquée par le R. P. Fraysse.

Port et rade de Yenguène. — Au centre, deux rochers dits « Tours de Notre-Dame ». Dessin du comte de Marcé.

CHAPITRE VII

Refuge à Pouébo. — Un martyr. — Pillage de la mission de Balade. — Pas une voile à l'horizon. — Le siège de Pouébo. — Mesures défensives. — Deux braves molosses. — Nobles dévouements. — Secours inespéré. — La *Brillante*. — Descente à terre. — Dernière attaque des Canaques. — Projets de vengeance. — Le pardon des injures. — L'*Anonyme*. — Représailles. — Trois nouveaux martyrs. — L'*Ariadne*. — Mort de l'aspirant Jean de Kersabiec. — Évacuation de la Nouvelle-Calédonie.

L n'était pas douteux que les Canaques, qui avaient poursuivi leurs victimes sans pouvoir les atteindre, viendraient les chercher et les attaquer de nouveau à Pouébo.

Le lendemain, les Pères, inquiets sur le sort du F. Blaise, envoyèrent sur le lieu du désastre Louis-Augustin et un autre de ses camarades, du nom de Nangaro. Le plan projeté était d'enlever le blessé, de le porter dans une pirogue appartenant à un chrétien, nommé Grégoire, et de le conduire par mer à Pouébo.

Les courageux enfants revinrent bientôt et donnèrent des détails navrants. Le pauvre Frère avait essayé lui aussi de s'enfuir, mais il ne pouvait presque pas marcher : sa blessure l'empêchait de respirer. Il trébuchait à chaque pas. La lance qui l'avait frappé s'était brisée en laissant six pouces de bois dans les chairs. Après s'être traîné quelques instants il était tombé sur un tertre de gazon.

Alors Antoine et Marie, les deux néophytes dont le dévouement a déjà été rappelé, vinrent à lui pour lui porter secours. « Laissez-moi, leur dit-il avec douceur, bientôt je serai au ciel. Allez à la maison, et tout ce qui vous conviendra prenez-le, je vous le donne. Vous vous souviendrez du Frère Blaise et vous prierez pour lui. »

Il était là se mourant, lorsque les Canaques l'aperçoivent ; ils arrivent en poussant des cris féroces, et tombent sur lui à coups de casse-tête. Après l'avoir assommé, ils le dépouillent de ses habits et s'en vont, croyant le laisser mort.

Le martyre du Frère n'était pas terminé. Il avait perdu connaissance, mais il revient à lui et fait quelques mouvements. Ses lèvres remuent encore, et, les regards fixés au ciel, il prie. Les enfants qui avaient fui, trop faibles pour défendre la victime, se rapprochent alors. Ils le couvrent pieusement de feuillages, et s'agenouillent à côté de lui en pleurant.

Loin d'être ému par cette scène touchante, un sauvage qui vient à passer lève sa hache, et s'avançant vers le martyr déjà criblé de blessures sanglantes, lui tranche la tête.

Les enfants n'abandonnèrent pas le corps du saint Frère. Au milieu des risées et des menaces des bourreaux accourus pour se réjouir de ce hideux spectacle, ils sanglotent, tout en égrenant leur chapelet. Ils attendirent la nuit, et alors, de leurs faibles mains, à l'aide d'un bâton, ils creusèrent un trou, et s'aidant mutuellement ils y déposèrent le corps de la victime.

Ils avaient espéré le soustraire à la cruauté et aux appétits féroces de leurs compatriotes. Ce fut en vain : les Canaques le déterrèrent peu de temps après et se partagèrent sa chair et ses membres sanglants[1].

Pendant ce temps les barbares dévastaient la chapelle, déchiraient et souillaient les ornements, traînaient dans l'ordure les vases sacrés, avec une rage vraiment satanique.

La nouvelle des horreurs commises à Balade se répandit bientôt parmi les tribus avoisinantes. L'ivresse du sang gagnait les Canaques de Pouébo. Les Pères les entendaient

---

1. Du moins ils le crurent; mais Dieu veillait sur son martyr. Voici ce que le P. Rougeyron écrivit plus tard au P. Colin (10 juin 1850): « Mgr Douarre racheta la tête du martyr de Jésus-Christ, que son assassin avait placée, comme un trophée, au-dessus d'une case, et nous pûmes recueillir quelques renseignements nouveaux... Après qu'il eut été décollé, les naturels résolurent de manger son corps;... mais Dieu suscita alors la femme d'un grand chef, homme fort méchant, pour le défendre contre leur impie voracité : « Ce « corps, disait-elle, exhalait une odeur si agréable qu'il y avait là quelque « chose d'extraordinaire. » Elle vint donc, le prit sur ses épaules et le cacha dans la terre. Les sauvages, furieux, n'avaient pu se venger sur elle, parce qu'elle était femme du chef; mais, pendant plusieurs jours, comme des bêtes féroces, ils cherchèrent le tronc mutilé du martyr. L'ayant enfin trouvé, ils le portèrent sur le rivage, pour préparer leur horrible festin : la Providence voulut soustraire ces restes précieux à un dernier outrage; une grande crue de la mer ayant eu lieu, les flots, en se retirant, emportèrent le corps. Ces détails nous remplirent de consolation. »

de leur refuge, poussant des hurlements sinistres qui devenaient à chaque heure plus nombreux et plus stridents. Ils se préparaient à un nouvel assaut. Les missionnaires et leurs compagnons ne pouvaient douter du sort qui les attendait.

Il y avait alors treize hommes dans la petite résidence de Pouébo. Les six fugitifs de Balade, le P. Rougeyron et le P. Vergnet, le F. Auguste, le charpentier Prosper et de plus trois matelots laissés par la *Seine*, Baucherel, Cadousteau et Ammérond.

Le F. Auguste et le matelot Ammérond furent envoyés à Yenguène en éclaireurs. Il était probable qu'on y trouverait un sandalier; ils allaient demander du secours. Hélas! les messagers revinrent le 22, n'ayant même pas aperçu une voile à l'horizon.

Cependant l'*Anonyme* et l'*Arche-d'Alliance* étaient attendus, et les Pères apprennent que les sauvages de Balade comptent se servir de la résidence, dont ils ont arrêté l'incendie, pour tromper les navires qui approcheront de la côte. Affublés des dépouilles des missionnaires, les Canaques espèrent attirer leurs victimes sur le rivage ou dans la rivière et les assommer avant qu'elles aient pu deviner la supercherie.

Pour préserver leurs compatriotes de semblables embuscades, une décision héroïque est prise. Les enfants attachés à la mission reçoivent l'ordre de mettre le feu à tout ce qui reste de la résidence évacuée. Ils s'acquittent de leur triste tâche dans la nuit du 5 au 6 août. La flamme dévore tout et ne laisse après elle qu'un monceau de cendres. De la haute mer on ne pouvait plus distinguer que l'emplacement marqué par des pans de mur carbonisés.

Mais l'ennemi s'est avancé : les indigènes de Balade sont venus en masse à Pouébo. Ils n'ont pas eu de peine à décider leurs voisins. Moitié poussés par l'appât du gain, moitié entraînés par le désir d'effacer à jamais la preuve de leur lâche agression, ils veulent tout détruire et massacrer les missionnaires [1].

Ils sont là quatre cents, armés de lances et de casse-tête. Ils n'attaquent pas encore, comptant sur l'arrivée d'un navire dont les richesses doubleront les profits du pillage. Ils espèrent aussi que les assiégés, pressés par la faim, devront se disperser dans les bois; ils en auront ainsi raison sans danger pour leur vie.

Les Pères, cherchant à gagner du temps, cachent leurs provisions; ils ne font du feu qu'au milieu de la nuit, et tout en envoyant les néophytes fidèles chercher des taros pour leur nourriture, ils laissent croire qu'ils n'ont plus de vivres.

Ils ne négligent aucun moyen de défense. Ils s'environnent d'une forte barrière de pieux, et élèvent aux quatre coins une guérite où tour à tour ils montent la garde pendant la journée et durant toute la nuit.

« Le danger extrême où nous étions sans cesse exposés, dit le P. Vergnet, nous forçait à mener la vie de camp : prêtres et frères nous étions contraints d'être soldats, aussi

---

[1]. Conférence inédite faite au Cercle catholique de Vaugirard, par M. le comte de Marcé.

bien que les matelots. Nous ne paraissions même pas sur le seuil de la porte sans être armés jusqu'aux dents[1]. »

Les assiégés n'usaient de leurs armes que pour tirer des coups de fusil en l'air. Ils effrayaient ainsi les Canaques qu'ils apercevaient souvent, tantôt assemblés au pied du tertre fortifié, tantôt marchant par groupes confus et bruyants, parfois aussi s'avançant en colonnes silencieuses et en bon ordre.

Lorsque les sauvages semblaient prêts à faire l'assaut, chacun courait à son poste. Le matelot Baucherel pointait son petit canon et l'on attendait. Ces dispositions de défense suffisaient à faire « perdre le ventre » aux assaillants, comme disent les Canaques.

Au dehors, deux précieux auxiliaires faisaient bonne garde. C'étaient deux magnifiques terre-neuve, don généreux du commandant Bérard. On les avait appelés *Rhin* et *Seine*, en souvenir de la visite des deux navires de guerre français. Quand ces nobles bêtes saisissaient les mollets d'un Canaque, elles emportaient toujours le morceau. A leur approche les sauvages détalaient au plus vite. Ils grimpaient sur les arbres, et les moins lestes payaient pour les autres. Du milieu des branches ils regardaient les fidèles molosses avec une expression de physionomie où le respect s'alliait à la terreur : c'étaient pour eux des *aliki*, des grands chefs.

L'infortune des missionnaires suscita parmi les néophytes des dévouements héroïques. L'un d'eux, le jeune Augustin, rendait les plus grands services aux assiégés, en passant

---

1. Cf. P. A. Monfat, *Dix années en Mélanésie*, p. 211.

ses journées au dehors. Il épiait ses compatriotes et venait prévenir de leurs projets. Il sauva ainsi les Pères des plus grands périls.

Un des catéchistes de Pouébo, Grégoire, vint se fixer dans la place pour être plus utile. Il faisait les commissions les plus périlleuses. Par son habileté il finit par gagner l'affection du chef de son village. Celui-ci apportait en cachette le fruit de sa pêche, et les plus gros poissons étaient pour ses nouveaux amis.

Michel dépassa tous les autres en générosité. Il combattit contre les siens pour protéger les missionnaires. Vaincu par le nombre, il vit ses cases brûlées et ses plantations détruites.

Un enfant de neuf ans, Nangoro, frère du grand chef de Pouébo, l'ennemi mortel des Pères, disait : « Si l'on tue les missionnaires et qu'on m'épargne, je sais bien ce que je ferai; j'irai me cacher derrière la porte, puis tout à coup je l'ouvrirai, et avant qu'on ne m'ait reconnu, les lances me perceront; c'est là ce que je désire, je veux mourir avec eux. » C'est ce noble enfant qui, échappant à ses parents, feignit d'aller sur la montagne, et à travers les ravins et les palétuviers accourut avec un autre de ses frères pour avertir le P. Rougeyron de la trahison méditée par son aîné, Renou, le grand chef de Pouébo.

Malgré toutes ces précautions et les secours que leur apportaient la foi et la fidélité de leurs néophytes, les Pères se considéraient comme perdus. Ils avaient fait le sacrifice de leur vie.

Le 9 août, les assiégés venaient de recevoir le sacrement de pénitence; ils avaient renouvelé leurs adieux, se donnant rendez-vous au ciel; ils étaient prêts à mourir, lorsqu'un cri retentit tout à coup, cri plein d'espérance : « Une voile à l'horizon ! »

Un navire dessinait sa silhouette majestueuse sur l'azur du ciel. Il grossissait à vue d'œil. Il marchait droit sur Balade. Ses couleurs sont distinctes : il porte le pavillon de la patrie, de la France. La mission est sauvée.

Aussitôt une lettre est écrite; elle signale la détresse des assiégés, et deux hommes se chargent de la porter.

La corvette *la Brillante*, commandée par le vicomte du Bouzet, arrivait au moment désespéré : elle était envoyée par la Providence.

C'est le lendemain seulement que le commandant put porter secours : la mer était houleuse, il n'eût pas été prudent de mettre un canot à la mer.

Trois embarcations montées par soixante hommes bien armés, sous les ordres de MM. Lefer de la Motte et Fournier, abordèrent à Pouébo. Les Canaques effrayés ont fui.

Les Pères sont priés d'envoyer une députation à bord, pour décider, de concert avec le commandant, quelle détermination il faut prendre.

A la faveur de la nuit, à dix heures du soir, Mgr Collomb et le P. Grange s'embarquent sur le canot du lieutenant. A cinq heures du matin ils accostaient la corvette mouillée dans les eaux de Balade.

M. du Bouzet accueillit Sa Grandeur et son compagnon avec une bienveillance parfaite. Il apprend l'étendue de leurs malheurs, et aussitôt il décide que la corvette lèvera l'ancre pour mouiller à Pouébo. Le 11 août elle paraît en face du village. Les braves marins s'occupent sans tarder de la délivrance des missionnaires. Le ciel se met de la partie. Une pluie torrentielle vient heureusement favoriser l'entreprise : elle dure toute la nuit du 11 au 12 et permet de faire à bord du navire le transport des principaux effets. Sans le mauvais temps, tous les villages de la tribu eussent attaqué.

Le lendemain, le grand chef tente un dernier effort. N'osant employer la violence, il recourt à la ruse. Il se présente au P. Rougeyron, une pièce d'étoffe à la main, en signe de paix. Le missionnaire, averti par le jeune Nangoro, sait que le misérable lui tend un piège. Il fait signe à un matelot. Celui-ci s'avance, et armé prudemment d'une baïonnette, il reçoit le présent. Le sauvage déconcerté se retire.

A neuf heures, quatre-vingt-quatre hommes, commandés par trois officiers de marine et deux élèves, arrivent à la mission. Le commandant de la *Brillante* exprime le désir de recevoir les Pères et leurs compagnons à son bord et le plus tôt possible. Aussitôt tous se mettent en route vers le rivage : il y a trois quarts d'heure de marche.

Les Canaques sont là, en grand nombre : ils suivent la petite troupe et attendent qu'elle soit entrée dans les broussailles pour l'attaquer impunément.

Arrivés au bas du monticule où s'élève la maison, sur le bord d'un cours d'eau, le grand chef se présente et fait signe à l'escorte de passer de l'autre côté du ruisseau. Informés que plusieurs milliers d'indigènes sont cachés le long de la rive, en embuscade, pour surprendre et massacrer la petite troupe, les officiers refusent de suivre le chemin indiqué.

Aussitôt le grand chef donne le signal de l'attaque. Une grêle de flèches et de lances pleut sur les marins et les missionnaires. Les braves matelots répondent par une décharge générale. Mais ils ne peuvent voir les sauvages qui rampent et se traînent dans les hautes herbes.

L'un d'eux s'approche cependant si près, qu'après [avoir manqué le fourrier Souchon, il reçoit de lui un coup de baïonnette.

Enfin, le détachement arrive sur le bord de la mer. Il n'y a plus rien à craindre. Le lieutenant de la Motte fait l'appel : personne ne manque. Cinq hommes sont blessés, dont deux gravement; de ce nombre est M. Raynaud, élève de deuxième classe. Il a reçu un coup de lance au cou. Par bonheur tous guérirent plus tard de leurs blessures[1].

Au bruit de la fusillade, le commandant était accouru sur son canot; il fit monter les blessés à côté de lui, et à midi marins et missionnaires étaient à bord de la *Brillante*.

M. du Bouzet, heureux d'avoir sauvé la mission et connaissant dans le détail, par le récit qu'on lui en fit, les atrocités commises à Balade, déclara qu'il allait châtier ces misérables.

Les Pères, fidèles à leur rôle d'apôtres de la charité,

---

[1]. État-major et élèves de la *Brillante* : MM. le commandant du Bouzet, le lieutenant Lefer de la Motte, les enseignes Sebris, de Trocoff et Fournier; les élèves Dubros, Thyerry, Lagrange, Laporte, du Bochage, Raynaud, le commissaire de Castillon et le docteur Bedtinger.

voulurent s'y opposer. Ils signifièrent par écrit au commandant qu'il était de leur devoir de pardonner à leurs ennemis et ils le conjurèrent de pardonner comme eux. Le noble officier loua la démarche des missionnaires, il était impossible de ne pas admirer ces sentiments sublimes, mais il ajouta que les Pères n'étaient pas les seules victimes de la rapacité et de la perfidie des Canaques. La Société française de l'Océanie avait fait de grandes pertes, et de plus les sauvages avaient incendié les embarcations de la *Seine* appartenant à la France. Le commandant croirait manquer à son devoir s'il laissait tant de crimes impunis.

Sur ces entrefaites l'*Anonyme* vint mouiller à Pouébo, à côté de la corvette. On était au 15 août. Le 18, les deux navires allèrent à Balade, et deux jours après M. du Bouzet fit une descente à terre avec un détachement de soixante-quinze hommes. C'était l'heure de la vengeance et du châtiment.

Les Canaques n'osèrent pas se mesurer avec les marins de la *Brillante*. Ils prirent la fuite vers les montagnes. Après trois quarts d'heure de marche, le corps expéditionnaire arriva au village; il n'avait pas rencontré la moindre résistance. Le commandant ordonna de mettre le feu aux cases des principaux chefs, sans oublier celle de Parama, le plus perfide de tous. Et afin de protéger les navires qui pourraient venir mouiller dans les eaux de Balade, M. du Bouzet fit abattre un certain nombre des cocotiers du rivage.

Pendant ces différentes opérations on entendait les hurlements de rage poussés par les Canaques cachés au fond des bois. Quelques javelines furent lancées contre les marins, mais personne ne fut atteint. Tous rentrèrent à bord sains et saufs.

Le lendemain, l'*Anonyme* partit pour les îles Salomon, ayant à bord Mgr Collomb. L'intrépide évêque, après les périls qu'il venait de courir, allait avec un courage admirable s'exposer de nouveau à la mort et travailler à la conversion de sauvages encore plus féroces que ceux de la Nouvelle-Calédonie. L'archipel Salomon avait si mauvaise réputation qu'aucun équipage n'eût consenti à le conduire sur ces rivages redoutés : il fallait la sainte audace, inspirée par le zèle des âmes, du commandant Marceau, de l'*Arche-d'Alliance*, et du capitaine Raballand, de l'*Anonyme*, pour seconder l'apostolat des missionnaires [1].

L'évêque avait fait monter à bord tout ce qu'il avait pu sauver du pillage et de l'incendie de la mission de Balade. Il toucha à San Christoval le 28 août 1847 : là encore le sang des martyrs avait coulé de nouveau. Une lettre qui lui fut remise le soir même lui apprit que les PP. Paget et Jacquet et le P. Hyacinthe avaient été tués par les infidèles, sinon en haine de la religion, du moins à cause du zèle qu'ils mettaient à la répandre [2].

Les trois missionnaires, victimes de leur zèle, pour mieux renseigner l'évêque à son arrivée, avaient tenté une excursion dans les montagnes. Arrivés au village des Toros, ils

---

1. Cf. P. Monfat, *Dix années en Mélanésie*, p. 214.
2. Lettre de Mgr Collomb au conseil de la Propagation de la foi. Woodlark 21 décembre 1847.

furent accueillis par des chants, des embrassements et des démonstrations de joie, puis cernés et frappés par une troupe de forcenés. Un coup de lance transperça le P. Paget, le P. Jacquet eut la tête abattue d'un coup de hache, et le P. Hyacinthe, d'abord blessé par une lance, fut achevé à coups de hache. Les misérables dépecèrent leurs victimes et convièrent leurs amis à un festin où ils les dévorèrent.

Le P. Montrouzier, qui raconte, dans une lettre à son frère, ces horreurs, lui dit qu'il voulait accompagner les Pères dans leur excursion; mais encore mal remis d'accès de fièvre, il céda aux observations qui lui furent faites. Il obéit, et « aujourd'hui, ajoute-t-il, je languis encore dans la vallée de larmes, tandis que mes frères, arrivés au terme de leur course, ont reçu, je l'espère, la palme réservée aux martyrs[1] ».

Il y avait à craindre, pour l'avenir de la mission, que tous ceux qui travaillaient à son développement ne fussent frappés tour à tour. En présence d'une barbarie que rien ne semblait devoir vaincre, Mgr Collomb donna l'ordre d'évacuer San Christoval, et les missionnaires allèrent s'établir à Wodlark.

L'année suivante, l'*Ariadne*, corvette de guerre commandée par M. du Taillis, relâchait à San Christoval. Elle avait l'ordre de se mettre en rapports avec les missionnaires. Les marins français ne les trouvèrent pas et ils apprirent, en faisant des échanges avec les sauvages, les détails du

---

[1]. Lettre du P. Montrouzier à son frère, le P. Henri Montrouzier, de la Compagnie de Jésus.

crime commis par ces barbares. Sans défiance, ils avaient troqué des livres qu'ils disaient avoir été laissés par les Pères. Dans les pages de l'un d'eux, le commandant trouva une lettre écrite pour renseigner le capitaine Marceau. Elle racontait l'attentat dont les PP. Jacquet et Paget et le P. Hyacinthe avaient été les victimes. Le 2 mars 1848, quatre-vingts matelots débarquèrent, et trois villages furent incendiés. C'est au retour de cette expédition, au moment où le détachement allait s'embarquer, qu'une vraie bataille s'engagea entre les marins et les sauvages furieux. Le jeune aspirant Jean de Kersabiec, mis à l'ordre du jour quelque temps auparavant pour un acte de courage, fut frappé mortellement dans le combat. Le sang d'un brave officier de marine s'unit ainsi au sang des martyrs pour attirer sur cette terre barbare les bénédictions du ciel.

Mgr Collomb, en montant à bord de l'*Anonyme*, en rade de Balade, avait donné l'ordre à ses compagnons de profiter du départ de la *Brillante* pour se réfugier à Sydney, en attendant des jours meilleurs. Le P. Rougeyron aurait voulu rester, et, « sans l'obéissance qu'il croyait devoir à Mgr d'Antiphelles, il serait mort avec ses pieux chrétiens[1] ». Il écrivait quelque temps après, à bord de la *Brillante* : « Nous quittons la Nouvelle-Calédonie, théâtre de nos sueurs et de nos souffrances, mais ce n'est pas pour toujours; bientôt, je l'espère, viendra pour nous le moment de revoir cette terre désolée, où nous avons laissé une semence de chrétiens. Hélas! ces pauvres sauvages ne comprennent pas ce qu'ils font, ils sont dignes de toute

[1] Lettre de Mgr Douarre à l'évêque de Clermont. Paris, 30 janvier 1848.

pitié; plus ils nous persécutent, plus nous les aimons en Jésus-Christ qui est mort pour eux aussi bien que pour nous. Nous ne cessons de prier pour leur conversion, et nous voudrions donner mille vies, si nous les avions, pour leur salut et pour leur bonheur[1]. »

1. Lettre du P. Rougeyron au P. Colin. A bord de la *Brillante*, 13 août 1847.

L'église de l'île Belep (Nouvelle-Calédonie).
D'après une photographie communiquée par le R. P. Fraysse.

L'église de l'île des Pins.
D'après une photographie communiquée par le R. P. Fraysse.

Le pensionnat S.-Léon à Païta (Nouvelle-Calédonie).
D'après une photographie communiquée par le R. P. Fraysse.

CHAPITRE VIII

Tout est perdu fors l'espérance. — Mgr Douarre et le général Cavaignac. — Départ de l'évêque à bord du *Cocyte*. — Marceau ramène au feu les vaillants soldats de Jésus-Christ. — Retour en Nouvelle-Calédonie. — Station à Amatan, à Halgan. — Perfidie et ingratitude. — L'île des Pins. — Installation des PP. Goujon et Chatelus. — Arrivée de Mgr Douarre à Annatom. — Il fait voile pour la Nouvelle-Calédonie. — Le *Cutter* est pris et l'équipage mangé. — Les Canaques demandent pardon à l'évêque. — La réduction de Yaté. — Nouvelles menaces. — Fuite de l'évêque. — Les néophytes s'exilent à Wallis. — Retour du P. Rougeyron. — Victoire. — Établissement définitif en Nouvelle-Calédonie.

OUT est perdu, écrivait de France Mgr Douarre, moins l'espérance, plus forte que jamais. Cette terre, aujourd'hui arrosée de sang, ne peut manquer de produire. Mes missionnaires sont impatients de partir. Il faut de toute nécessité que je fonde quatre établissements. » L'évêque

d'Amata ne demandait plus un navire pour l'occupation de la Nouvelle-Calédonie, mais il sollicitait un passage à bord d'un bâtiment de guerre. Il voulait quitter l'Europe au plus vite et voler au secours de sa mission dévastée, incendiée, anéantie.

La révolution de 1848 avait balayé sous ses yeux le trône de Louis-Philippe : il s'adresse directement au général Cavaignac, qui vient d'être investi du pouvoir exécutif : « Général, lui dit-il fièrement, je me suis présenté, depuis quelques mois, à six ministres différents, afin d'obtenir mon passage et celui de mes missionnaires pour la Nouvelle-Calédonie; maintenant j'ai recours à vous; mais ce n'est plus pour demander : je viens réclamer une dette; j'ai sauvé et nourri l'équipage du navire *la Seine*, il y a trois ans; j'ai exposé ma vie plusieurs fois pour plus de deux cents marins français; je leur ai donné tous les vivres de mes missionnaires. »

Le général Cavaignac lui répondit : « Je sais, Monseigneur, tout ce que vous avez fait; je vous promets votre passage et celui de vos missionnaires sur un navire de l'État; je vous en donne ma parole de général[1]. »

Aussitôt des ordres sont expédiés au ministère de la marine, et Mgr Douarre reçoit avis qu'il partira par le *Cocyte*. Il s'embarqua le 23 octobre 1848.

Le *Stella-del-Mare*, ayant à son bord de nombreux missionnaires, s'était mis en route bien avant que l'évêque d'Amata ne partît pour l'Océanie. Lorsque ce navire toucha

---

1. Cf. *Le Premier vicaire apostolique de la Nouvelle-Calédonie, ou Mgr Douarre*, par l'auteur de la *Vie du capitaine Marceau*, t. II, p. 254.

à Valparaiso, il y rencontra la *Brillante*. Les Pères qui étaient destinés à la Nouvelle-Calédonie apprirent de la bouche du commandant du Bouzet les désastres de la mission. Loin de se décourager, ils demandèrent d'être conduits là où l'obéissance les envoyait, afin de reprendre l'œuvre de la conversion des anthropophages. Le vicomte des Cars, commandant du *Stella-del-Mare*, s'y opposa énergiquement : « Non, non, je ne puis sous ma responsabilité vous porter, en de telles circonstances, parmi ces monstres qui vous dévoreront dès que le navire aura disparu[1]. » Il fallut céder.

Mais les braves qui avaient déjà vu le feu n'attendirent pas le retour de Mgr Douarre pour recommencer la lutte.

Le 3 mars 1848, l'*Arche-d'Alliance* avait mouillé à Sydney, après une campagne qui a immortalisé le commandant Marceau, visiblement protégé par le Ciel. Le P. Rougeyron et ses compagnons supplièrent leur saint ami de reprendre la mer et de les conduire au milieu de leurs persécuteurs. Leur plan était de fonder des établissements aux abords de la Nouvelle-Calédonie, et de se rapprocher progressivement des localités déjà évangélisées. L'homme de Dieu qui commandait l'*Arche-d'Alliance* était digne de comprendre le zèle de ces apôtres. Il consentit à les ramener au combat, et, le 20 avril 1848, il mit le cap sur l'île inhospitalière.

Marceau, pendant la traversée, dut rassurer son équipage. « Nous arrivons en Nouvelle-Calédonie, où probablement

---

1. Cf. *Le Premier vicaire apostolique de la Nouvelle-Calédonie, ou Mgr Douarre*, par l'auteur de la *Vie du capitaine Marceau*, t. II, p. 249.

nous courrons de grands dangers, dit-il à ses hommes; vous en êtes tous effrayés; eh bien! je n'ai ni armes ni moyens de défense à vous donner : voici des médailles. Il n'arrivera aucun mal à ceux qui en prendront... Faites ce que vous voudrez. » La prédiction se réalisa, et plusieurs fois d'une façon miraculeuse[1].

L'île parut enfin. « A l'aspect de cette terre, théâtre de tant de douleurs, comme l'écrivit un missionnaire, je sentis mon cœur vivement ému. Je ne sais quel charme nous attire vers les lieux où nous avons souffert pour Dieu, et nous les fait aimer. Les hautes montagnes de la Nouvelle-Calédonie s'approchèrent, et je reconnus Balade, Baïao, Pouébo. Oh! alors mon émotion redoubla. J'étais heureux de retrouver ces rivages inhospitaliers et néanmoins toujours chers à mon cœur. J'aurais voulu revoir ces habitants infortunés qui nous ont repoussés si cruellement. »

Marceau prit la direction du port Saint-Vincent. Les Pères espéraient pouvoir se fixer dans cette partie de la Nouvelle-Calédonie. Ils explorèrent plusieurs îlots, mais sans succès. Le bois et l'eau douce manquaient partout. Ils furent contraints de renoncer à planter leur tente aussi près de la grande île.

Les missionnaires avaient entendu parler de l'île Annatom, située au sud des Nouvelles-Hébrides, à peu près à la même latitude que Balade. Au vent de toutes les îles du vicariat apostolique de la Nouvelle-Calédonie, elle était comme un poste où venaient converger tous les navires

---

1. Cf. *Auguste Marceau*, t. II, p. 146.

faisant le commerce du bois de sandal dans l'archipel confié au zèle des Maristes. Les Pères demandèrent à Marceau de les conduire dans cette île, dont les habitants ont les mœurs plus douces.

Ils y arrivèrent le 11 mai 1848. Grâce à l'intervention d'un Irlandais établi à Annatom, ils obtiennent du chef une concession de terrain. Le P. Rougeyron se met à l'œuvre, pendant que le P. Roudaire reprend la mer avec l'intrépide commandant, pour fonder un nouveau poste à Halgan, une des îles Loyalty.

Marceau avait sauvé la vie, l'année précédente, à cinquante indigènes halganais, victimes de la rapacité et de la duplicité des Anglais, qui, après les avoir enlevés, voulaient les vendre à Sydney. Parmi ces infortunés s'était trouvé le fils du grand chef. Le commandant croyait pouvoir compter sur la reconnaissance de ces sauvages. En effet, lorsque l'*Arche-d'Alliance* parut le 1er juin, en vue d'Halgan, ce fut de la part des naturels des démonstrations de joie extraordinaires. A peine l'ancre est jetée que Marceau est invité à une grande fête préparée en son honneur. Sans une circonstance fortuite qui permit à un enfant d'entendre le grand chef et ses séides deviser de leur projet sanglant, le commandant se serait rendu à terre avec son équipage, et il était perdu. Aussitôt averti, il donne l'ordre de hisser les embarcations, et s'adressant aux sauvages venus à bord en grand nombre, il les somme de déguerpir. Il appuie ses sommations en faisant charger les canons et sonner le branle-bas. Les misérables comprennent et sautent à l'eau; ils se sauvent à force de brasses, non sans détourner la tête pour voir si les matelots s'apprêtent à les mitrailler.

Telle fut la reconnaissance de ces barbares. Marceau, ayant pu revoir le fils du grand chef, celui-là même auquel il avait sauvé la vie, lui dit : « Tu voulais donc me manger? Est-ce là ce que je devais attendre de toi, après tant de bienfaits? — Ah! si tu savais, reprit l'enfant, combien la chair humaine est bonne[1]! »

Impossible de se fixer au milieu de ces hommes féroces. L'*Arche-d'Alliance* leva l'ancre et elle eut le bonheur de trouver sur sa route, au moment où elle franchissait la passe du nord, une goëlette qui conduisait à Halgan deux nouveaux missionnaires. C'étaient les PP. Goujon et Chatelut, envoyés d'Annatom pour aider le P. Roudaire. Marceau avertit qu'il n'y avait qu'à virer de bord si on ne voulait pas être la proie des anthropophages. Il sauva ainsi la vie à l'équipage et aux Pères.

Les deux navires mettent le cap sur Annatom. Ils naviguent de concert. Pendant la journée, Marceau eut la complaisance de passer d'un bord à l'autre pour expliquer ce qui s'était passé à Halgan.

Après une heureuse traversée, le commandant de l'*Alliance* retrouva le P. Rougeyron, qui voulait organiser à Annatom une école de jeunes enfants des tribus de Balade et de Pouébo, et retourner avec eux au milieu du peuple assassin. Tout son désir était d'accompagner Mgr d'Amata à son retour en Nouvelle-Calédonie, et de se retrouver avec ses anthropophages.

1. *Vie du capitaine Marceau*, t. II, p. 166.

En attendant, fidèles à leur plan, les Pères fondèrent une nouvelle station à l'île des Pins. Cette fois, ils étaient aux abords de la place. Les PP. Prosper, Goujon et Chatelut, n'ayant pu employer leur zèle au salut des âmes des Halganais, deux mois plus tard, après six jours d'une traversée orageuse, débarquèrent dans cette petite île de dix lieues de tour. Ils furent accueillis avec curiosité, et les sauvages ne témoignèrent aucune disposition hostile [1].

C'est le 15 août que les missionnaires prirent possession de cette terre féconde où leur apostolat devait être si fructueux que, quelques années après, pas un seul de ses habitants n'avait échappé à la grâce du baptême.

Cependant Mgr Douarre abordait enfin dans son vicariat. « Chaque jour je regarde si je ne vois pas poindre à l'horizon quelque navire qui nous amène Mgr d'Amata, écrivait le P. Rougeyron. Je ne soupire plus qu'après l'arrivée de Sa Grandeur. » Le 7 septembre 1849, l'évêque débarquait à Annatom. Ce fut une fête. Après quelques jours de repos, il prit avec lui l'infatigable apôtre des Calédoniens et fit voile vers l'île ingrate, décidé à vaincre ou à mourir.

Rien ne put l'arrêter : ni les épreuves passées, ni la dernière tentative infructueuse. L'intrépide évêque voulait reconquérir à tout prix cette partie de son vicariat déjà arrosée de ses sueurs et du sang d'un martyr.

Les missionnaires avaient cependant eu connaissance du dernier drame qui récemment encore ensanglantait le rivage

---

[1]. Lettre du P. Goujon au P. Hagniet. Ile des Pins, Notre-Dame de l'Assomption, 28 octobre 1848.

de Balade. A la vue d'un navire qui louvoyait au large, le grand chef, fidèle à sa tactique infernale, s'était affublé des dépouilles de la sacristie mise au pillage. Et se promenant sur les ruines de la terrasse de la résidence des Pères, en tenant en main un bréviaire dans lequel il ne pouvait distinguer que du blanc et du noir, il avait singé les allures d'un missionnaire. L'équipage du vaisseau fut joué : c'était le *Cutter*, goélette américaine. Une embarcation s'engagea dans la rivière jusqu'auprès de la mission. Elle fut attaquée et prise par les sauvages qui se portèrent aussitôt vers la goélette. Celle-ci s'était imprudemment approchée du rivage : les Canaques montèrent à l'abordage, et tous ceux qui étaient à bord furent tués, rôtis et mangés.

Cet acte atroce de cannibalisme fut connu des navires étrangers habitués à fréquenter ces parages pour le trafic du bois de sandal et de la noix de palme. Ils évitèrent désormais ces côtes néfastes. Le commerce cessa. Les Canaques se prirent à regretter la présence des missionnaires et les visites des blancs. Mgr Douarre et ses compagnons durent peut-être à ces sentiments intéressés de ne pas être massacrés en débarquant de nouveau dans l'île.

C'est à Yenguène qu'ils descendirent à terre. Le grand chef, Bouarat, les reçut avec de vives démonstrations. Enhardis par ce premier succès, les missionnaires se partagèrent l'île, et tandis que les uns devaient rester dans cette localité, les autres furent chargés de relever les stations de Balade et de Pouébo.

INDIGÈNES DES ILES LOYALTY
Vue de Lifou, d'après une photographie communiquée par le docteur François.

Cependant, les récentes atrocités dont Balade avait été le théâtre commandaient la prudence. Il fut résolu que les Pères recueilleraient à bord les néophytes fidèles et se retireraient avec eux plus loin, à l'abri des cannibales.

L'intrépide évêque voulut revoir les ruines de la mission. Tous firent voile avec lui ; et une fois arrivé à Balade, le premier, dans le canot de débarquement, il entraîne à sa suite le P. Rougeyron et le F. Jean, vers le rivage. Quelle réception les misérables allaient-ils faire aux audacieux missionnaires? Le canot voguait à toute vitesse. Les Canaques le regardaient venir et s'avançaient lentement et avec défiance vers le bord de la mer. Ils étaient armés. Tout à coup un cri retentit : « C'est l'Epikopo, c'est le P. Rougeyron et Jean. » Ils jettent leurs lances et leurs casse-tête, et leur chef Tiangoun, un morceau de tapa à la main, en signe de réconciliation, reçoit les Pères. Il paraît interdit et confus. Cependant, prenant la parole, il prononce le discours suivant : « Epikopo, Père Rougeyron, et toi Jean, nous avons honte de paraître devant vous, après tout le mal que nous vous avons fait. Pakilipuma, notre ancien chef, n'est plus, et voilà pourquoi nous sommes devenus méchants. Mais pardonnez-nous, et nous redeviendrons bons. Revenez habiter parmi nous ; si vous ne pouvez supporter notre présence, parce que nous avons été trop coupables, voyez ces hautes montagnes du Diahot ; nous irons cacher notre honte derrière elles, et vous demeurerez ici. Choisissez la vallée qui vous sera le plus agréable. »

Cette amende honorable était-elle sincère? Les sentiments de contrition de Tiangoun n'étaient-ils qu'une nouvelle perfidie? Le sang versé récemment et les actes de cannibalisme dont le *Cutter* avait été victime ne devaient-ils pas inspirer cette crainte?

Mgr d'Amata répondit : « Nous vous aurions pardonné de grand cœur le premier sang répandu, mais il y en a eu récemment de versé! » — Tiangoun reprit : « Nous nous croyions abandonnés des missionnaires pour toujours; nous nous sommes laissés aller au désespoir, et par suite au crime. — Eh bien! dit l'évêque, nous reviendrons plus tard au milieu de vous, si vous voulez sincèrement vous convertir. »

Les Canaques parurent heureux de cette promesse. Le canot rentra à bord.

Le lendemain, Mgr d'Amata désira faire une nouvelle excursion. Il visita l'emplacement de la petite chapelle; il n'y avait plus que des herbes et des broussailles. Il pria au lieu béni où le F. Blaise avait été frappé à mort. Partout les missionnaires trouvèrent des visages tristes et un accueil empressé.

Les néophytes se réunirent sur le rivage, et montant à bord avec leurs Pères, ils firent voile vers le sud, en un lieu appelé Yaté. C'était le premier essai du système des réductions, qui devait donner plus tard tant de consolation aux missionnaires et les récompenser de leurs héroïques efforts.

Mgr Douarre retourna à Yenguène, dont il voulait faire sa résidence malgré les conseils clairvoyants d'un de ses néophytes. Il n'était pas installé depuis peu de jours lorsqu'un catéchiste, nommé Augustin, surprit un complot.

Bouarat, le grand chef, avait juré de tuer l'évêque et ses compagnons. A la prochaine récolte des ignames, ils devaient faire les frais du festin. Déjà Mgr Douarre avait échappé au casse-tête d'un misérable qui, furieux d'une observation faite par l'évêque, leva son arme contre lui. Le F. Jean détourna heureusement le coup. Les menaces se multipliaient. « Je te mangerai, » disaient-ils aux Pères; et le chef, affublé des vêtements volés à Balade, venait s'asseoir à la table des missionnaires, tantôt en soutane, tantôt en aube, se moquant de ses hôtes, pendant que ses séides égorgeaient sous leurs yeux leurs victimes, pour mieux montrer le sort qu'ils réservaient à ceux qu'ils avaient déjà condamnés à mort.

Un renfort vint s'ajouter, sur ces entrefaites, à la petite troupe des missionnaires. Une vingtaine de Fidjiens, engagés pour la pêche par un navire américain, avaient été attaqués par les Canaques de Balade. Ils étaient venus se réfugier à Yenguène sous la protection de l'évêque. A l'occasion, ils auraient défendu leur bienfaiteur, mais en même temps ils augmentaient le péril, car c'étaient des victimes arrachées à la cruauté des cannibales, et ceux-ci pouvaient d'un jour à l'autre tenter de les massacrer.

Mgr d'Amata, reconnaissant la sagesse du conseil qui lui avait été donné de ne pas compter sur la bonne foi du chef de Yenguène, résolut de transporter sa tente à Yaté. Le *Marian-Watson* mouillait non loin de la côte. En employant toutes les ruses que pouvait inspirer un péril pressant, les effets de la mission purent être transportés à bord, et avant que les sauvages se soient doutés de l'intention des missionnaires, ils faisaient voile pour Annatom.

Les Fidjiens furent déposés dans cette île, et Mgr Douarre ayant trouvé les Pères en lutte avec une fièvre maligne qui menaçait leur vie, il prit avec lui plusieurs de ses chers missionnaires et retourna en Nouvelle Calédonie.

Ses espérances furent déçues quand il arriva à Yaté. La réduction était assiégée à son tour par les Canaques, venus en troupe nombreuse pour mettre tout à feu et à sang. Il fallait se défendre, permettre aux néophytes de répondre aux pillards par des coups de fusil, ou bien évacuer la position, si l'on ne voulait pas être massacré. L'évêque ne voulut pas consentir à employer les moyens de résistance violents.

Il n'y avait donc qu'à céder, et pour la troisième fois abandonner le champ de bataille. Il fut résolu qu'on laisserait le choix aux néophytes de retourner dans leurs villages ou de monter à bord pour chercher un refuge aux îles Wallis. Ces nouveaux chrétiens préférèrent s'exiler, afin de garder leur foi. Ils s'embarquèrent. Mgr Douarre se fixa à l'île des Pins, et de là les néophytes, sous la conduite du P. Rougeyron et du P. Gagnère, firent voile pour Futuna.

L'évêque tenait ferme au poste. Il aurait voulu rester seul en Nouvelle-Calédonie après avoir mis ses prêtres en sûreté. Mais ceux-ci lui avaient résisté en face; car il eût été infailliblement la proie des anthropophages. Les Pères lui dirent : « Si vous mourez, que deviendra la mission ? Il n'est pas sage d'exposer ainsi la tête. Au lieu que si un de nous périt, ce sera un missionnaire de moins, un heureux de plus, voilà tout [1]. »

Mgr Douarre tint du moins à s'éloigner le moins possible de la Nouvelle-Calédonie, et, sentinelle vigilante, surveillant l'ennemi aux abords de la place, il planta sa tente dans l'île des Pins, prêt à recommencer l'assaut dès qu'il y aurait quelque espoir.

Pendant ce temps le P. Rougeyron, ayant conduit à Futuna une première escouade de Calédoniens convertis, allait à Sydney pour s'embarquer de nouveau pour son île chérie. Une seconde fois il vint faire appel à ceux qui avaient embrassé la vraie foi, ou voulaient suivre l'exemple de leurs compatriotes chrétiens. Quarante-trois naturels, dont sept étaient des chefs influents, et trois du nombre des assassins du F. Blaise, préférèrent abandonner leur patrie plutôt que d'être exposés à retomber dans leurs pratiques barbares. Ils rejoignirent à Futuna les premiers exilés.

Ces héroïques chrétiens formèrent le noyau des disciples fervents qui devaient enfin gagner un jour à Jésus-Christ l'île barbare.

Le P. Rougeyron avait écrit à son supérieur : « Si vous voulez continuer cette mission de la Nouvelle-Calédonie, je consens volontiers à retourner pour la troisième fois sur le champ de bataille, et cette fois, il faudra vaincre ou mourir. Deux prêtres sans frères suffiront, et nous ne prendrons avec nous que les objets absolument indispensables. » Il fut approuvé, et il écrivait en mai 1851 : « Je vais me faire jeter sur les côtes de la Nouvelle-Calédonie

---

1. *Vie de Mgr Douarre*, t. II, p. 217.

une troisième fois, sans aucun frère coadjuteur, accompagné seulement d'un missionnaire, sans provisions, sans bagage, armé seulement de mon bréviaire et de mon dépouillement [1]. »

Ce qu'il dit, le P. Rougeyron le fit. Il ramena de Futuna, accompagné par le P. Gagnère, les Calédoniens qui avaient préféré s'expatrier plutôt que d'exposer leur foi. Ceux-ci, aguerris et fortifiés, fondèrent l'Église naissante de la Nouvelle-Calédonie. Les missionnaires rétablirent bientôt les stations de Balade et de Pouébo et groupèrent autour de leur résidence ces chrétiens éprouvés, désormais à eux et à Jésus-Christ, à la vie et à la mort.

La bataille était gagnée, et dorénavant les Pères travailleront ce sol ingrat, sans crainte d'en être chassés de nouveau. Une grave décision prise par la Propagande permettra de leur envoyer du renfort.

Depuis douze ans, les missionnaires de la Société de Marie soutenaient une lutte gigantesque dont le vaste champ de bataille comprenait les îles de la Polynésie et de la Mélanésie; ils avaient abordé aux Tonga, aux Fidji, aux Nouvelles-Hébrides, aux Loyalty, en Nouvelle-Calédonie, en Nouvelle-Zélande, aux îles Samoa, aux îles Salomon, etc., et au prix de sacrifices héroïques, au prix du martyre, ils avaient planté sur ces rives barbares la croix de Jésus-Christ. Mais leurs efforts divisés, éparpillés, semblaient devoir donner un résultat moins décisif. A Rome on jugea qu'il était préférable qu'ils fissent une concentration de leurs forces sur les archipels et les grandes terres, partout où la

---

1. Lettre du P. Rougeyron au P. Colin, 10 juin 1850.

moisson serait plus abondante. Le vicariat de Mélanésie et de Micronésie fut confié aux Missions étrangères de Milan, et les nobles combattants, plusieurs vétérans de l'apostolat ayant déjà versé leur sang dans la lutte, se replièrent sur les grandes îles. De ce nombre était le P. Montrouzier qui fut envoyé pour la seconde fois en Nouvelle-Calédonie.

Il y arriva environ un an avant que le pavillon français n'abritât cette île. Cette fois, la France ne se contenta pas simplement de planter son drapeau, elle le protégea et le défendit. Le voyage de Mgr Douarre en Europe et à Paris portait enfin ses fruits. Mais il fallut, pour appuyer les démarches de l'évêque, un nouveau malheur, un massacre sanglant dont les annales de la marine française conservent le douloureux souvenir.

Les armes de Sa Grandeur Mgr Douarre,
premier vicaire apostolique de la Nouvelle-Calédonie.

Passerelle pour aller du village de S.-Louis à l'église.
D'après une photographie communiquée par le R. P. Fraysse.

CHAPITRE IX

L'*Alcmène* en exploration. — Un canot en perdition. — Recherches. — Les Canaques anthropophages. — Abordage. — Un missionnaire seul contre plusieurs centaines d'anthropophages. — Délivrance de trois prisonniers. — Terrible imprudence. — Attaque subite. — Massacre. — Vengeance. — Charité du missionnaire.

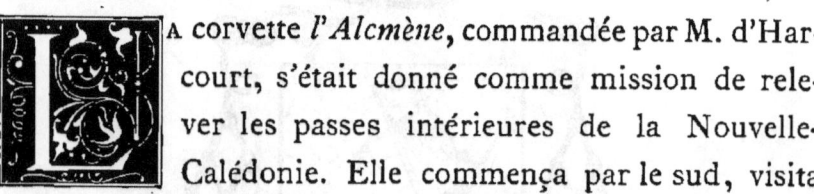A corvette *l'Alcmène,* commandée par M. d'Harcourt, s'était donné comme mission de relever les passes intérieures de la Nouvelle-Calédonie. Elle commença par le sud, visita l'île des Pins, s'engagea entre les récifs de corail et la côte, et envoyant devant elle ses embarcations qui opéraient les sondages et établissaient les relèvements, elle suivit la route tracée par ses canots.

Elle remonta ainsi jusqu'à Balade. Pour terminer ses travaux, elle n'avait plus alors qu'une dizaine de lieues à faire en côtoyant une chaîne d'îlots qui dessinent une longue pointe vers le nord. Déjà un détachement débarqué à Pouébo, formé du commissaire du bord, d'un chirurgien, d'un officier et de quelques matelots armés, avait traversé impunément les tribus évangélisées, pendant que les canots de sondage parvenaient au delà de la rivière appelée le Diahot. Le cap le plus au nord était doublé, et les travaux hydrographiques touchaient à leur fin, lorsque le commandant d'Harcourt voulut faire une dernière reconnaissance sur ces îles septentrionales.

Il cherchait, au travers de ce petit archipel, un passage pour les grands navires. Il envoya à cet effet en expédition le grand canot de la corvette, monté par quinze hommes et commandé par un enseigne de vaisseau, M. Devarenne, et un aspirant de marine, M. de Saint-Phalle.

Deux jours se passèrent sans que le canot reparût. On pouvait supposer que les courants ou la marée basse l'avaient retenu, et cela suffisait pour motiver une absence prolongée. Mais le troisième jour l'inquiétude était légitime. Le soir, elle devint poignante, surtout lorsque le commissaire, le chirurgien et le détachement de matelots revinrent de leur expédition.

Ils racontèrent que le bruit courait, parmi les habitants des villages de la côte, qu'un canot de la corvette avait été attaqué. Un Père missionnaire, le guide des explorateurs, avait appris la nouvelle de la bouche des Canaques, en causant avec eux.

L'équipage demanda aussitôt à appareiller pour porter

secours. Mais que pouvait-on faire la nuit? Il fallut se résigner à attendre jusqu'au lendemain matin.

A l'aube, une embarcation armée en guerre quitta le bord. Le Père missionnaire s'était offert pour la piloter au travers des récifs. Elle doubla bientôt le cap nord de la grande terre, se dirigeant vers les petites îles.

Deux d'entre elles avaient été visitées sans succès, elles étaient désertes, lorsque les navigateurs, s'approchant d'un troisième îlot plus petit, aperçurent des sauvages courant sur la plage. Les marins se défièrent et avancèrent prudemment.

Les Canaques allaient et venaient; ils paraissaient très occupés, et bientôt on distingua sur la grève les débris d'un grand canot dont ils se disputaient la carcasse. Plus de doute, la triste nouvelle est vraie, le lieu du sinistre est trouvé. Mais jusqu'où s'étend la catastrophe? Peut-on espérer le salut des malheureuses victimes?

Les matelots firent force de rames. Dès que le canot fut en vue et près de terre, les naturels accoururent et se massèrent sur la plage. Ils avaient en main leurs lances et leurs casse-tête. Leur attitude était des plus menaçantes. Quelques coups de fusil auraient eu facilement raison de ces misérables. Mais le plus petit acte d'hostilité pouvait être le signal du meurtre des prisonniers.

Dans cette cruelle et pénible alternative, le canot ralentit sa marche et s'avança doucement, les matelots se tenant sur le qui-vive.

Pendant ce temps la foule des sauvages grossissait sans cesse sur la petite plage de l'îlot. A distance, en restant à bord, l'avantage était pour les marins ; mais s'ils débarquaient avec un si petit nombre, ils ne seraient pas de force, et bientôt entourés, les Canaques les massacreraient.

Sur ces entrefaites le canot toucha sur un bas-fond. La mer n'avait plus qu'un mètre de profondeur. Sans hésiter, le brave missionnaire se jette résolument à l'eau, et s'avance au travers des flots : il se trouve au milieu des sauvages étonnés avant que personne ait pu prévenir sa démarche audacieuse.

Les Canaques demeurent interdits. Il les apostrophe dans leur langue, il leur reproche leur lâche agression, et seul en face de cette troupe féroce, armée jusqu'aux dents, il leur demande compte de la vie des blancs de sa nation.

Le courage et la témérité de cet homme admirable en imposent si bien à ces cannibales, qu'ils le laissent aller jusqu'à une espèce de hutte de branchages, où gisaient à terre trois matelots blessés et à moitié morts de peur et de faim.

Les délivrer de leurs liens et les mettre sur pieds fut l'affaire d'une seconde. Pendant que l'intrépide missionnaire engage les sauvages à racheter leur crime et à implorer la clémence du commandant du grand navire de guerre, prêt à venger le sort de ses compatriotes, il fait marcher devant lui les trois pauvres matelots et se tient à l'arrière-garde pour les protéger et au besoin leur servir de rempart contre les lances et les flèches.

C'est ainsi que, par une protection merveilleuse de la Providence, ce missionnaire obtint un succès prodigieux, dans une circonstance terrible où les marins d'un canot armé en guerre eussent certainement été vaincus.

Mais un doute affreux planait sur le sort du reste de l'équipage. Qu'étaient devenus les autres matelots et leurs officiers ? Voici ce que l'on apprit avec horreur des trois malheureux que le missionnaire venait de sauver.

Le premier jour de l'exploration le canot avait opéré la reconnaissance demandée. Il avait cherché un passage dans le nord de la grande île. Plusieurs îlots ayant été visités et l'embarcation se trouvant contrariée dans sa marche par des vents contraires, l'enseigne de vaisseau Devarenne, redoutant une nuit passée au milieu des brisants, prit le parti de mouiller à l'abri de l'îlot qui allait lui être si funeste.

Il débarqua le soir sur une petite plage de sable bordée par un bois de cocotiers. Son premier soin fut de faire visiter l'îlot dans tous les sens. Il était désert. En moins d'un quart d'heure on en avait fait le tour.

Toutefois, par prudence, tous se rembarquèrent à la tombée de la nuit, et regagnant le large, le canot fut mouillé à environ une encablure du rivage, c'est-à-dire à deux cents mètres de terre.

Le lendemain matin, avant de reprendre les travaux de sondage, M. Devarenne voulut faire prendre le café à son petit équipage. Sachant l'îlot désert, il commanda d'aborder, et les matelots se mirent à couper quelques branches pour allumer du feu et chauffer le déjeuner.

Il y a en marine une règle qu'on ne peut enfreindre sans s'exposer aux plus graves périls : il ne faut jamais laisser échouer un canot. Pour avoir manqué à cette prescription si sage, nos plus hardis navigateurs ont eu, à différentes époques, à déplorer les plus grands malheurs. Les massacres, qui ont fait tant de victimes sur les plages habitées par les sauvages les plus féroces du monde, ont été presque toujours la punition d'une pareille imprudence.

C'est ainsi que périt, à l'archipel des Amis, le brave compagnon de La Pérouse, le commandant de Langle, second de l'*Astrolabe*.

Il est facile de comprendre qu'un canot échoué est absolument à la merci des agresseurs. Une nuée de sauvages s'abat sur l'équipage, comme un essaim d'abeilles, et les malheureux marins sont enveloppés.

Si au contraire le canot flotte, surtout si on a eu le soin de mouiller un grappin au large, en un instant un matelot hale l'embarcation, et alors les assaillants étant obligés de courir dans l'eau, l'avantage reste aux armes à feu et au canot qui peut évoluer en toute liberté.

L'équipage du canot de l'*Alcmène* était tranquillement installé sur la plage et savourait le café du matin, bien persuadé qu'il n'avait rien à redouter. Au moment où il ne pensait plus qu'à réunir les ustensiles de gamelle pour les embarquer, tout à coup des cris féroces retentirent autour d'eux, et une nuée de sauvages, sortant du bois de cocotiers, s'abattit à l'improviste sur nos malheureux compatriotes.

Le premier de tous, M. Devarenne tombe baigné dans son sang. Un Canaque l'assomme d'un coup de casse-tête, avant même que ce vaillant officier ait pu songer à se défendre. Les matelots se précipitent vers le canot laissé à

MASSACRE DE L'ÉQUIPAGE DU CANOT DE L'ALCMÈNE
D'après un dessin de M. le comte de Marcé, officier de marine, attaché à l'état-major de l'amiral Fébvrier des Pointes.

sec, pour saisir leurs armes déposées sous les bancs : ils sont massacrés les uns après les autres. Seul, debout à l'arrière de l'embarcation, l'aspirant, M. de Saint-Phalle, se défend longtemps en faisant le moulinet avec son sabre. Il pare les flèches et les coups de lance, mais il succombe sous le nombre.

Il ne resta plus bientôt, comme témoins terrifiés de cette horrible scène, que trois matelots, ceux que le missionnaire venait de sauver. Ils s'étaient jetés à la mer et avaient gagné à la nage un récif placé à une cinquantaine de mètres du rivage.

Le pillage du canot achevé, l'attention des Canaques se porta sur eux. Ils furent assaillis par une grêle de flèches. Quelques-unes les atteignirent, mais pas assez gravement pour paralyser leurs mouvements. Les pierres lancées par les frondes sifflaient à leurs oreilles.

Les malheureux conservaient encore quelque espoir de salut lorsqu'ils s'aperçurent que le lieu de leur refuge allait leur manquer. L'îlot, sur lequel ils étaient, couvrait à marée haute, et la mer montait. Ils comprirent le nouveau danger qui les menaçait et ils envisagèrent avec terreur l'horrible sort qui les attendait. La mer fit ce que la fureur des sauvages n'avait pu obtenir de leur courage indomptable. Ils durent se laisser porter vers la plage par le flot et se rendre à discrétion.

Le garde-manger de ces cannibales était garni. Le conseil des chefs fut d'avis de réserver les dernières victimes pour les relevailles du lendemain. Les trois matelots furent garrottés et jetés sous une hutte de branchages élevée à la hâte. Ils assistèrent au festin horrible dont leurs malheureux camarades faisaient les frais, et c'est là que l'héroïque missionnaire les trouva et leur rendit la liberté.

Plus tard, on sut comment les sauvages avaient procédé pour surprendre les marins en exploration. Ils avaient usé d'une tactique très habile. De la grande terre, ils aperçurent l'embarcation louvoyant dans les passes. Ils la surveillèrent comme un chat guette une souris.

Le soir, ils remarquèrent qu'elle mouillait. A tout hasard ils avaient traversé à la nage, pendant la nuit, les bras de mer qui séparent les différentes îles. Ils étaient arrivés ainsi jusqu'à l'îlot où les matelots français étaient descendus. Ils se faufilèrent, en rampant comme des couleuvres, jusqu'au bois de cocotiers voisin de la plage.

Le matin, ils laissèrent l'équipage opérer son débarquement et s'installer pour le déjeuner. Et au moment où les infortunés, se croyant en parfaite sécurité, allaient reprendre la mer, ils s'étaient précipités sur leurs victimes.

Un long cri de rage et de vengeance s'éleva à bord de la corvette lorsque les survivants de la catastrophe mirent le pied sur le pont. Tous jurèrent d'exterminer les Canaques jusqu'au dernier.

Une compagnie de débarquement fut formée. Tous les matelots qui n'en faisaient pas partie réglementairement s'offrirent comme volontaires.

Deux heures après, l'expédition abordait à l'îlot fatal. Les Canaques se tenaient sur une petite éminence, derrière le bois de cocotiers, et faisaient bonne contenance, prêts à se défendre et à vendre chèrement leur vie.

Il ne devait pas en échapper un seul. Mais la colère est mauvaise conseillère. Le chirurgien du bord, venu en volontaire, tira sur le groupe des sauvages, avant que les différents canots eussent eu le temps de cerner l'île.

Les balles atteignirent leur but et firent des victimes. Aussitôt les sauvages se débandent et le plus grand nombre parviennent à se sauver en traversant à la nage les passes déjà franchies la veille.

Le comte de Marcé, auquel nous devons ces détails, raconte qu'un de ses amis, avec lequel il fut embarqué plus tard pour la Nouvelle-Calédonie, faisait alors partie de l'état-major de l'*Alcmène*. Il a recueilli de sa bouche bien des fois le récit de ces épouvantables scènes. En faisant avec lui une excursion dont cette île et cette plage étaient le but, il parcourut sous sa conduite cette même grève, alors déserte comme avant le massacre de nos malheureux compatriotes. « Il me semblait toujours, écrit-il, que j'allais entendre retentir le cri de guerre des Canaques et qu'ils sortaient tout à coup du bois de cocotiers, comme une nuée d'oiseaux sinistres qui s'abattent sur une proie. »

Le compagnon d'excursion du comte de Marcé, et témoin oculaire de ces représailles, s'était trouvé dans la passe que les Canaques traversaient à la nage pour s'enfuir. Il montait un canot avec quelques hommes. Les matelots en tuèrent un grand nombre. Ils auraient voulu avoir cent bras pour les assommer tous à coups de gaffe et d'aviron.

On les poursuivit, mais bientôt leurs traces furent perdues.

Le hardi missionnaire qui s'était bravement exposé à la fureur des cannibales pour sauver les survivants du massacre, fut prié de guider les recherches, en se servant des connaissances qu'il avait des lieux et des habitudes des sauvages. Mais l'apôtre de Jésus-Christ se dérobe lorsqu'il n'a plus à remplir un rôle de dévouement et d'abnégation. Le Père ne servit pas la colère pourtant si légitime de ses compatriotes.

Il sut que les sauvages, traqués par les matelots, s'étaient cachés dans les marais de palétuviers, arbrisseaux qui poussent au bord de la mer, et dont les racines, en se croisant, forment de vrais labyrinthes sous-marins. Il passa tout auprès, sans vouloir révéler la présence des meurtriers, pensant qu'il était venu sur ces plages inhospitalières, non pour la perte de leurs barbares habitants, mais pour leur salut.

Quelques jours après, la corvette *l'Alcmène* quittait ces rivages pleins de si poignants et si douloureux souvenirs. Elle fit voile pour la Nouvelle-Zélande, où elle devait se perdre sur le cap Otou.

L'équipage fut sauvé grâce à l'héroïsme du jeune élève de marine Amet; c'est à son intrépidité que la France devra encore, deux ans après, de pouvoir s'emparer, sous les yeux des Anglais, de l'île des Pins.

En effet, lorsque le gouvernement français eut connaissance du massacre de l'équipage du grand canot de l'*Alcmène*, il se souvint des supplications de Mgr Douarre, et résolut de planter de nouveau le pavillon national sur cette terre teinte du sang des marins et des missionnaires.

Une case de sauvage canaque à la façon européenne.
D'après une photographie communiquée par le R. P. Fraysse.

Entrée du port Olery, à Spiritu Santo (Nouvelles-Hébrides).
D'après une photographie du docteur François.

CHAPITRE X

La France vengée. — Ordres secrets. — Départ de la *Forte*. — Réceptions officielles à Papeïti. — Armement du *Phoque*. — Bal taïtien. — Sa Majesté la reine Pomaré. — Déportation de son royal époux. — Départ mystérieux du *Phoque*.

u mois de juin de l'année 1853, le contre-amiral Fébvrier des Pointes, commandant en chef la station navale de l'océan Pacifique, obtenait réparation d'une insulte dont le gouvernement de l'Équateur s'était rendu coupable envers le représentant de la France. Avec la *Forte*, frégate de 60 canons, la corvette à vapeur *le Prony*, la corvette à voiles *la Zélée*, et le brick *l'Obligado*, il avait remonté le Guayaquil et menacé la ville du même nom. Après un séjour de trois semaines dans ce mouillage malsain, la petite

escadre rejoignit les côtes du Pérou. Laissant sa frégate à Païta, pour quelques réparations nécessaires, l'amiral arbora provisoirement son pavillon sur la corvette *le Prony* et se rendit à Callao, centre de la station Ouest-Amérique.

Le mois suivant, il rétablit son pavillon à bord de la *Forte*, approvisionnée, bien réparée et capable de faire une longue campagne; mais l'amiral, assez souffrant, fut contraint de prendre du repos. Il demanda l'hospitalité au ministre chargé de représenter la France à Lima. C'est dans cette ville qu'il reçut de Paris de nombreuses dépêches.

Le volumineux courrier apporté à son adresse par le paquebot anglais, lui fut remis par son aide de camp, M. Candeau, lieutenant de vaisseau. Cet officier, ayant accompli sa mission, rentra à bord de la *Forte*, chargé d'annoncer pour le lendemain le retour de l'amiral. L'aide de camp ignorait le contenu des dépêches expédiées à son chef, mais à certains indices assez clairs, il comprit que les plis reçus avaient une grande importance. S'imposant une discrétion parfaite, il s'observa pour ne rien laisser paraître de ses impressions dans les causeries du bord.

Une de ces dépêches prescrivait au commandant de se rendre à Taïti, dans le but de visiter le chef-lieu océanien. Il devait faire une inspection générale, comme chef supérieur de toutes les autorités françaises commandant çà et là dans les mers du Sud. D'autres ordres secrets et chiffrés enjoignaient un prompt départ, une navigation aussi rapide que possible et une grande réserve de langage, surtout à terre; de plus, le gouvernement français faisait entrevoir comme probable une expédition ayant pour but la visite générale des missions catholiques françaises dans la Polynésie. Les ordres ajoutaient que la *Forte*, après un laps de temps précisé, se ferait suivre à Taïti par la corvette à vapeur *le Prony*, approvisionnée de vivres et de charbon, au maximum de ses capacités de bord.

Ces dépêches mystérieuses ne furent dévoilées que dans la suite. Personne, soit à la légation de Lima, soit à bord, n'en soupçonna la teneur. La plupart provenaient du ministère de la marine, mais une partie émanait directement du cabinet de l'empereur Napoléon III. Les unes devaient être lues immédiatement, d'autres ne devaient être ouvertes que plus tard.

Le commandant ne fit connaître à son état-major et aux équipages que le port où se ferait la première escale. Ordonnant la plus grande activité, il fixa pour un jour très rapproché l'heure à laquelle la *Forte*, bondée de vivres, appareillerait pour Taïti.

L'amiral paraissait peu préoccupé de la cause de ce départ précipité, et il affectait un calme de commande qui contrastait avec ses ordres pressants. Quelle nouvelle expédition allait-on entreprendre? Pourquoi tant se hâter?

Un soir, le premier aide de camp, qui était en dehors du service, comme le disent naïvement les mémoires que nous avons sous les yeux [1], l'ami personnel, respectueux et dévoué du commandant en chef, comprit dans une

---

[1]. Ces mémoires nous ont été gracieusement communiqués par le chef d'état-major de l'amiral Février des Pointes. Ils contiennent des détails inédits qui font tout l'intérêt de notre récit.

causerie intime que l'amiral savait qu'à Taïti il aurait connaissance d'ordres lui confiant une mission de la plus haute importance; les premières dépêches ne s'exprimaient à ce sujet qu'à mots couverts, mais elles laissaient entendre ce qu'elles ne disaient pas.

Cependant, dans les visites officielles pour prendre congé des autorités de Lima, et sur rade de Callao, le premier aide de camp, qui accompagna partout l'amiral, ne l'entendit parler que d'un séjour probablement très long à Taïti ou à Nouka-Hiva, et d'une absence d'au moins six mois, loin de la côte d'Amérique.

Le mystère dont l'amiral s'enveloppait demandait de la réserve et de la discrétion. Les conjectures n'étaient cependant pas interdites. Aussi, les officiers de la *Forte*, assez intrigués, faisaient mille suppositions sur le but probable du voyage polynésien qu'ils allaient entreprendre.

Au moment de l'arrivée des dépêches, le *Prony* était déjà parti en mission sur les côtes américaines. Impossible de savoir au juste, au jour le jour, sa position. L'amiral lui expédia, non sans crainte, par la seule voie dont il pouvait disposer, l'ordre de retourner à Callao; il avisait le capitaine de la corvette qu'il trouverait à la légation de France, à Lima, des instructions plus complètes. Le *Prony* devait s'approvisionner complètement à Callao et rallier la *Forte* à Taïti, à jour fixe.

A cette époque, les communications sur toutes les côtes Ouest-Amérique étaient toujours lentes et incertaines. Ce fut seulement après plus d'un mois que le *Prony* connut sa nouvelle destination et fit route de Callao pour Taïti.

Ce premier contretemps devait avoir plus tard de graves conséquences.

Les dispositions pour le départ de la *Forte* ayant été prises et, suivant les instructions reçues, avec une grande activité, le navire fut prêt deux jours avant l'arrivée du paquebot de quinzaine; la malle n'ayant apporté aucun contre-ordre, vers la fin de juillet, la frégate amirale quitta la côte d'Amérique.

Après une traversée contrariée par le calme, le 25 août, au point du jour, la *Forte* parut en vue de Taïti. L'état du vent ne lui permettant pas de franchir aussitôt la passe, elle n'arriva au mouillage de Papeïti qu'assez tard dans l'après-midi.

Le gouverneur de l'île avait été averti par le ministre de la marine de l'arrivée de la frégate. L'amiral Fébvrier des Pointes fut accueilli avec tous les honneurs accordés à un commandant en chef en tournée d'inspection générale.

Dès que les ancres furent mouillées, l'amiral reçut à bord le gouverneur, les chefs de service et les capitaines des navires de la station locale. Toute la soirée fut occupée par ces visites officielles, et elles ne laissèrent au commandant aucun repos jusqu'au coucher du soleil. Ce fut donc seulement à la tombée de la nuit, après avoir consigné sa porte pour tout le monde, que l'amiral put se mettre à déchiffrer et à lire les dépêches dont il ne devait prendre connaissance qu'à Taïti et celles qui lui furent remises à son arrivée par le gouverneur de l'île.

Ces dépêches ne précisaient pas encore le but dernier

de l'expédition confiée à l'amiral. Il put comprendre qu'il aurait à se rendre dans un archipel lointain. Il lui était enjoint de prendre des dispositions en vue d'un nouveau départ pour une destination importante, à l'ouest de la longitude de Taïti. Les ordres lui laissaient toute liberté pour le choix du bâtiment porteur du pavillon amiral. Cependant, il lui était dit qu'un bateau à vapeur serait préférable à un navire à voiles, parce qu'il lui permettrait d'arriver plus promptement au lieu de destination. Un pli à décacheter en mer, après le départ de Taïti, lui indiquerait ce lieu.

La plus grande promptitude et des précautions pour ne pas provoquer de difficultés diplomatiques, surtout avec l'Angleterre, lui étaient de nouveau recommandées avec insistance.

Contrairement à ses habitudes, l'amiral ne fit pas appeler l'aide de camp de service avant de se retirer ; l'état-major supposa que la fatigue l'avait obligé à se reposer plus tôt que de coutume. Mais le lendemain matin, son chef d'état-major, capitaine de pavillon, ayant été mandé de très bonne heure, on pensa que le commandant avait dû travailler une partie de la nuit à étudier et à coordonner ses dépêches, son habitude étant de se lever tard, par précaution, lorsque sa santé délabrée exigeait du repos.

L'amiral confia à cet officier, très secrètement, que, sous peu de jours, il quitterait la *Forte* pour arborer son pavillon à bord de l'aviso *le Phoque*, de la station locale, en ce moment sur rade. Puis il ajouta : « Je dois m'éloigner de Taïti pour plusieurs mois. Je laisse la *Forte* sous vos ordres et en dehors du commandement du gouverneur de l'île. Vous tiendrez la frégate toujours prête à partir dans les vingt-quatre heures, pour rallier le *Phoque* au plus vite, si vous en recevez l'ordre. Je prends avec moi à bord du *Phoque*, comme chef d'état-major, mon premier aide de camp, et je laisse mon second aide de camp en subsistance à bord de la frégate, tout en lui conservant son titre d'officier de l'état-major général. Mon officier d'ordonnance fera aussi partie momentanément de l'état-major de la *Forte*. Je remplace l'un et l'autre par deux élèves de première classe, l'un, mon neveu[1], pour me servir d'aide de camp, et le second[2] pour remplir les fonctions d'officier d'ordonnance. Pour éviter les bavardages et les indiscrétions, et afin de faire exécuter mes ordres plus promptement, je les donnerai directement ou par l'intermédiaire de mon nouveau chef d'état-major. »

Le commandant en chef espérait ainsi couvrir d'un plus profond mystère les préparatifs qu'il allait faire pour un prochain départ.

Ces dispositions préliminaires ayant été arrêtées, l'amiral fit appeler son premier aide de camp. Il lui annonça qu'il le nommait chef d'état-major du *Phoque*, mais avec ordre de garder le plus profond secret. Pour le moment, tout en paraissant exercer ses anciennes fonctions, il devait se consacrer à sa nouvelle besogne et préparer par écrit les instructions à donner au moment opportun pour cons-

---

1. M. de Marcé, élève de 1re classe.
2. M. Amet, élève de 1re classe.

tituer le personnel d'un nouvel état-major général. De plus, il le chargeait d'approvisionner le *Phoque* en vivres, charbon et matériel spécial dont il lui indiqua la nature. Ce navire devait être en position de faire une absence prolongée et probablement une longue route dans des conditions toutes particulières; il fallait qu'on préparât à terre et qu'il fît embarquer à bord de cet aviso un outillage de charpentiers et de maçons, fourni par la direction du génie militaire de Papeïti, aussi complet que le permettraient les ressources locales : le tout le plus habilement et le plus mystérieusement possible, sans laisser soupçonner que l'amiral dût quitter sa frégate et partir de Taïti sur le *Phoque*.

« Pour dissimuler mes projets plus complètement encore, ajouta l'amiral, je remets au dernier moment de signifier les ordres concernant l'embarquement à bord du *Phoque* du personnel de l'état-major général. Un supplément d'environ vingt hommes est nécessaire pour compléter et renforcer l'équipage très fatigué du *Phoque*. Ce sera seulement à la dernière heure que je ferai mon choix parmi les marins de la *Forte*. Il faudra embarquer un second maître et, parmi le personnel de la colonie, le chef de bataillon du génie militaire, un garde du génie et trois ouvriers de la direction de l'artillerie, mais au dernier moment. Le plus grand mystère est de toute nécessité. »

Les dispositions demandant le plus de temps, telles que l'approvisionnement en vivres et en charbon, sont immédiatement commencées. L'ordre est donné de mener l'entreprise avec la plus grande rapidité, en se servant des ressources qu'offrent les 550 hommes d'équipage de la *Forte* et les grandes embarcations de cette frégate de premier rang. En mettant en mouvement les hommes de la frégate amirale on attirera moins l'attention.

Mais toutes ces précautions ne suffirent pas au commandant en chef. Pour distraire et tromper la curiosité publique, il employa des moyens plus efficaces. Il fit une descente officielle à terre et visita en grand apparat, avec un nombreux cortège, le gouverneur de l'île et la reine Pomaré. L'esprit de la population de Papeïti fut ainsi occupé pendant toute l'après-midi, et, le soir, le grand chef français eut la gracieuseté de faire donner, par la musique de la frégate, une sérénade à Sa Majesté.

A la nuit tombante, les musiciens se mirent à la disposition de la jeunesse. Un bal en plein air fut rapidement organisé, et les Taïtiens dansèrent gaiement sur la belle et vaste pelouse qui s'étend aux abords du palais de la reine.

On dansa aussi dans la royale demeure. Le vin de Champagne y coula à flots pour la plus grande satisfaction du roi, mais pour le plus grand malheur de son épouse infortunée. Le pavillon français défendait victorieusement au dehors l'autorité de Sa Gracieuse Majesté, mais la protection de la France ne s'étendait pas jusqu'à sa vie domestique, et les canons des navires et des forts ne pouvaient intimider son misérable mari, adonné à la boisson, ni réprimer une brutalité qui allait parfois jusqu'à rouer de coups la pauvre reine et mettre ses jours en danger.

Le succès de cette fête fut complet. C'était la première

8

de ce genre. Dans ce pays enchanteur, où les soirées sont parfumées, où l'air après le coucher du soleil est tiède et d'une pureté délicieuse, on n'avait jamais dansé jusqu'alors que dans les cases et au son d'instruments barbares touchés par quelques artistes indigènes. Aussi l'enthousiasme du peuple fut-il indescriptible.

L'amiral atteignait son but et donnait le change. Tout occupés à leurs plaisirs, les insulaires n'avaient pas remarqué les travaux d'armement du *Phoque*.

Il fut décidé que la fête recommencerait le lendemain soir, et ainsi tous les deux jours.

Cependant, la nouvelle d'ordres reçus à la direction du génie militaire, pour la préparation d'une caisse d'outils propres à élever des constructions à terre, circula rapidement parmi les habitants bavards et désœuvrés de la petite île. On ajoutait que cette caisse devait être prête le plus tôt possible et mise à la disposition du capitaine du *Phoque*. Le public, à l'affût de toutes les nouvelles, fit mille suppositions.

Le soir, tout fut oublié au milieu des danses, mais le lendemain les bavardages recommencèrent. Les curieux, et à leur tête le chef de bataillon du génie, se rappelèrent qu'on avait parlé de la découverte d'un riche gisement de guano dans une des îles du groupe des Marquises. Sur l'une de ces îles, Nouka-Hiva, flottait le pavillon français. On savait que cette mine ne pouvait être exploitée, les côtes étant inabordables et les chargements impossibles. Les Taïtiens eurent bientôt la certitude que le *Phoque* allait être envoyé sur les lieux, pour exécuter des travaux qui permettraient l'exploitation de cette mine si abondante et si précieuse. Les sages de la petite ville daignaient approuver le projet. Le moment était parfaitement choisi. Tout le monde savait que les produits des îles *Chinchas* touchaient à leur fin. Déjà les esprits intéressés se berçaient du doux espoir de faire promptement fortune.

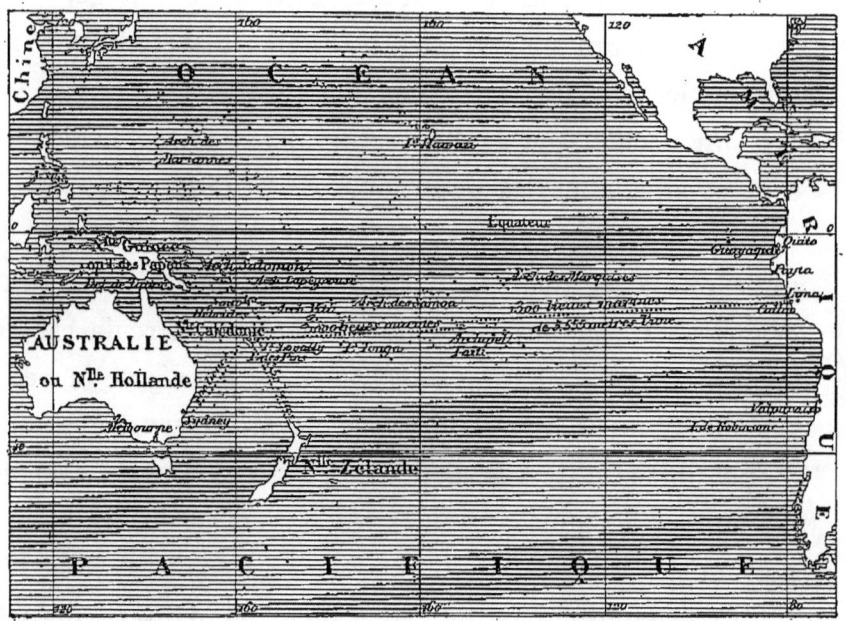

Voyage de l'amiral Fébvrier des Pointes à travers l'océan Pacifique.

L'amiral, ayant eu connaissance de ces rumeurs populaires, ne manqua pas, dans ses rapports avec le gouvernement et avec les habitants, de faire beaucoup de questions au sujet des îles du groupe des Marquises ; tous furent persuadés que l'expédition projetée avait pour but l'exploitation des merveilleuses mines de guano.

Cependant, les précautions prises par l'amiral pour dissimuler ses projets n'avaient pas d'autre raison que les ordres reçus; car les indiscrétions graves étaient impossibles. En rade de Papeïti il n'y avait en ce moment que quelques navires américains, baleiniers ou de commerce, dont pas un n'était en position de prendre la mer. Le commandant garda quand même son secret jusqu'à la dernière heure. Son entourage seul devina quelque chose de ses intentions. A bord de la *Forte*, en effet, les officiers étaient convaincus, à voir les préparatifs d'armement du *Phoque*, que le pavillon de commandement ne tarderait pas à être amené.

Pendant qu'on exécutait fidèlement ses ordres, l'amiral s'occupa très activement de la question du protectorat de Taïti. Il se renseigna sur les conditions maritimes et les ressources de l'île, soit sous le rapport commercial, soit comme port de relâche et de réparation, pour les nombreux baleiniers qui opèrent dans l'océan Pacifique. Il se fit exposer la situation politique de l'archipel de la Société, au double point de vue de l'autorité de la reine et de l'action du protectorat français. En un mot, il se mit au courant de tout ce qui était de son ressort comme chef supérieur en tournée d'inspection générale.

Pour cimenter l'amitié qui unissait la France et Taïti, il pria la reine de daigner honorer la *Forte* de sa visite et de consentir à présider une fête donnée en l'honneur de Sa très haute et très puissante Majesté. La reine accepta et répondit à la politesse de l'amiral français en l'invitant à une promenade à cheval à travers l'île.

Le lendemain de ces réjouissances, soit que le secret eût été moins bien gardé, soit perspicacité remarquable, le gouverneur de l'île, tout à coup, au milieu de la conversation, dit à brûle-pourpoint, au premier aide de camp : « Malgré toutes les apparences et les propos qu'il tient, l'amiral projette un départ et une expédition à bord du *Phoque*. » L'officier interpellé, parfaitement maître de ses impressions, répondit simplement, d'un ton calme et avec indifférence : « Ah ! où donc l'amiral se propose-t-il d'aller ? « Le gouverneur, piqué, reprit très sèchement : « Je ne sais, mais l'amiral ne va certainement pas aux Marquises, et comme vous êtes au courant de tout, Monsieur, je vois que vous jouez votre rôle dans cette comédie. »

Quoi qu'il en fût, pendant ces quatre jours de fêtes et de distractions joyeuses à terre et à bord, le *Phoque* s'approvisionna de vivres et de charbon. Malheureusement, l'île manquait alors de l'un et de l'autre. Les soutes à charbon ne purent être bondées, comme l'ordre en avait été donné, et quant aux vivres, on dut recourir aux fonds de magasin et se contenter de vieilles denrées. On eut l'imprudence, ou plutôt le tort grave, de ne pas observer le règlement en vérifiant la qualité des vivres. Dans la circonstance, ce n'était pas seulement fâcheux, car plus tard cette incurie aura les plus tristes conséquences. Il eût été si facile de tout réparer en recourant aux approvisionnements de la frégate amirale !

Le *Phoque* étant armé tant bien que mal, le soir de la quatrième journée depuis l'arrivée de la *Forte*, l'amiral décida qu'on procéderait le lendemain à l'embarquement des hommes. Par une lettre au gouverneur et par un ordre du jour à la division, le commandant en chef prévint tout à coup de son départ. A l'heure de l'inspection journalière, alors que tout l'équipage était réuni par compagnies sur le pont, l'amiral Fébvrier des Pointes adressa de vive voix un adieu tout paternel à ses braves marins. Ce ne fut pas sans émotion, car il était très aimé. Il annonça qu'il arborait son pavillon à bord du *Phoque*. Il fit connaître ensuite son nouvel état-major général. Contrairement à ses premières intentions, il ne s'adjoignit, au dernier moment, parmi le personnel colonial, qu'un vieux garde du génie.

A terre, le prochain départ de l'amiral fut bientôt connu. Une particularité attira surtout l'attention. Un élève de 1re classe était choisi comme officier d'ordonnance [1]. Or, ce jeune homme avait fait deux ans auparavant, sur la corvette *l'Alcmène*, une campagne dans l'ouest de la Polynésie. C'est l'*Alcmène* qui, avant d'aller se perdre en Nouvelle-Zélande, avait eu un équipage de canot et son chef, élève de marine, mangés par les naturels de la Nouvelle-Calédonie. La présence de cet élève à bord du *Phoque* fut une révélation pour le public, et les habiles firent de nouvelles conjectures : cette fois, ils se rapprochèrent de la vérité.

Cependant, deux particularités embrouillaient le problème. Aucun avis n'avait été donné pour l'approvisionnement en viande fraîche de la table des officiers. C'était contraire à tous les usages. On n'avait procédé, pour alimenter la table de l'amiral, à l'embarquement d'aucun animal vivant. Celui-ci n'avait à sa suite ni son maître-d'hôtel, ni son cuisinier, ni son domestique de chambre. Cela donnait à supposer que le *Phoque* ne fournirait pas une longue route.

[1]. M. Amet.

VUE DE TAÏTI
La frégate *la Forte* donnant dans les passes de l'île. — Dessin du comte de Marcé.

Le second fait, à la fois drôlatique et assez grave au point de vue politique, fut l'embarquement à bord du *Phoque*, au moment du départ, sous la conduite des aides de camp du gouverneur et par ordre de l'amiral, du mari de la reine Pomaré. Il était puni de ses excès bachiques et de ses violences par une déportation. Le matin même, il avait failli assommer à coups de bâton sa royale épouse.

Cette dernière mesure donna le coup de grâce à toutes les suppositions. Le mystère était plus impénétrable que jamais. Tous déclarèrent, le gouverneur de l'île en tête, que c'était à n'y rien comprendre. Et quand les Tahitiens virent le *Phoque* hors de la passe, faisant route à toute vapeur, force fut de se regarder avec étonnement et de dire : « Bien joué ! »

L'amiral avait donc admirablement rempli ses instructions. Le mystère planait sur ses projets ultérieurs, les esprits les plus sagaces étaient déroutés.

Cette seconde partie de la comédie avait présenté plus de difficulté que le premier acte joué à Callao, bien que le commandant en chef n'eût rien à redouter des Anglais à Papeïti ; à Callao, au contraire, il allait partir, lorsque la *Virago*, corvette à vapeur, sous le commandement de l'amiral anglais, mouilla en rade.

Au moment de lever l'ancre, l'amiral remit au commandant de la *Forte* des plis cachetés, avec suscription invisible des lieux différents où chacun devait être ouvert. Il laissait aussi des ordres pour deux bâtiments à vapeur qui auraient dû rallier à Taïti le pavillon amiral : le *Prony*, venant de la station du Pacifique, et le *Catinat*, de la station du Rio de la Plata. L'amiral ne donnait pas le nom de ce dernier navire, parce qu'il l'ignorait, mais il savait, d'après les dépêches, qu'il était en marche pour venir se mettre sous ses ordres. Au ministère de la marine, les dates de départ avaient été fixées d'après les distances que ces deux navires devaient parcourir; un contretemps était prévu et les instructions secrètes remises au commandant de la *Forte* indiquaient le lieu où les deux retardataires pourraient rejoindre le vaisseau amiral.

Ces combinaisons étaient habiles et permettaient de dissimuler les projets du gouvernement français; mais sans la lenteur inexplicable des Anglais et l'activité intelligente que déploya le commandant en chef, et surtout, comme nous le verrons bientôt, sans le concours dévoué des missionnaires catholiques, les plans les mieux conçus auraient été inutiles et l'expédition eût échoué.

Ce fut vers les derniers jours d'août que le *Phoque* partit de Papeïti [1]. Quand il eut franchi la passe des grands co-

---

[1] « Nous nous sommes embarqués à bord du *Phoque* le vendredi 2 septembre, dans la soirée. » (Lettre de M. de Marcé à sa famille.)
Il se présente plus d'une fois des divergences au sujet des dates, dans les relations écrites que nous avons sous la main. Elles n'étonneront pas, si l'on tient compte de la remarque suivante, faite par M. de Marcé dans une de ses lettres : « Il nous est arrivé une chose assez remarquable pour quelqu'un qui ne navigue pas au loin, écrit-il, c'est d'avoir sauté un jour quand nous avons passé le 180e degré de longitude ouest. Cela se comprend facilement, car alors il y a juste douze heures de différence entre vous et nous; c'est-à-dire, quand il est midi en France, le 16 septembre, et que nous sommes en retard sur vous, puisque nous allons dans l'ouest, il est zéro heure chez nous, c'est-à-dire minuit le 16. Quand nous passons le 180e degré et qu'au lieu d'aller dans l'ouest nous allons dans l'est, nous sommes alors en avance sur vous : quand il est zéro heure chez nous, c'est-à-dire le 17 au matin, il n'est en France que midi le 16. En conséquence, on saute le jour du 16 et on

raux, l'amiral commanda de faire route au nord. Quelques heures après, le vapeur étant hors de vue de Papeïti, le *Phoque* gouverna vers les îles Sous-le-Vent de l'archipel de la Société.

Arrivé près de l'île appelée Raiatéa, l'amiral ordonna au capitaine du *Phoque* d'aller prendre un mouillage dans la baie la plus voisine du lieu de séjour du grand chef de cette île. Ce monarque était proche parent de la reine Pomaré. Le commandant se proposait de lui laisser le misérable ivrogne, époux de Sa Majesté, qu'il avait pris à son bord pour l'effrayer. L'ayant eu à dîner à sa table, il avait hâte de s'en débarrasser. D'ailleurs ce roi Bacchus manifestait un profond repentir. Dans son désespoir, il jurait d'être à jamais d'une sobriété parfaite et d'une conduite irréprochable envers son auguste épouse. L'amiral pardonnait donc et il s'empressa, dès que le *Phoque* eut pris son mouillage, de faire jeter à la plage le malencontreux monarque. Bien que le cérémonial du débarquement eût été très sommaire, le gaillard n'en parut pas moins satisfait et, se sauvant à toutes jambes, il se tint prudemment à distance jusqu'au départ du *Phoque*. Pendant ce temps-là, l'amiral avait la bonté de s'entendre avec le grand chef de Raiatéa pour assurer, sous une quinzaine, le retour à Papeïti de ce vilain drôle.

---

marque le 17. En effet, en allant directement en France, plus on se rapprocherait de Paris, plus la différence des heures diminuerait. Comme nous n'allons pas en France, le jour où nous [repasserons le 180ᵉ degré pour revenir dans l'ouest, nous répéterons deux fois le même jour pour la même raison. C'est là ce qui fait dire en plaisantant qu'on perd un jour de sa vie quand on fait le tour du monde.

Le but le plus sérieux de cette relâche à Raiatéa, de toutes les îles Sous-le-Vent celle qui offre le plus de ressources après Taïti, était d'embarquer des vivres frais et des bêtes vivantes. Le commandant n'avait pas voulu s'approvisionner à Papeïti, pour dérouter l'opinion publique. Dès que l'embarquement des animaux fut terminé, le *Phoque* appareilla sans retard.

Persuadé que l'amiral n'était venu à ce mouillage que pour se ravitailler et mieux masquer ses projets, l'équipage pensa que l'on allait entreprendre une longue route vers l'ouest. Une marche vers le sud ou le nord n'eût conduit qu'aux archipels des Tonga ou des Navigateurs. Leur distance, à peu près la même, n'est pas considérable pour des marins, et Taïti n'a avec ces îles aucune relation. Ce ne pouvait donc pas être le but d'une expédition qui avait exigé tant de préparatifs. De plus, la visite de ces archipels ne semblait pas nécessiter la présence d'un amiral. Ces observations ne manquaient pas de justesse. Elles conduisirent à supposer une marche vers l'ouest; et l'équipage, y compris les officiers, fut convaincu que l'amiral allait chercher un établissement à l'occident de Taïti, soit aux îles Fidji, soit aux Nouvelles-Hébrides.

L'état-major examinait joyeusement toutes les probabilités, chacun donnant son avis, lorsque le jeune officier d'ordonnance de l'amiral, mieux avisé, admit comme plus vraisemblable une expédition en Nouvelle-Calédonie. Il manifestait son sentiment quand survint le chef d'état-major.

Celui-ci annonça qu'en effet il venait d'apprendre à l'instant même que le *Phoque* allait reconnaître le petit archipel calédonien. Aussitôt sorti des îles de la Société, le vapeur doit faire route à l'ouest. Le commandant vient de donner ses ordres, à transmettre au capitaine, pour le cap à prendre dès qu'on sera en mer libre.

Ce fut donc entre neuf et dix heures du soir, le 30 août 1853, que l'équipage du *Phoque* connut enfin qu'il allait fonder une nouvelle colonie. Il n'y avait plus de mystère, et ces braves cœurs de marins se réjouirent de la glorieuse mission qui leur était confiée par la France.

L'habileté avec laquelle l'expédition était lancée donnait bon espoir. Il fallait à tout prix ne pas être deviné par l'Angleterre et arriver avant elle. Il y avait tout lieu de croire que, distraite par la démonstration navale qui venait de venger les insultes faites à la France par le gouvernement de Quito, elle ne s'occuperait pas, ou ne se méfierait pas d'un petit aviso marchant modestement à la conquête de la perle de la Mélanésie.

Pirogue de la Nouvelle-Calédonie.
D'après une photographie de M. Allan Hughan.

Un coin de forêt à Spiritu Santo (Nouvelles-Hébrides).
D'après une photographie du docteur François.

CHAPITRE XI

Le vieil amiral et son vieux navire. — Préoccupations légitimes. — Les Nouvelles-Hébrides. — Le plan de campagne. — L'évêque catholique et français. — L'escadre réduite à un seul navire. — La *Constantine*. — Gare aux Anglais!

ENDANT son séjour à Taïti, l'amiral Fébvrier des Pointes avait déployé une grande activité. Il ne tarda pas à ressentir le contrecoup de ses fatigues. Sa santé, très ébranlée depuis la station qu'il avait été obligé de faire dans la rivière malsaine de Guayaquil, donna bientôt de sérieuses inquiétudes. Ses officiers, et tout particulièrement son chef d'état-major, qui lui fut toujours très attaché, se préoccupèrent vivement d'un état maladif que les difficultés de l'expédition commencée ne pouvaient qu'aggraver.

Cependant, comme la navigation dans l'Océanie, à cette époque de l'année et dans la direction de l'ouest, s'accomplit généralement par un très beau temps, une chaleur modérée et une mer peu fatigante, il était à espérer que le vieil amiral retrouverait dans le repos les forces physiques et morales dont il avait besoin pour ne pas se laisser abattre par les déceptions et l'imprévu des événements.

A Paris, tout avait été examiné, pesé, combiné avec soin. Mais les plans les mieux imaginés pourraient-ils se réaliser, d'un bout du monde à l'autre, sans obstacles? Ce n'était pas probable. De fait, à cette heure, l'amiral, qui gardait une réserve absolue et ne s'était ouvert à personne sur ses craintes, paraissait très préoccupé.

Est-ce le *Phoque,* déjà vieux navire, qui l'inquiète? Il s'avance majestueusement dans cette mer de corail, à laquelle il est habitué depuis trois ans; mais son équipage est fatigué et sa machine usée. Il est commandé, il est vrai, par un jeune lieutenant de vaisseau très énergique [1], fort bon officier de marine, très expérimenté, ayant depuis sept ans fait partie de la station locale de Taïti, où il a exécuté des travaux hydrographiques remarquables et acquis ce qu'on peut appeler la science des coraux. On n'aurait pas pu faire un meilleur choix pour commander une expédition de la nature de celle qui lui était confiée. Mais une fois les Nouvelles-Hébrides doublées, il faut s'attendre à naviguer sans cartes, sans instructions, sur ces nouveaux parages, dans une mer toujours agitée, au milieu d'un archipel où les bancs de mollusques pétrifiés coupent

[1]. M. de Bovis, lieutenant de vaisseau, capitaine de pavillon de l'amiral.

sans cesse la marche. Et aux abords de la Nouvelle-Calédonie et de l'île des Pins un naufrage est encore plus à redouter : ces îles sont enveloppées d'un réseau de bancs de coraux très étendu, et les pâtés isolés, surtout la nuit, rendent la navigation des plus périlleuse.

Le *Phoque* est bon navigateur, mais lent et paresseux; et comme il consomme une grande quantité de charbon, sa marche *piano* n'offre pas, suivant le proverbe, une parfaite sécurité. Son armement très incomplet, sa voilure insuffisante, dont le capitaine use le plus possible, et les faibles vents alisés qui ont soufflé pendant les premiers jours, la longue route à parcourir, tous ces contretemps ne laissent pas que d'inquiéter l'amiral.

Il recommandait instamment d'économiser le charbon, et il ne voyait pas comment il pourrait remplir les soutes lorsqu'elles seraient vides. A Paris, avait-on pensé à ce détail ? Le ministre de la marine avait-il donné des ordres en Australie, en Chine ou au Chili, pour approvisionner l'expédition en Nouvelle-Calédonie ? Les instructions reçues ne parlaient pas de ravitaillement. L'amiral comptait cependant sur la prudence de ses chefs; les dépêches l'avaient engagé à armer de préférence un navire à vapeur, et le *Prony* comme le *Catinat,* devant rallier le *Phoque,* pouvaient avoir besoin eux aussi de renouveler leur charbon : il était donc à croire qu'on avait pris des mesures en conséquence.

Cependant le petit vapeur allait toujours droit devant lui, doucement, avec prudence, portant un équipage plus confiant que son chef. Les mémoires qui nous ont laissé le récit de cette campagne, font ici cette réflexion : « Comme en somme la vie du marin est un problème dont un des termes essentiels est une confiance filiale en la protection divine, les marins du *Phoque* se disaient : Arrivons, et bien qu'aux antipodes de Paris, d'où l'autorité nous a envoyé ses ordres, nous aviserons à faire pour le mieux, et, Dieu aidant, nous braverons le péril et nous en triompherons. »

Le manque de ressources de toute sorte dans un pays si lointain permettait toutefois de légitimes appréhensions, et l'amiral ne se dissimulait pas la gravité de la situation.

Après avoir repris des forces dans un repos nécessaire, le brave commandant, « nature militaire, toute de conscience et d'honneur », se remit au travail pour arrêter définitivement son plan d'action et se préparer à toutes les éventualités.

Le 17 septembre 1853, vers cinq heures du soir, la vigie signala la première terre de l'archipel des Nouvelles-Hébrides. Sentinelle avancée du groupe, elle offre, de loin, l'aspect d'un calvaire : aussi les matelots lui en ont-ils donné le nom. Le lendemain, le *Phoque* était en vue des grandes îles de l'archipel, et l'on crut voir du bord, au-dessus de l'une d'elles, le panache fumant d'un pic volcanique.

C'est dans la soirée que l'amiral, ayant terminé la lecture des dépêches et coordonné leur ensemble, fit connaître à son chef d'état-major le détail des ordres qu'on devait exécuter. Le tout provenait d'instructions adressées par le ministère de la marine et de recommandations émanées directement du cabinet de l'empereur. Celles-ci ne s'accordaient pas exactement avec les prescriptions du ministère [1].

Le plan de campagne, tracé à l'avance, se résumait ainsi : « L'amiral doit se rendre rapidement et avec le plus de mystère possible dans la partie nord-est de la côte orientale de la Nouvelle-Calédonie, et là se mettre en rapport avec l'évêque français de la mission catholique [2]. Sa Grandeur sera en résidence à Pouébo ou à Balade, lieux d'établissement des Pères Maristes. En cas d'absence de l'évêque, les Pères missionnaires renseigneront l'amiral et lui ménageront une entrevue avec le prélat. C'est aux abords des stations de Pouébo et de Balade que se trouvent les passes qui permettent de franchir le grand banc de coraux formant ceinture autour de l'île. Ces passes sont dangereuses, et les instructions rappelaient qu'en 1846 la *Seine* s'était perdue près de Pouébo, en voulant pénétrer dans l'intérieur des récifs.

« Après s'être entendu avec Monseigneur, lequel est au courant de ce qui fait l'objet de la présente expédition, l'amiral doit acquérir la certitude que l'île est libre, qu'aucune expédition anglaise n'a été tentée et surtout que le pavillon de l'Angleterre ne flotte pas ou n'a pas flotté sur un point quelconque des côtes est ou ouest. Cette certitude acquise, il faudra se hâter de prendre possession de la Nouvelle-Calédonie, au nom de l'empereur et pour la France.

---

[1]. Toutes les dépêches envoyées par le cabinet de l'empereur ont été brûlées par l'amiral, quand la prise de la Nouvelle-Calédonie fut assurée.
[2]. Il s'agissait de Mgr Douarre, évêque d'Amata.

« Toutes les formalités étant remplies, l'amiral s'établira immédiatement sur le pied de défense. Il devra se renseigner auprès de l'évêque sur la convenance du lieu à choisir pour faire un premier établissement. De préférence, il se placera aux environs de la mission, consultant toutefois les dispositions des indigènes, la sécurité de la station maritime, les ressources des terres avoisinantes, la nature du terrain plus ou moins favorable aux constructions. Pour le bien de la paix, il faudra adopter le mode qui évitera le plus sûrement toute hostilité avec les chefs des naturels de l'île.

« La prise de possession effectuée et régularisée par un procès-verbal, dont la forme était donnée en termes précis, l'amiral doit commencer sans retard la construction d'un établissement fortifié. »

Ici les dépêches annonçaient une nouvelle qui remplit de joie le cœur du commandant. Elles disaient que la *Constantine*, corvette à voiles de premier rang, partie du port de Rochefort déjà depuis longtemps, avait été expédiée avec tout le matériel, l'outillage, les approvisionnements nécessaires pour une prise de possession lointaine. Par mesure de prudence et pour dissimuler le but de sa mission, elle s'était dirigée vers la Chine. Le jour du départ avait été fixé suivant la longueur de la route à parcourir, de manière à assurer aussi exactement que possible la présence de la corvette en vue de la côte ouest de la Nouvelle-Calédonie avant même l'arrivée du *Phoque*. Si la corvette ne se trouve pas dans le mouillage du *Phoque*, le commandant en chef doit la chercher et lui donner l'ordre de rallier son pavillon.

UNE PLACE DE VILLAGE A MALLICOLO (NOUVELLES-HÉBRIDES)
D'après une photographie du docteur François. — Au milieu de la place sont les tams-tams, sortes de fétiches, sauvegarde du village.

Les instructions parlaient en même temps de la corvette à vapeur *le Catinat*, de la station navale du Rio de la Plata, expédiée de Montévidéo afin de détourner l'attention de l'Angleterre, et elles supposaient que ce navire était déjà sous le commandement de l'amiral, ordre lui ayant été transmis de rallier son pavillon à Taïti. Le *Catinat* aurait dû arriver au mouillage de Papeïti à peu près en même temps que la *Forte*. D'après les détails donnés par les différentes dépêches, l'amiral devait être à la tête d'une division expéditionnaire comprenant encore le *Prony*, corvette à vapeur de la station des mers du Sud[1]. Sur le papier, les forces étaient imposantes, et tous les moyens nécessaires pour accomplir une mission aussi importante avaient été mis en œuvre. Mais en réalité le commandant en chef n'avait pour le moment qu'un navire sous ses ordres, et c'était le plus faible.

Nous verrons que le peu d'apparence du *Phoque* contribua singulièrement au succès qui couronna l'entreprise.

Les dépêches s'étendaient sur les armements mis à la disposition de l'amiral, bien moins encore que sur son rôle politique. L'évêque devait en cela lui prêter son concours et le faire bénéficier de sa connaissance du pays, de son expérience, ainsi que de l'ascendant moral qu'il exerçait sur les Canaques. Il serait un conseiller nécessaire pour régler le point le plus délicat : la conduite à tenir vis-à-vis des Anglais. Évidemment, c'était l'affaire capitale, car les instructions devenaient plus pressantes. Avant tout, il ne

---

1. Le *Prony* avait reçu l'ordre de rejoindre le navire amiral aussitôt que la *Sarcelle*, apportant les lettres de France, aurait mouillé à Papeïti.

fallait rien faire qui pût provoquer des difficultés diplomatiques avec l'Angleterre.

Les prétentions de cette puissance sur tout l'archipel new-calédonien étaient rappelées. En prévision de la présence sur les lieux d'une autorité maritime anglaise, il était ordonné à l'amiral : 1° de dissimuler sa propre autorité en n'arborant pas son pavillon de commandement; 2° de faire déclarer par le capitaine de son navire, porteur de la simple flamme des bâtiments de l'État, qu'il était en tournée protectrice des missions catholiques françaises de la Polynésie, de concert avec les autres navires français, présents dans les eaux polynésiennes. Ceux-ci avaient eux-mêmes reçu l'ordre de faire la même déclaration, et surtout de ne pas parler de la présence de l'amiral.

Telles étaient les instructions dans leur ensemble. La mission confiée au commandant en chef lui parut très délicate. Il ne devait agir qu'à bon escient, et comment constater que l'Angleterre n'avait rien tenté avant lui? Et à son arrivée, s'il trouvait le pavillon anglais déjà arboré, comment pourrait-il repartir du bout du monde avec trois navires dont les soutes à charbon seraient épuisées?

Le chef d'état-major, sans se dissimuler les complications auxquelles on pouvait s'attendre, rassura l'amiral en s'attachant aux conjectures les plus probables. Il n'y avait pas de doute, l'évêque missionnaire saurait d'une façon positive tout ce qui s'était accompli dans l'île. Il pourrait donc par ses renseignements, dès la première entrevue, mettre le commandant à même de décider s'il y avait lieu de prendre possession ou de s'abstenir de toute tentative.

Il n'était pas impossible assurément que les Anglais eussent devancé l'expédition française : le voisinage de leur station navale australienne rendait cette supposition très vraisemblable. Dans ce cas toute la difficulté se réduirait à ramener sans charbon trois navires à vapeur. Mais n'avait-on pas Sydney sous le vent, à un maximum de quatre cents lieues? La division expéditionnaire ne pourrait-elle pas s'y rendre à la voile?

Enfin, en supposant l'arrivée simultanée de deux puissances rivales, si les instructions ne paraissaient pas assez claires, en cette occurrence, l'amiral aurait toujours la ressource de constituer un conseil de guerre; et certes, connaissant le mérite des commandants des navires attendus, il pouvait être parfaitement assuré qu'il trouverait en eux ou de bons conseillers ou d'énergiques lieutenants, suivant qu'il y aurait à discuter ou à se fâcher.

A la vérité, dans cette dernière hypothèse, les deux corvettes à vapeur ne seraient d'aucun secours puisqu'elles étaient en retard, mais on pouvait compter sur la présence de la corvette de premier rang *la Constantine*, vaillamment commandée; et même avec ce navire seul pour assister le *Phoque*, la France pourrait parler à l'Angleterre *fort et ferme!*

Case du chef de Meriver (île Mallicolo).
D'après une photographie communiquée par le docteur François.

CHAPITRE XII

Les *Loyalty*. — Les affreux Canaques. — La ceinture de corail. — Les tours de Notre-Dame. — La maison blanche des missionnaires de Balade. — Le *Phoque* à l'ancre en face de la mission catholique de Pouébo.

E *Phoque* venait d'arriver en vue du groupe des Loyalty. Il ne se trouvait plus qu'à vingt-quatre heures de la côte nord-ouest de la Nouvelle-Calédonie. La nuit suivante, il n'aura à traverser qu'un canal assez étroit, et avant le jour l'île convoitée se dressera devant lui. Autant pour retarder la marche que pour reconnaître les îles basses du groupe Loyalty, l'amiral commanda de se rapprocher de terre et suivit la côte, qui ne semblait pas dangereuse. Bientôt l'équipage put distinguer, çà et là, des huttes agglomérées, et il ne tarda pas à apercevoir des naturels, en

troupes nombreuses, qui couraient le long de la plage.

Ce jour-là, le 19 septembre, vers quatre heures du soir, le *Phoque* dépassa la pointe nord de l'île la plus septentrionale des Loyalty, et, peu après, le vapeur trouva sur son chemin une pirogue montée par des indigènes. C'était la première fois que l'équipage voyait de près ces affreux Canaques de l'archipel calédonien, dont la laideur repoussante diffère si étrangement du type gracieux des Taïtiens. Les matelots les considéraient avec horreur.

Cependant la stupéfaction était plus grande encore du côté des sauvages : effrayés par le mouvement des roues du vapeur, ahuris à la vue de la cheminée vomissant des flots d'une fumée noire et épaisse, ils restaient comme pétrifiés. La marche du *Phoque* s'avançant sans voiles déployées leur parut une merveille inexplicable. L'étonnement des Canaques prouvait qu'aucun navire à vapeur n'avait encore été vu dans ces parages. Ces sauvages eurent de la peine à se décider à venir à bord. Cependant, l'amiral ayant ordonné de stopper pour leur faciliter l'accostage du navire, ils prirent le parti de monter sur le pont. Mais là, se voyant à la discrétion de leurs hôtes, ils furent saisis d'une telle frayeur qu'ils refusèrent le biscuit et l'eau-de-vie qu'on leur offrait. Pendant une charge des grilles de la machine, ayant aperçu la lueur des foyers, ils restèrent cloués sur place, tout tremblants, se jugeant sans doute destinés à faire les frais du repas du soir, puisque le four était allumé. Quand le signal du départ leur fut donné, ils ne firent qu'un bond dans leurs pirogues et s'empressèrent de pagayer pour s'éloigner au plus vite.

Comme le *Phoque* se mit aussitôt en marche, ils furent en très peu de temps à une distance rassurante. Alors seulement, ils s'arrêtèrent pour contempler avec effroi cette nouveauté monstrueuse.

Dès que la nuit fut tombée, le *Phoque* navigua à petite vitesse; mais, vers onze heures du soir, une brusque et très forte bouffée de sud-sud-est s'étant produite, le navire dut changer de route plusieurs fois pour ne pas franchir le canal trop rapidement. Les alisés étant revenus, après quelques heures, à un souffle plus normal, la marche à petite vitesse fut reprise au cap de route, et un peu avant le jour la vigie signala les grands brisants.

A l'aube, il fut facile de reconnaître à une faible distance la ceinture de coraux qui enlace l'île de la Nouvelle-Calédonie. L'amiral, prévenu, ordonna de se tenir sous les voiles de goëlette, le cap au large et la machine stoppée, jusqu'à ce que le jour fût assez clair pour permettre de voir plus distinctement la côte. On l'estimait éloignée de trois lieues, le *Phoque* étant jugé à deux ou trois milles des brisants.

L'amiral commanda de chercher à reconnaître le point d'atterrage. Si, comme on le supposait par le point estimé, le navire se trouvait un peu plus au nord que Balade, il fallait en conclure la route à suivre pour se présenter à la passe de Yenguène. C'est pour cette passe que le commandant en chef avait reçu des *amers*, extraits probablement du rapport fait par le capitaine de la *Seine*, après la perte de son navire.

La *Seine* avait naufragé dans la passe de Pouébo, plus

petite et plus au nord que celle par laquelle le *Phoque* devait pénétrer à l'intérieur des grands coraux. Ces amers sont d'abord un îlot de sable, couvert d'une belle végétation et complétant la courbe convexe que dessine le banc de ceinture. Il indique le nord de la passe. C'est ensuite un rocher ayant l'aspect des tours de Notre-Dame de Paris. Ce rocher se trouve dans l'axe de la passe, au milieu de l'ouvert de la baie de Yenguène à la côte; bien qu'il se projette sur la terre, il peut être aisément aperçu même à quelques milles au large, lorsqu'on est à l'est ou à l'ouest de la passe.

Les renseignements fournis à l'amiral ajoutaient encore qu'en longeant les coraux extérieurement on pouvait facilement, même à deux ou trois milles de distance, distinguer à la longue-vue les maisons blanches des missionnaires. Au point le plus au nord se dessineraient sur la côte les constructions de la mission de Balade, et un peu plus au sud celles de la mission de Pouébo, résidence de l'évêque.

Dès que le jour fut complètement levé, du lieu où le *Phoque* avait stoppé, l'équipage put contempler à l'œil simple les pentes boisées de l'île, déclinant du sommet des montagnes jusqu'aux plages de sable de la côte. L'île dans son ensemble parut avoir beaucoup de ressemblance avec Taïti. Mais les crêtes des cimes étant uniformes, aucun détail caractéristique ne se révéla au regard; même en fouillant dans tous les sens, la longue-vue en main, aucun élément de reconnaissance ne se présenta.

Cependant, à quelques lieues de distance, dans la direction du nord-nord-ouest, apparaissait une petite île s'élevant de quelques mètres au-dessus des flots. L'amiral consulta un simple routier, la seule carte que l'état-major possédât sur ces parages ; ce routier, très inexact, comme il avait été donné de le constater la veille au sujet des Loyalty, révéla la présence d'une petite île sans nom, signalée

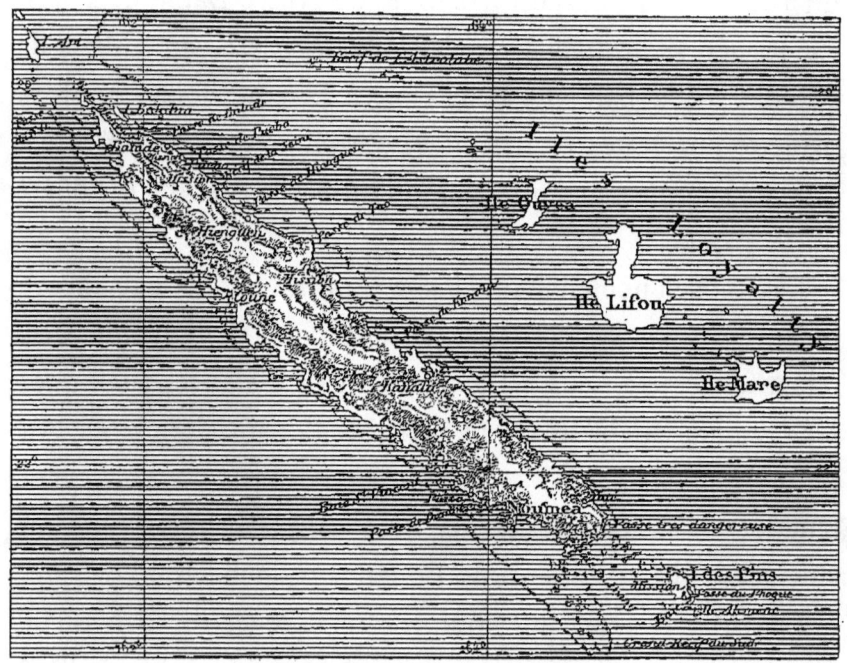

LA NOUVELLE-CALÉDONIE ET L'ILE DES PINS

par les précédents navigateurs : ce devait être l'îlot en vue. En faisant concorder le relèvement de cet îlot avec la distance probablement parcourue par le *Phoque* pendant la nuit, l'amiral admit, par approximation, que le navire avait atterri un peu plus au nord que Balade et sensiblement beaucoup plus au nord que Yenguène.

Sans donc savoir exactement où il se trouve, mais assuré que Yenguène est au sud, l'amiral commande de se rapprocher des grands coraux de ceinture. Quand le *Phoque* n'est plus qu'à un mille des brisants, ordre est donné de faire route à très petite vitesse le long des récifs. La mer y brisait avec fureur et ses eaux blanches d'écume en indiquaient très nettement la configuration. Le projet du commandant était d'étudier ces brisants et surtout de rechercher les amers de Yenguène, en même temps qu'il fouillerait la côte avec la longue-vue pour s'assurer qu'aucun navire n'était visible au mouillage.

Après une heure d'exploration à contre-vent, debout à la lame, la vigie crut distinguer, sous l'ombrage de grands et nombreux arbres, un point blanc, assez semblable à une construction européenne. Peu après, apparut une large coupure dans la ligne des coraux. Mais la vue n'était pas assez distincte pour permettre de croire qu'on avait découvert la maison des missionnaires de Balade. D'ailleurs ce ne fut qu'un éclair : le *Phoque* ayant fait quelques tours de roue, la vigie ne distingua plus rien. On crut qu'elle s'était trompée. Aucune voile ne fut signalée à la côte.

Cependant c'était bien réellement la maison blanche des missionnaires de Balade qui avait été aperçue, et, sans le savoir, le *Phoque* avait reconnu la passe de cette localité. Le vapeur fut signalé à terre. Le P. Forestier, prévenu aussitôt, fit monter une pirogue par ses catéchumènes. Depuis que la corvette française *l'Alcmène* avait eu un enseigne, un aspirant de marine et douze matelots mangés par les anthropophages, le Père ne manquait jamais d'envoyer ses ouailles au-devant des navires en vue, pour les prévenir du danger qu'ils courraient si l'équipage descendait à terre. Mais lorsque la petite embarcation, sortie de la rivière qui baigne les possessions des missionnaires, se disposa à établir sa voile et son balancier, le *Phoque* était déjà passé et, marchant au vent, il était hors d'atteinte; bientôt la pirogue le perdit de vue.

En continuant son exploration des coraux au sud-est, l'amiral ne découvrit pas ce qu'il cherchait, mais un peu avant l'heure de l'observation méridienne, la vigie signala à terre, dans la direction du sud-sud-ouest, à une distance de cinq à six milles, une large et puissante cascade. Après avoir roulé ses eaux écumantes au travers d'une gorge des montagnes, elle semblait devoir se jeter à la mer. Le capitaine du *Phoque* était lui-même en vigie dans la mâture; dès qu'il aperçut cette cascade tombant à gros bouillons, inspiré par son expérience consommée des coraux, il annonça une grande passe dans les brisants, par le travers de l'arrivée de la chute d'eau douce à la mer.

Il ne se trompait pas. Peu de temps après se présenta une échancrure dans la ligne des grands coraux, et à terre, à peu de distance de la plage, se dessina une construction européenne toute blanche. Le *Phoque* était à la hauteur de Pouébo : la passe de Yenguène s'ouvrait devant lui. En effet, peu après l'observation de la hauteur méridienne, un large canal apparut au travers des récifs, et le commandant en chef reconnut les amers qui lui avaient été signalés. Le *Phoque* donna dans la passe, et une fois à l'ouvert de la baie de Yenguène, il fit route au nord-est pour aller prendre le mouillage de Pouébo par le travers de la mission, tout près de la plage. Ce fut vers trois heures, le 22 septembre 1853, que le premier acte de la prise de possession de l'île, au nom de la France, fut posé, lorsque le *Phoque* jeta l'ancre en face de la mission catholique française [1].

1. D'après la correspondance de M. le comte de Marcé, le *Phoque* n'aurait mouillé qu'à cinq heures du soir, et la visite des missionnaires n'aurait eu lieu que le lendemain, 23 septembre. Le *Phoque* serait parti pour Balade le 24, au matin.

La mission d'Eacho dans l'île Lifou (Loyalty).
D'après un dessin communiqué par le R. P. Fraysse.

Case de la famille du chef de Meriver (île Mallicolo).
D'après une photographie communiquée par le docteur François.

CHAPITRE XIII

Une pirogue. — Entrevue de l'amiral et du missionnaire. — Un navire signalé. — Sans nouvelles de la *Constantine* et des Anglais. — Conseil à bord.

EU après, l'équipage du *Phoque* vit venir de terre et se dirigeant vers le bord une grande pirogue, à l'arrière de laquelle on signala la présence d'un missionnaire. Encore quelques minutes et la pirogue accostait à l'échelle d'embarquement.

A tout hasard, l'amiral avait ordonné de ne pas arborer son pavillon d'autorité. Il fit hisser simplement le pavillon national à poupe et la flamme d'État en tête du grand mât. Jusqu'à nouvel ordre, il prescrivit de rester sous les feux des foyers des chaudières et en disposition d'appareillage, prêt à lever l'ancre, si Pouébo n'était plus le lieu de résidence de l'évêque. L'amiral voulait conférer au plus vite avec Sa Grandeur, et après renseignements pris se rendre, à toute vapeur et sans retard, sur le point de l'île où sa présence serait jugée nécessaire.

Ce fut donc sous pression, et l'équipage se tenant aux postes d'appareillage, que le *Phoque* reçut le Père missionnaire[1]. C'était un jeune homme, évidemment depuis peu d'années au service de la mission. Son émotion était visible, lorsqu'il mit le pied sur le pont du navire français. Le *Phoque* était le premier vaisseau qu'il voyait depuis son arrivée à la Nouvelle-Calédonie, et ce navire portait les couleurs de sa patrie. Ses compatriotes lui firent le plus fraternel accueil. Le chef d'état-major le reçut et lui adressa le premier des paroles de bienvenue. Mais l'officier comprit bientôt, à l'air surpris du Père, que le jeune missionnaire n'était nullement au courant des projets qui amenaient le *Phoque* dans ces parages. Évidemment le navire n'était pas attendu. Le Père fut introduit sans retard auprès de l'amiral, qui, étant assez souffrant, n'avait pu monter sur le pont pour le recevoir, ni même quitter son fauteuil.

La première parole du chef de l'expédition trahit son anxiété :

« Mon père, comment se porte Monseigneur l'évêque ? Est-il à Pouébo ?

— Hélas ! répondit le missionnaire, Monseigneur est mort depuis plusieurs mois !

---

1. C'était le P. Gagnères. (Note du P. Montrouzier.)

— Mort ! reprit l'amiral, visiblement affecté par cette nouvelle.

— Oui, commandant; mais le P. Rougeyron, qui est depuis de longues années en Calédonie, remplace provisoirement notre évêque défunt.

— Le P. Rougeyron est-il à la mission, en ce moment?

— Il est absent, mais je l'attends; il reviendra aujourd'hui avant la nuit. »

Ces mots rassurèrent l'amiral. Il pensa que le successeur de Mgr Douarre devait être renseigné sur l'expédition projetée. Dans tous les cas, puisque le P. Rougeyron vivait depuis longtemps en Calédonie, son expérience serait d'un grand secours, et il était vraisemblable qu'il pourrait donner, sur les agissements des Anglais, tous les renseignements nécessaires.

Il restait toutefois que la mort de l'évêque était un grave et sérieux contretemps. Elle n'avait pas été prévue. Cette nouvelle produisit sur l'amiral la plus douloureuse impression. Les réponses que le missionnaire fit aux nouvelles questions qui lui furent posées ne contribuèrent pas à rassurer le commandant en chef.

« Savez-vous, mon Père, dit-il au missionnaire, s'il a été signalé dans le voisinage ou sur un point quelconque de l'île, à la côte est ou à la côte ouest, une corvette française du nom de *la Constantine?* Savez-vous ou avez-vous les moyens de savoir si des navires de guerre anglais sont venus en Calédonie dans ces derniers temps, ou s'il y en a quelqu'un de signalé en ce moment sur l'une ou l'autre côte? Avez-vous entendu dire que le pavillon anglais flottât à terre, en un point quelconque de l'île ? »

Le Père, étonné de toutes ces questions pressantes, répondit :

« Depuis mon arrivée, je me suis exclusivement occupé de l'évangélisation des sauvages et je ne sais rien de ce qui a pu se passer dans l'île ou sur les côtes. Je me suis borné à ce qui regarde la mission, dont le territoire s'étend à une très petite distance. Je suis encore aux débuts de mon apostolat. Personnellement je n'ai aucune connaissance qui me permette de répondre à vos questions. J'ignore absolument si nous avons à la mission les moyens de savoir ce qui se passe dans l'île. Nous ne possédons que trois établissements, l'un ici à Pouébo, l'autre à Balade, à quelques lieues en remontant vers le nord, et le troisième dans le sud, assez loin. Les rapports avec la mission du sud sont très rares : les communications sont difficiles, et les Pères qui travaillent dans cette région à la conversion des peuplades les plus barbares et les plus anthropophages ne viendraient nous retrouver à Pouébo que s'ils étaient chassés de chez eux par les naturels. Je ne sais donc rien sur la présence possible, dans nos parages, de la *Constantine* ou de navires anglais, et encore moins sur ce que l'Angleterre aurait pu entreprendre. Le seul renseignement que je puisse vous donner, c'est que des naturels, catéchumènes de notre mission de Balade, sont venus récemment à Pouébo, et ils ont raconté qu'ayant navigué en pirogue de route en remontant vers le nord, il y a trois semaines environ, ils aperçurent un navire près d'une île : c'est celle qui est au delà d'une plus petite

UN VILLAGE CHRÉTIEN EN NOUVELLE-CALÉDONIE (SAINT-LOUIS)
D'après une photographie communiquée par le R. P. Fraysse.

appelée Boulabio, et qu'on distingue très bien de Balade. Mais sur cette côte et sur celle de Balade nous n'avons vu aucun bâtiment depuis bien longtemps. Je regrette de ne pouvoir mieux répondre à vos questions, Monsieur le commandant. J'espère que le Père Rougeyron, mon supérieur, qui sera de retour à la mission avant quelques heures, pourra vous renseigner mieux que moi. »

Après cette conversation peu satisfaisante, l'amiral ordonna d'éteindre les feux des chaudières. Il fit reconduire dans sa baleinière le jeune Père, le remercia et le chargea de prier son supérieur de venir le voir le plus tôt possible. A cet effet, le commandant laissa son embarcation à la disposition du P. Rougeyron, sous les ordres de son officier d'ordonnance. Celui-ci avait pour consigne d'attendre le supérieur de la mission et de ne rentrer à bord qu'en sa compagnie. Il lui fut recommandé en même temps une très grande vigilance, surtout après la chute du jour, si les naturels tentaient de s'approcher de l'embarcation.

Après le départ du missionnaire, l'amiral réfléchit sur la conversation qu'il venait d'avoir avec le Père. Un fait est certain, la mort de l'évêque, et il est fort probable que la *Constantine* est en retard. La région du nord-est de l'île est le lieu de rendez-vous fixé. Si le navire qui a été vu quinze jours auparavant, près du groupe des îles du nord, est la corvette attendue, il n'est pas admissible qu'elle ne soit pas déjà au mouillage de Pouébo ou de Balade.

En attendant l'arrivée du P. Rougeyron, dont les renseignements permettront de prendre une décision, l'amiral réunit une sorte de conseil intime : il y appela le capitaine du *Phoque*, le chef d'état-major et son secrétaire[1], homme d'un âge mûr, d'une intelligence remarquable, et en qui il pouvait avoir une pleine confiance. Il s'agissait d'examiner la situation et de décider quel parti serait le meilleur.

Le chef d'état-major exprima sa pensée : il était pour l'action immédiate. Les Anglais évidemment ne sont pas venus dans cette partie de l'île, puisqu'on ne les y a pas vus; ils n'y ont rien tenté. Il faut donc se hâter de faire le tour des côtes en exploration, afin d'affirmer le droit de premier occupant, quitte ensuite à renoncer à la prise de possession, s'il est constaté que les Anglais se sont déjà établis en quelque point de l'île, et surtout si un conflit entre les deux puissances est à redouter, ce que les instructions ordonnent d'éviter à tout prix.

Une perte de temps, même de quelques heures, pouvant avoir les plus graves conséquences, le chef d'état-major fut d'avis, sans attendre la visite du P. Rougeyron, de procéder immédiatement, à Pouébo, à la prise de possession officielle. Plus tard, suivant ce qui sera connu sur les agissements de l'Angleterre, l'amiral maintiendra les droits de la France consacrés par un procès-verbal, ou bien déchirera la preuve écrite de l'occupation entreprise. Pour ne pas s'exposer à un affront, il suffit de ne pas planter encore à terre le pavillon national. Le procès-verbal signé à bord, en vue de Pouébo, tranchera plus tard la question de primauté et établira le droit de pre-

---

1. M. Desperrier, officier d'administration de la marine.

mier occupant, si un différend éclate à ce sujet entre les deux puissances.

Le capitaine du *Phoque* et le secrétaire de l'amiral se déclarèrent aussi pour une action immédiate, aussi prompte que possible; mais ils ne furent pas d'avis qu'on signât la procès-verbal de prise de possession hors du lieu où l'on s'établirait de fait. Ils opinèrent pour que l'amiral observât les formalités ordinaires; tout autre mode, comme la signature en mer du procès-verbal, en négligeant de planter à terre le pavillon national, leur parut imprudent. Cette façon extraordinaire de procéder offrirait certainement matière à contestation, et avec les Anglais surtout on devait être très circonspect.

L'amiral, qui avait conscience de sa responsabilité, se rangea à ce dernier avis. Il admit qu'il fallait agir promptement, le moindre retard pouvant avoir des conséquences fâcheuses et irréparables; mais il déclara que la prise de possession ne s'opérerait que sur terre et là seulement où il pourrait défendre le drapeau de la France, planté sur un sol devenu irrévocablement français. Et il persista à ne vouloir rien entreprendre avant d'avoir conféré avec le supérieur de la mission catholique. Il donna les raisons de cette ferme résolution :

« Je n'ai à ma disposition qu'un petit aviso monté par un équipage très réduit et fatigué. Avec de si faibles ressources, puis-je me défendre même contre les naturels, s'ils nous attaquent. Je n'agirai donc qu'après avoir été complètement renseigné par le Père Rougeyron. Je ne veux pas m'exposer par mon imprudence à manquer mon but;

ignorant les dispositions des indigènes et ne sachant pas quel lieu est le plus favorable pour prendre possession, il est plus sage d'attendre l'arrivée du Père. »

Le chef d'état-major, frappé de la nécessité qu'il y avait à ne pas perdre de temps, insista pour que l'amiral prît possession, ce jour-là même, à Pouébo. Il observerait les formalités dans toute leur rigueur, prêt à recommencer en un autre point de l'île, soit immédiatement, soit après avoir exploré les côtes. La seconde fois, ce serait dans le lieu choisi pour l'établissement militaire et la défense du pavillon. Pouébo, qu'il déclarait, avec les autres officiers, peu propre à cet établissement, ne serait en quelque sorte que la table sur laquelle le procès-verbal de la prise de possession serait signé : on défendrait ensuite la conquête sur le point de l'île que le P. Rougeyron, avec sa connaissance du pays, désignerait sans peine.

Mais le sage et prudent amiral ne partagea pas cette manière de voir. D'ailleurs, sur ces entrefaites, la baleinière envoyée pour chercher le missionnaire fut signalée. Il n'y avait plus lieu de délibérer.

Mission de Mékité dans l'île Lifou (Loyalty).

La maison des missionnaires à l'île des Pins.
D'après une photographie communiquée par le R. P. Fraysse.

Un banian, d'après une photographie du docteur François.

CHAPITRE XIV

Le P. Rougeyron à bord du *Phoque*. — Nouveau conseil en présence du missionnaire. — Les Anglais n'ont pas montré leur pavillon. — La baie de Kanala. — Balade. — La *Constantine* est en retard. — Les pêcheurs de tripans.

'EMBARCATION accosta le *Phoque*, et le supérieur de la mission, fondée par les Pères de la Société de Marie, fut immédiatement reçu par le commandant en chef. L'amiral conféra d'abord seul avec son visiteur; l'entretien terminé, il fit appeler son chef d'état-major et ouvrit un nouveau conseil. Après avoir exposé au missionnaire le but de l'expédition et rendu compte brièvement des dépêches qu'il avait reçues, il pria le Père de formuler son avis.

Le P. Rougeyron, provicaire apostolique de la Nouvelle-Calédonie, depuis la mort de Mgr Douarre, était, nous disent les Mémoires qui rapportent ces faits, un homme non moins remarquable par son intelligence très ouverte que par sa grande sainteté. Il inspira à l'amiral, dès le premier abord, une confiance absolue.

Prenant la parole avec modestie, le Père dit que, suivant ce qu'il avait déjà exposé au commandant dans leur tête-à-tête, l'évêque défunt n'avait jamais parlé qu'en passant et d'une façon très vague des projets du gouvernement français concernant la Nouvelle-Calédonie.

Monseigneur avait laissé seulement entendre que la France et l'Angleterre élevaient des prétentions sur cette île, et qu'un jour ou l'autre une de ces deux puissances se déciderait à en prendre possession. Cette communication, sans détails plus précis, remontait à plusieurs années, et depuis lors il n'en fut jamais plus question. Lorsqu'il mourut, le prélat n'avait rien reçu d'Europe depuis fort longtemps, au sujet de l'occupation possible de la Nouvelle-Calédonie par la France; du moins l'évêque n'y avait pas fait allusion. Après le décès de Sa Grandeur, dans la volumineuse correspondance dont il avait dû prendre connaissance, comme nouveau supérieur de la mission catholique de la Nouvelle-Calédonie et de l'île des Pins, le P. Rougeyron ne se rappelait pas avoir trouvé aucune pièce se rapportant à cette affaire.

Alors l'amiral revint à ses instructions et insista particulièrement, sans parler de leur provenance, sur les recommandations pressantes qui lui avaient été faites par l'empereur. Il confia au Père ses préoccupations au sujet des

Anglais et le questionna sur tout ce qu'il désirait connaître à leur endroit.

Un souvenir bien lointain se présenta alors à l'esprit du P. Rougeyron : il n'était pas certain de la provenance du fait qui lui revenait à la mémoire. Était-ce l'évêque ou bien le capitaine d'un sandalier qui l'en avait informé ? Il n'aurait su le dire. Il avait entendu parler, assez longtemps avant la mort de Monseigneur, d'un établissement projeté par des maisons anglaises dans les grandes baies du sud de la côte orientale; mais dans quel but ? Il ne pouvait préciser.

Toutefois il était disposé à croire qu'aucune suite n'avait été donnée à cette idée par les Anglais; sans quoi on aurait vu de temps en temps, dans les parages de Pouébo et de Balade, des navires de leur nation. En effet, si, pour aller d'Australie à ces baies, les bâtiments auraient dû faire route par le sud, ils devaient, au retour, à cause des alisés, doubler l'île au nord, et par conséquent passer en vue des maisons de la mission.

« Mais, mon Père, reprit l'amiral, savez-vous ce qui a pu se passer sur la côte ouest ?

— Nous n'avons presque aucune communication avec l'intérieur de l'île, répondit le Père, ni surtout avec la côte occidentale. Tout ce que nous connaissons se borne à des ouï-dire. Nous avons entendu parler vaguement d'un va-et-vient de sandaliers anglais ou américains, sur un point de la côte ouest appelé Saint-Vincent. Mais, bien qu'ignorant ce qui a pu être tenté à l'orient ou à l'occident de l'île, ma conviction est que, si les Anglais avaient pris quelque part possession de la Nouvelle-Calédonie, ils auraient aussitôt fait le tour de l'île pour opérer une reconnaissance et montrer le pavillon britannique. Ils se seraient arrêtés sûrement aux stations de la mission française, dont à Sydney on connaît l'existence et la position sur la côte est.

« Nous pouvons donc être certains qu'il n'y a pas eu de prise de possession par les Anglais, ni même d'établissement commercial. Je suppose même qu'ils ont abandonné leur projet d'occupation. D'ordinaire, ils vont vite en semblable occurrence, et, s'ils sont habiles, ils ne manquent pas de faire sentir leur puissance et leur autorité. S'ils étaient nos maîtres, comme ils sont peu favorables aux missions catholiques et en particulier aux missions françaises, nous saurions déjà que nous sommes soumis à leur pavillon. »

Ainsi parla le missionnaire. « Cet homme très supérieur, disent les Mémoires que nous suivons dans ce récit, par l'ascendant de sa haute intelligence, de son dévouement et de son admirable énergie, sut faire accepter un raisonnement basé sur l'expérience et la connaissance du pays. »

L'amiral, convaincu, se considéra désormais en droit d'exécuter la prise de possession : impossible d'être plus complètement renseigné. Il décida donc d'agir sans retard, en persistant toutefois dans sa ferme résolution de ne le faire qu'au lieu choisi pour un établissement, sinon définitif, du moins provisoire. Consulté à ce sujet, le P. Rougeyron avoua qu'il ne connaissait réellement bien, par

CONSTRUCTION D'UNE CASE CALÉDONIENNE
D'après une photographie communiquée par le R. P. Fraysse.

lui-même, que les localités où les trois maisons de la mission étaient établies :

« Elles sont sur la côte orientale, dit-il, et je n'ai pas exploré la côte occidentale. Mais, puisque les instructions semblent indiquer la partie nord-est de l'île et précisent que l'amiral fixera son choix en tenant compte des renseignements des missionnaires, je suis suffisamment au courant pour signaler Balade comme répondant le mieux aux conditions voulues. La grande baie de Kanala, au sud, à une quarantaine de lieues de Pouébo, offrirait aussi d'excellentes garanties; mais je préfère Balade à cause du voisinage de la maison de la mission. De plus, l'expédition profitera de la grande influence que le P. Montrouzier, établi à Balade, a su prendre dans la région sur tous les indigènes. La rade y est très favorable. On y entre, à travers les grands coraux, par une très belle passe. A terre, s'étend au loin une plaine arrosée par un cours d'eau douce. Balade n'est séparé de la pointe nord-ouest de l'île que par une distance de dix à quinze lieues. Il sera facile de se mettre promptement en rapport avec la côte ouest. Au contraire, si l'établissement se fait à Kanala, il n'y aura de communication possible que par le sud, en contournant l'île des Pins, laquelle, bien qu'à dix lieues de la Nouvelle-Calédonie, y est rattachée par une ligne infranchissable de coraux. Kanala offre assurément des avantages précieux, par sa magnifique baie et les ressources de sa riche végétation; mais les naturels y sont beaucoup plus sauvages et adonnés à l'anthropophagie. L'expédition serait exposée à des attaques perpétuelles et à des surprises. »

A ce propos, le P. Rougeyron recommanda de se méfier des Canaques. Leur tactique est de surprendre leurs ennemis. Armés de sagaies et de frondes, dont ils se servent avec une merveilleuse adresse, ils se cachent dans les bois et, invisibles, insaisissables, ils peuvent même d'assez loin assommer leurs adversaires sans défense.

Ici l'amiral Fébvrier des Pointes questionna le Père au sujet de la corvette *la Constantine*.

« Je ne sais rien sur son compte, reprit le missionnaire ; ce n'est certainement pas elle qui a été vue, il y a quinze jours, dans le nord. Le navire aperçu n'avait pas pour but la grande île. Ma conviction est qu'on a eu affaire à un pêcheur de tripans (biches de mer), mollusques très communs dans cette partie de la Polynésie et dont le commerce est, dit-on, fort lucratif en Chine. Les Américains se livrent à cette pêche, qui est des plus faciles ; mais, d'ordinaire, ils ne viennent pas si près de la Nouvelle-Calédonie : ils ne dépassent pas, le plus souvent, le sud de l'archipel Salomon. La présence de ce navire à douze ou quinze lieues de Balade est certainement extraordinaire ; mais je puis assurer que ce n'est pas la *Constantine*. Du lieu où ce navire a été vu jusqu'aux coraux du nord, il y a une faible distance ; si par aventure c'était la *Constantine*, avec des avaries, un grand canot aurait déjà été envoyé à Balade pour demander du secours. Il aurait navigué sans difficulté à l'intérieur des bancs de ceinture. »

Au début de la conversation, dans sa modestie, le P. Rougeyron avait dit à l'amiral qu'il ne savait rien et qu'à son regret il ne pourrait pas lui être utile. Pour un homme incapable et nullement au courant, il jouait un rôle si heureux et si bienfaisant que, disent nos Mémoires, sans s'en douter et indirectement, il donnait une colonie à sa patrie.

L'amiral, ravi de ces renseignements, résolut de suivre à la lettre les conseils du missionnaire. Il remercia le Père avec effusion et lui témoigna sa profonde gratitude pour l'important service qu'il venait de rendre à la France. Il accepta ses offres de concours : le Père se mettait en effet à l'entière disposition de l'amiral, avec tout son personnel.

Après s'être excusé de ne pouvoir, à cause de l'état de sa santé, lui rendre sa visite à terre, le commandant en chef dit au missionnaire qu'il chargerait son chef d'état-major de le remplacer et de lui faire part des décisions qu'il allait prendre touchant la prise de possession.

Quand le P. Rougeyron se fut éloigné, l'amiral se tourna vers son chef d'état-major et lui dit :

« Voilà un missionnaire qui vient de rendre un service signalé à sa patrie — à ajouter à tant d'autres qui resteront inconnus ! Celui-là seul mérite la croix d'honneur : elle ne sera jamais plus noblement portée. Je la demanderai directement à l'empereur, pour être plus sûr de l'obtenir, et certainement il ne me la refusera pas. »

Sans retard, l'amiral réunit son conseil de bord. Après avoir exposé la situation en se basant sur les renseignements qui venaient de lui être donnés, les avis étant unanimes, il arrêta qu'il prendrait possession de la Nouvelle-Calédonie à Balade, et donna l'ordre du départ pour le lendemain matin.

Dans la soirée, le chef d'état-major se rendit à terre et donna connaissance au P. Rougeyron de la détermination prise. Elle satisfit visiblement le supérieur de la mission, qui comptait sur le voisinage de l'établissement français pour favoriser son œuvre de dévouement auprès des pauvres Canaques.

L'officier transmit en même temps au missionnaire le désir de l'amiral, qui lui offrait de l'accompagner à Balade. Le P. Rougeyron accepta. Il devait le lendemain monter à bord du *Phoque* et se tenir aux ordres du commandant en chef.

Vue de Païta (Nouvelle-Calédonie).
D'après une photographie communiquée par le R. P. Fraysse.

Le fort de Yenguène (Nouvelle-Calédonie).
D'après une photographie communiquée par un officier de marine

Une case de femme à Protection (île Vaté).
D'après une photographie communiquée par le docteur François.

CHAPITRE XV

Nouveaux renseignements. — L'île des Pins menacée. — Projet de service régulier de paquebots anglais. — Départ pour Balade. — Le *Phoque* jette l'ancre en face de la mission. — Les PP. Forestier et Vigouroux viennent saluer l'amiral. — Recommandations prudentes. — Férocité des anthropophages. — Pas de ressources alimentaires. — Les missionnaires chargés de traiter avec les Canaques. — Reconnaissance à terre.

PRÈS cette communication, le P. Rougeyron revint sur sa conférence avec l'amiral :

« A mon retour à terre, dit-il, j'ai réfléchi aux recommandations pressantes qui prescrivent à l'amiral la plus grande prudence. La question posée au sujet des agissements des Anglais m'a remis en mémoire un fait qui pourrait avoir son importance. J'ai parlé incidemment de l'île des Pins, où nous avons une mission catholique dirigée par deux de nos missionnaires. J'ai dit que cette île, à une dizaine de lieues au sud, était reliée à la grande terre par une ligne continue de coraux. Je me suis borné à ces quelques mots; mais la possibilité d'une expédition anglaise doit attirer plus sérieusement notre attention sur ce petit morceau de terre isolé. De là pourrait surgir la source d'un conflit diplomatique.

« Je ne dois rien omettre de ce qui peut éclairer l'amiral et lui faire éviter toute imprudence. Or, il y a dix-huit mois, j'ai entendu dire à Monseigneur lui-même, à propos de l'île des Pins, qu'une lettre de Sydney, arrivée par quelle voie? je ne sais, l'avisait d'un projet de service régulier de paquebots anglais, de ce port australien à Panama. Et comme l'île des Pins se trouve sur la ligne de ce long parcours, à environ trois cent cinquante ou quatre cents lieues de Sydney, on assurait que cette annexe de la grande île serait choisie pour l'établissement d'un dépôt de charbon. Les paquebots viendraient faire escale, à l'aller et au retour, afin de s'approvisionner en combustible; ce qui devait nous donner une fois par mois le moyen de communiquer avec l'Australie et l'Europe, et permettrait à la grande terre de se livrer à des transactions commerciales.

« Il est vrai que, depuis lors, je n'ai plus entendu parler de ce projet; cependant, peu de temps avant la mort de l'évêque, les missionnaires de l'île des Pins, ayant pu écrire à Monseigneur, l'avisèrent que des traitants anglais comptaient venir se fixer dans la baie du Sud et que, de temps en temps, on y voyait des navires de Sydney. Il n'y a peut-être rien à conclure de ces détails; toutefois, si réellement le gouvernement britannique songe à s'établir dans la Nouvelle-Calédonie, il est probable que les Anglais commenceront par occuper l'île des Pins, pour aller ensuite prendre possession de la grande terre. Et, s'ils s'emparent de l'île des Pins avant que la France soit maîtresse de la Nouvelle-Calédonie, ils sont capables de soutenir que les deux îles n'en font qu'une, et que, reliées entre elles par une ligne de coraux, la grande et la petite terre sont soumises à leur domination.

« Alors l'amiral jugera-t-il peut-être, comme moi, qu'une visite à l'île des Pins est plus urgente qu'une exploration de la côte ouest. Veuillez lui transmettre ces renseignements, en ajoutant que nos derniers rapports avec l'île des Pins remontent à une époque assez éloignée. C'est peu de mois avant sa mort que Monseigneur eut l'occasion, pour la dernière fois, d'envoyer de la station du sud des instructions à nos Pères. Leur Supérieur exerce une très grande influence sur le roi de l'île des Pins, un brave et honnête Canaque, seul maître de l'île, qui n'agit jamais que sur les conseils des missionnaires. »

Le chef d'état-major quitta le Père Rougeyron, convaincu de l'importance de ces dernières communications; mais il revint à bord du *Phoque* assez tard : trouvant l'amiral fatigué et même souffrant, accablé par les soucis de cette première journée, il craignit de troubler son repos et se contenta de résumer en quelques mots les détails de sa visite au P. Rougeyron. Il remit au lendemain le compte rendu des observations du Père. Le lendemain, les mêmes pr éoccupations touchant la santé du commandant décidèrent cet officier à ne parler à son chef que du départ pour Balade. Il sollicita l'ordre d'appareillage du *Phoque* et ne traita pas d'autre chose.

L'ordre donné, tout étant prêt, on partit aussitôt[1]. Le *Phoque* fit route à petite vitesse, prudemment, afin d'étudier le chenal en dedans des grands récifs de ceinture. Il rencontra sur sa route un grand nombre de pâtés de coraux isolés, sur lesquels il y avait généralement assez d'eau pour qu'on n'eût pas à les éviter; mais il fallait veiller à la sûreté du bateau, d'autant plus précieux qu'il naviguait au bout du monde. Et comme, ce matin-là, jour équinoxial, il faisait assez mauvais temps, grand vent avec ciel très couvert, conditions peu favorables pour reconnaître les bancs et juger sûrement, à la nuance de la mer, de leur brassage sous-marin, on dut par prudence en contourner beaucoup et marcher avec une extrême lenteur. Ce fut donc vers midi seulement que le *Phoque* jeta ses ancres en vue de Balade, juste par le travers de la grande plaine signalée par le P. Rougeyron.

Cette plaine parut du bord tout à fait convenable pour un établissement à terre. En effet, un peu plus longue que large, ayant son axe en pose normale à la plage, elle se relevait en pente douce sur une longueur d'environ 800 mètres, puis se redressait brusquement en plateau, avec une surélévation de quelques mètres, et, se prolongeant de nouveau pendant au moins un kilomètre, s'arrêtait au pied des hautes terres du fond. Elle se trouvait

---

1. D'après M. de Marcé, on serait au 24 septembre; en suivant les mémoires de M. Candeau, la date est : 23 septembre.

ainsi, jusqu'au plateau, dans le champ de tir et à portée des obusiers de 16, dont le *Phoque* était armé.

Peu après le mouillage du *Phoque,* les missionnaires de Balade, prévenus dans la matinée par un exprès envoyé de Pouébo, vinrent saluer l'amiral et se mettre à sa disposition. C'étaient les Pères Forestier et Vigouroux. Le P. Montrouzier, que nos Mémoires appellent un vrai saint, et pour lequel ils n'ont pas assez d'éloges, était absent. Il se trouvait à Tiari. Mais dès que le P. Vigouroux aperçut la fumée d'un vapeur, il lui expédia un mot écrit à la hâte, au crayon, lui disant simplement : « Nos amis sont là[1] ! » Le Père était attendu.

Un des survivants de la conquête en fait ainsi le portrait : « Le souvenir de ce petit Père à l'air si chétif, de l'excellent et si dévoué P. Montrouzier, m'est surtout resté à cause de son activité et de son complet oubli de lui-même. Très versé dans la langue canaque, un puits de science, il avait les connaissances les plus variées dans l'ordre des choses pratiques ; chrétien d'un dévouement sans limite, missionnaire accompli, il avait acquis sur les naturels de la contrée, même sur ceux qui n'avaient pas été catéchisés par lui, un ascendant extraordinaire. »

Quand les Pères apparurent à bord, ils furent reçus comme des anges libérateurs. L'amiral leur demanda aussitôt de le renseigner sur les dispositions des naturels. Le P. Forestier répondit qu'à l'exception du chef d'un grand village situé à peu de distance au nord, lequel était en même temps chef de la tribu de Balade, les esprits n'étaient

---

1. Note du P. Montrouzier.

nullement hostiles. Seul, cet homme était dangereux; mais le Père ajouta qu'il se chargeait de le faire surveiller.

L'amiral, rassuré sur ce point, annonce qu'il va commander une reconnaissance à terre. Si le rapport fait sur l'état des lieux est satisfaisant, et confirme ce que l'on peut juger du bord à première vue, il procédera le lendemain aux formalités de la prise de possession.

L'intention du commandant était d'opérer à la mission même, où se dressait un mât de pavillon, tout prêt à arborer les couleurs françaises. Le P. Forestier, enchanté, déclara que les catéchumènes qui habitaient autour de la mission pourraient être au besoin d'utiles auxiliaires : l'amiral pouvait compter sur leur obéissance et sur leur fidélité.

« D'ailleurs, reprit le Père missionnaire, en agissant avec prudence, on évitera tout malheur. Il faut surtout ne pas s'aventurer loin de la plage, spécialement vers le nord, dans les parties boisées qui avoisinent la plaine, à moins d'être en nombre et armés. On doit se tenir en garde contre les surprises. Les indigènes de la région de Balade sont relativement assez pacifiques ; il y a déjà longtemps que ces anthropophages ne se sont livrés à aucun acte de cannibalisme. Cependant il ne faut pas se fier à eux et l'on ne dépasserait pas sans danger le cours d'eau qui borde la plaine au nord. »

L'amiral ayant demandé des renseignements sur la population, sur les tribus qui la composent, sur le caractère des Canaques, le Père le satisfit pleinement. Il apprit au commandant en chef que les tribus qui avoisinent Balade sont bien moins belliqueuses que celles des autres parties de l'île : celles-ci sont en guerre continuelle, dans le seul but de se procurer de la chair humaine. En ne maltraitant pas les naturels, en exerçant une surveillance active sur les abords de la plaine, et même en secret sur les tribus qui habitent dans les environs, il sera facile d'éviter toute hostilité.

Questionnés sur les moyens de subsistance, les Pères dirent la triste vérité. L'île n'offre aucune ressource. A part quelques mauvais coquillages, très malsains en certaines saisons, et le poisson, dont les naturels mangent fort peu, il n'est pas possible de modifier la nourriture du bord. Encore faut-il faire grande attention aux poissons une espèce, de couleur rouge et du genre des spares, est regardée comme vénéneuse, sans cependant causer la mort. En fait de gibier, il n'y a que quelques pigeons bleus, excellents, mais très sauvages et presque invisibles dans les grands arbres touffus où ils se tiennent cachés. Sur les côtes, les courlis sont très nombreux, mais leur chair huileuse provoque le dégoût.

L'amiral ayant parlé d'une construction qu'il voulait élever à Balade, les Pères assurèrent qu'on pourrait abattre du bois tout à fait propre à la charpente et à la menuiserie. Au bord de la mer, des coquilles sèches en grande quanquité serviront à faire une sorte de chaux. Dans la plaine, on trouvera une terre argileuse très bonne pour fabriquer des tuiles et des briques : séchées au soleil, sans même passer par le four, elles durcissent suffisamment, comme l'expérience en a été faite, lors de la construction de la maison de la résidence.

Restait une question assez délicate : l'achat du terrain, les cadeaux à faire aux chefs de tribu et le mode de prise de possession. Le P. Rougeyron se chargea des négociations et signala quelques bibelots, faciles à trouver à bord, avec lesquels il serait aisé de satisfaire la cupidité des naturels.

L'amiral exprima alors le désir d'aller lui-même visiter la plaine. Son entourage redoutait la fatigue d'une semblable course. Mais le commandant persista dans sa résolution : il invita les Pères à l'accompagner et ils descendirent ensemble à terre. Le cortège de l'amiral était formé de l'état-major général et d'une partie de l'état-major du *Phoque*, sous la garde d'une escorte en armes.

Pendant que l'amiral pleinement satisfait inspectait l'ensemble, le chef d'état-major et quelques officiers poussèrent une petite reconnaissance jusqu'au plateau, et de là ils aperçurent, près de la bordure méridionale de la plaine, deux agglomérations de huttes. Au nord, le pays leur parut très boisé.

L'inspection terminée, le commandant en chef revint à bord avec sa suite, content de ce qu'il avait vu et plus décidé que jamais à procéder le lendemain à la prise de possession [1].

---

[1]. D'après la correspondance de M. le comte de Marcé, la prise de possession officielle aurait eu lieu le jour même de l'arrivée du *Phoque* à Balade : ce jour étant le 24 septembre. M. Candeau place l'arrivée du *Phoque* au 23 septembre et la prise de possession le lendemain.

Prise de possession de la Nouvelle-Calédonie, en 1853.
Dessin du comte de Marcé.

CHAPITRE XVI

La résidence des missionnaires. — Projet d'occupation immédiate de l'île des Pins. — Reconnaissance de la rade et des passes. — Le pavillon français flotte à terre. — Prise de possession solennelle de la Nouvelle-Calédonie. — Salves d'artillerie. — Frayeur des Canaques. — Signature du procès-verbal. — Joie des matelots. — Indisposition de l'amiral. — Ordre de départ pour l'île des Pins.

E capitaine du *Phoque* était resté à terre pour reconduire les Pères jusqu'à la mission. Il voulait en même temps prendre connaissance du chenal de la petite rivière, dont la rive droite est occupée par le village des Canaques catéchisés. La demeure des missionnaires le domine, et un barrage qui détermine une chute d'eau, à une faible distance de la maison, limite la navigation des canots et des pirogues.

De l'habitation des Pères, on voyait très distinctement

la mâture du *Phoque* : comme les missionnaires avaient établi un mât de pavillon, le chef d'état-major arrêta avec eux des signaux de convention, qui permettraient des rapports télégraphiques entre le navire et la terre.

Dans la soirée, quoique très fatigué, l'amiral était tout joyeux des résultats de son expédition de la journée. Le chef d'état-major profita de la confiance que son chef avait désormais dans la réussite de ses projets pour lui rendre compte de ce que le Père supérieur de la mission lui avait dit, la veille, au sujet de l'île des Pins. Il termina sa communication en déclarant qu'il lui paraissait très urgent de suivre l'avis du P. Rougeyron et d'aller s'emparer au plus vite de l'annexe de la grande terre, afin d'éviter toute difficulté avec les Anglais. Son avis était de partir le lendemain, dès que les formalités de la prise de possession de la grande île seraient terminées.

L'amiral, avant son départ de Paris, avait eu connaissance du projet de la ligne Sydney-Panama. Il savait probablement que ce projet ne se réaliserait pas de longtemps : aussi ne fut-il pas de l'avis du P. Rougeyron. Il admit encore moins que la possession de l'île des Pins constituerait un droit sérieux sur la grande terre de Nouvelle-Calédonie.

Cependant, il reconnut qu'il fallait tôt ou tard s'emparer de l'annexe, pour ne pas s'exposer à y voir flotter le pavillon anglais, d'autant plus que ses instructions lui recommandaient cette conquête ; mais il ne pensait pas qu'il y eût urgence. Il fallait, au contraire, s'établir tout d'abord bien solidement à Balade, et, quelles que fussent les entreprises des Anglais sur l'île des Pins, la possession incontestée de la grande île entraînerait comme conséquence le droit de la France sur son annexe.

Le chef d'état-major était persuadé qu'en agissant avec une pareille lenteur l'amiral s'exposait à commettre une faute irréparable : elle pouvait susciter de graves difficultés diplomatiques. Dans le cas d'un conflit, la métropole serait peut-être amenée à tout sacrifier, pour le bien de la paix, même l'œuvre accomplie à Balade. Afin d'éviter cette honte au pavillon national, cet officier redoubla d'efforts auprès de son chef et insista avec une ardeur que secondait son patriotisme.

En faisant rapidement la visite de la côte est et en se rendant aussitôt à l'île des Pins, le *Phoque* pouvait, sous peu de jours, revenir par la côte ouest, et la prise de possession se terminerait par un établissement sérieux à Balade. Si le *Phoque* n'était pas isolé, si l'amiral avait à sa disposition des forces imposantes, il pourrait s'exposer à une démarche énergique en cas de conflit. Mais avec un si petit navire, l'amiral n'avait-il pas à craindre, malgré son grade, de voir son autorité méprisée par les Anglais ? Et alors quelles ne seraient pas les suites d'une insulte faite à un amiral français !

Le commandant, sachant quels nobles sentiments animaient son chef d'état-major et comprenant pourquoi il insistait avec tant de cœur, entraîné par son patriotisme éclairé, se rendit enfin à des raisons si pressantes. Il décida que le *Phoque* partirait le surlendemain pour l'île des Pins, dès que les formalités de la prise de possession seraient terminées. Il arrêta le détail de ces formalités et les termes du procès-verbal. Lorsque l'officier le quitta, il était muni de tous les ordres nécessaires pour le grand acte du lendemain et pour un départ immédiat.

On était au 24 septembre 1853. La matinée fut consacrée par le capitaine du *Phoque* à opérer une reconnaissance de la rade et de la grande passe des coraux de ceinture; pendant ce temps, le chef d'état-major disposait toutes choses à la mission pour la cérémonie de prise de possession.

Vers midi, l'amiral quitta le bord. Il était accompagné de son état-major général et de l'état-major du *Phoque*, d'un détachement de vingt hommes armés et pourvus de munitions, sous les ordres d'un enseigne de vaisseau.

On arrive à la mission : la palissade qui en protège les abords s'ouvre et l'amiral entre, suivi de son escorte. Le P. Forestier admit dans l'enceinte environ cent cinquante Canaques chrétiens et laissa au dehors les naturels des villages voisins, au nombre de plusieurs centaines. Ceux-ci, ayant été avisés de ce que le grand chef français allait faire, étaient venus en curieux.

On prit place solennellement. L'amiral avait à sa droite le chef d'état-major, tenant en main la hampe d'un drapeau tricolore; à sa gauche, le capitaine du *Phoque*, chargé du commandement du détachement en armes et des canots armés en guerre. Derrière le commandant, tous les officiers des deux états-majors formaient une brillante couronne. A droite, perpendiculairement à la ligne de front, se déployait le détachement, fusils chargés; à gauche, au bord de la rivière, les canots en ligne de file, avec les canotiers aux postes de nage, prêts à partir.

Alors, d'une voix vibrante, le commandant en chef prononça les paroles solennelles suivantes :

« Aujourd'hui, vingt-quatre septembre mil huit cent cinquante-trois, à trois heures de l'après-midi, en vertu des ordres de mon gouvernement, je prends officiellement possession, au nom de l'empereur et pour la France, de l'île de la Nouvelle-Calédonie et de ses dépendances, sur laquelle je fais arborer le pavillon national, — à ce moment le pavillon fut hissé en tête du mât de la mission, — et je déclare à tous qu'à partir de ce jour cette terre est française et propriété nationale. »

Lorsque du bord on vit le pavillon flotter au haut du mât de la mission, le *Phoque* hissa son petit pavois et commença une salve de vingt et un coups de canon.

Malgré la distance et le vent de sud-est, le bruit sourd et puissant des détonations d'artillerie arriva jusqu'aux oreilles des naturels accroupis à terre, autour des palissades de la maison des missionnaires. Les sauvages relevèrent subitement la tête, tout surpris et visiblement effrayés. Mais ce ne fut qu'un éclair ; leurs regards se reportèrent bientôt sur la scène qui se déroulait devant eux et se fixèrent sur l'habit brodé et étincelant d'or du grand chef français.

Les naturels de la côte entendirent plus distinctement le bruit des salves et aperçurent le feu des pièces de canon : ils furent épouvantés. La fumée qu'ils avaient vue, la veille, couronnant la cheminée du *Phoque*, et la ceinture de flammes qui venait d'apparaître autour de ses flancs, leur firent baptiser le navire d'un mot canaque qui signifie « navire à feu ».

Le P. Forestier surveillait les sauvages restés en dehors de la palissade. Il voulait se rendre compte de leurs impressions. Il assura qu'ils n'avaient manifesté que de l'étonnement ou de la frayeur. Aucun sentiment hostile ne sembla les animer. Pas un signe de mécontentement, bien qu'on leur eût expliqué ce que signifiait la scène à laquelle ils assistaient : ils avaient bien compris qu'à partir de ce jour l'amiral devenait le grand chef de toutes les tribus et le maître de tout le pays.

La cérémonie officielle étant terminée, les Canaques convertis retournèrent dans leur village, et sur l'ordre des missionnaires, les indépendants se dispersèrent. Le plus grand nombre de ces derniers appartenaient aux villages de la rive gauche de la rivière, c'est-à-dire aux deux villages situés entre la mission et la plaine où les Français allaient s'établir ; d'autres étaient venus des régions qui sont au nord de cette plaine. Les chefs des villages et le grand chef de toutes les tribus, nommé Tiangoun[1], étaient présents. Toutefois, ce dernier ne s'était pas approché : il avait jugé prudent d'assister de loin à la cérémonie.

Les naturels, après avoir passé en partie sur la rive gauche, s'arrêtèrent au bord de la rivière et s'accroupirent de nouveau, voulant jouir encore du spectacle ; les autres, s'étant éloignés l'espace de quelques centaines de mètres,

---

1. Dans leurs lettres, les missionnaires l'appellent Tiangouné.

en remontant la gorge d'où la rivière se précipite en cascade, se groupèrent sur les rochers ; ils dominaient d'une vingtaine de pieds la maison de la mission.

Malgré toutes les assurances du P. Forestier, qui se faisait garant des bonnes dispositions des Canaques, un détachement de marins, s'appuyant sur les canots armés en guerre, fut disposé sur pied de défense de la mission. La palissade fut fermée avec soin. Alors l'amiral, accompagné de tous ses officiers, fit son entrée dans la demeure des Pères. Là, il ordonna de remplir les blancs du procès-verbal préparé à l'avance : le secrétaire l'ayant lu à haute voix, le commandant en chef passa la plume à tous les officiers et aux Pères missionnaires, et signa le dernier ; enfin, il le revêtit de son sceau de commandement.

Toutes les formalités étaient remplies. La France venait d'acquérir une colonie nouvelle.

La cérémonie, qui demanda près de deux heures, sous un soleil brûlant, avait très visiblement fatigué le nouveau grand chef de l'île. L'amiral, à peine de retour à bord, fut pris d'une hémorragie abondante. Ce grave symptôme alarma le chirurgien du *Phoque*. Il confia ses inquiétudes au chef d'état-major. Le départ était pour le lendemain, et il aurait fallu au malade une vie calme et un régime tout autre que celui du bord. Mais comment procurer à ce corps usé par la souffrance un repos absolu ? Comment accorder à son esprit une tranquillité parfaite ? Cela n'était pas possible dans les circonstances difficiles où l'on se trouvait.

Le chirurgien recommanda de ménager au moins autant

que possible cette santé précieuse, affaiblie par les excès du dévouement. Il promit, de son côté, de tout faire pour soutenir des forces qui chaque jour diminuaient à vue d'œil.

Cependant, après cette perte de sang, causée fort probablement par la fatigue et la chaleur, l'amiral put reposer et dormir quatre heures d'un bon et calme sommeil. Le soir, quoique encore très pâle, il se trouva beaucoup mieux qu'on ne pouvait l'espérer. La joie qu'il ressentait de la grande œuvre accomplie dans l'après-midi ne contribua pas peu à lui rendre quelque force.

Au moment de quitter la mission, l'amiral avait laissé le commandement à terre à son chef d'état-major, avec ordre de protéger le pavillon. On devait l'amener le soir et rentrer à bord au plus tard à la tombée de la nuit. Si quelque danger menaçait, un signal était convenu, et un renfort en armes serait envoyé du navire. Mais le P. Forestier affirma que sous la garde des catéchumènes la mission n'avait rien à craindre. D'ailleurs, les Canaques ne manifesteraient des sentiments belliqueux que s'ils pensaient surprendre les Français. Ils ne tenteraient sûrement rien de nuit, parce qu'ils ont peur des ténèbres, et, même le jour, quand ils se préparent au combat, ils ne se décident pas si vite. « Ils ont vu des fusils, dit le Père : cela suffit pour paralyser en eux toute ardeur belliqueuse. »

En effet, bien avant la tombée de la nuit, il n'y eut plus, en vue de la mission, un seul Canaque indépendant. A l'heure dite, le pavillon fut amené et la petite expédition retourna pacifiquement à bord.

Les matelots, à la fois enfants naïfs et hommes pleins de courage et d'énergie, rentrèrent tout joyeux ; ils avaient été amusés par la scène qu'on venait de jouer. Les officiers étaient ravis de la belle végétation de l'île ; ils revenaient convaincus d'avoir fait à la France un beau cadeau. Restait à le défendre, et ils étaient prêts à le sauvegarder par tous les moyens.

Le chef d'état-major, l'officier d'ordonnance et le secrétaire de l'amiral ne quittèrent la mission qu'au brun du soir et n'arrivèrent à bord qu'à la nuit. Aussitôt, le chef d'état-major alla faire son rapport à l'amiral, et, le lendemain, au réveil, il lui communiqua des renseignements encore plus complets que ceux donnés la veille par les missionnaires. Dans une longue causerie très intéressante et fort instructive, les Pères avaient mis cet officier au courant de tout ce qu'il pouvait être utile à l'amiral de connaître, pour ses rapports ultérieurs avec les chefs des naturels. Ils avaient complété leurs renseignements sur les ressources commerciales de la Nouvelle-Calédonie.

L'amiral, relativement mieux et à peu près remis de la crise de l'après-midi, aborda de nouveau la question de la visite de l'île des Pins et des dispositions à prendre à terre pendant l'absence du *Phoque*. Il déclara qu'il voulait un prompt départ : l'acte accompli dans la journée à Balade nécessitait une action rapide.

L'arrivée du P. Montrouzier et un renseignement précieux qu'il devait communiquer le lendemain à l'amiral, allaient précipiter le départ du *Phoque* pour l'île des Pins.

Les missionnaires, après la cérémonie de la prise de

possession, invitèrent courtoisement le commandant en chef et son état-major à dîner à la mission. Il ne fut pas possible d'agréer la proposition, à cause de la marée, mais l'amiral accepta à déjeuner pour le lendemain.

A neuf heures du matin, le 25 septembre, tous furent fidèles au rendez-vous, et la descente à terre se fit à peu près dans le même ordre et avec le même nombre que la veille. Après le repas bien simple, mais d'une gaieté toute française et d'une cordialité toute chrétienne, les invités allèrent visiter les dépendances de la maison[1]. Ils admiraient le parti que les Pères avaient su tirer du terrain et des faibles ressources de l'île, lorsque parut le Père Montrouzier.

Le Père avait reçu l'avis que lui avait adressé le P. Vigouroux. Au premier abord il ne savait que penser : « Nos amis sont là ! » Le mot *ami* devait-il s'entendre dans le vrai sens, ou bien était-ce une ironie ? Il ne pouvait quitter sur l'heure et se mettre en marche : il aurait privé ses néophytes de la messe du dimanche. Il les fit prévenir seulement que la messe serait dite de grand matin.

Ce devoir rempli, il s'était mis en route, accompagné de quelques naturels, et, au détour d'un cap, il avait aperçu le vapeur. Les Canaques reconnurent le pavillon français. Les inquiétudes du Père cessèrent. La veille, le bruit de l'artillerie était arrivé jusqu'à ses oreilles, et il pensa que les canons avaient salué la prise de possession de l'île; mais par qui? Alors seulement il sut que c'était par la France.

[1]. Correspondance inédite de M. le comte de Marcé.

Il pressa le pas et, arrivé en face du navire, il rencontra des matelots qui le mirent au courant. Aussitôt se

LE R. P. MONTROUZIER, SUPÉRIEUR DE LA MISSION DE BALADE
D'après une photographie communiquée par Mgr Fraysse.

hâtant, car de là jusqu'à la mission il y avait près de trois quarts d'heure de marche, il vit bientôt de ses yeux l'amiral, les officiers et les Pères, qui visitaient en se promenant les alentours de la maison.

L'animation était grande : on parlait, on riait. Dès que le P. Montrouzier parut, tous se rallièrent autour de lui. On l'obligea à aller prendre quelque nourriture, et la conversation continua amicale et joyeuse.

Voyant l'exaltation des braves marins, qui ne pouvaient modérer leur joie en pensant qu'ils venaient de donner une nouvelle colonie à la mère-patrie, il termina promptement son repas et dit à l'amiral qu'il avait à lui parler pour lui communiquer une grave nouvelle.

Le P. Montrouzier fit part au commandant en chef d'une lettre qu'un caboteur lui avait apportée de Sydney quelques jours auparavant. Elle était d'un de ses amis, M. Williams Mac-Leay, avec qui il faisait des échanges d'insectes et de plantes. Cette lettre annonçait l'envoi d'une caisse, confiée à un navire de guerre anglais en partance pour la Nouvelle-Calédonie.

Les Anglais approchaient; ils étaient peut-être déjà arrivés.

Aussitôt l'amiral s'écria : « Qu'on chauffe! Qu'on se prépare au départ! [1] »

L'avis venait à point, et nous verrons que le *Phoque* fit bien de hâter sa visite à l'île des Pins.

Sans tarder davantage, le commandant décida que le *Phoque* partirait le lendemain, 26 septembre.

Après avoir réglé qu'on établirait à la mission, avec vivres et munitions, un second maître et six matelots

---

[1]. Note manuscrite du P. Montrouzier.

bien armés, choisis parmi les hommes les plus solides du renfort d'équipage, il confia le commandement de ce détachement à un jeune enseigne de vaisseau, M. Bigrel, dont il avait remarqué la valeur et le sang-froid [1]. C'était une vieille connaissance pour les Pères, car il avait fait naufrage à bord de la *Seine*. Le second fut chargé de tout disposer au plus vite et de donner au chef de ce poste de confiance les ordres nécessaires.

C'était le complément obligé de la grande journée. Désormais le succès de l'expédition paraissait assuré. L'amiral avait fait tout ce qui dépendait de lui, et, comme le rapportent nos Mémoires, « actif, énergique, dévoué jusqu'au sacrifice de lui-même, n'ayant rien à se reprocher, il ne lui restait plus qu'à dire : *Ma conscience est tranquille : à la grâce de Dieu!* »

---

[1]. Un détail qui montre les attentions de la divine Providence dans cette prise de possession. L'amiral laissait à la mission quelques hommes pour garder le pavillon et commencer un blockhaus. Il avait choisi l'aspirant de 1re classe Amet, pour être à leur tête. Au moment de partir, il lui recommanda ses marins et lui dit : « Surtout, veillez bien sur leur conduite; qu'ils n'aillent pas compromettre la mission et la jeune colonie. Vous m'en répondez? — Amiral, reprit l'aspirant, vous ne connaissez donc pas les marins? Je ferai mon possible, mais je ne réponds de rien. — Eh bien! venez avec moi à l'île des Pins. M. Bigrel vous remplacera ici. » Quelques jours après, M. Amet rendait à la France le très grand service d'aller trouver les Pères Goujon et Chapuy à l'île des Pins. Un autre ne l'eût peut-être pu faire, comme on le verra plus loin. (Note du P. Montrouzier.)

Bouraïl (Nouvelle-Calédonie).
D'après une photographie communiquée par le R. P. Fraysse.

La baie de Kanala, sur la côte est de la Nouvelle-Calédonie.
Dessin du comte de Marcé.

CHAPITRE XVII

La garde du pavillon. — A travers les récifs. — Excursion dans la baie de Kanala. — Exploration d'un fleuve microscopique. — Un festival de chair humaine. — En route pour l'île des Pins. — Un navire de guerre en vue. — Marche lente à travers un chenal. — L'Anglais! — Désespoir! — Visite à bord du *Phoque* d'un officier du *Herald*.

ES ordres du départ, immédiatement signifiés au capitaine du *Phoque*, furent exécutés dans la matinée du 26. Après avoir installé à terre le détachement armé, pour la garde du pavillon, et complété sur place les instructions données à l'officier, le chef d'état-major salua le P. Montrouzier et les autres Pères, et revint à bord. Par une délicate attention, le Père missionnaire envoyait des vivres frais au commandant malade. Il avait fait une vraie razzia dans le jardin et la basse-cour de la mission; et cepen-

dant, il était si pauvre que le tout tenait dans un panier.

Vers dix heures, le *Phoque* appareilla. Afin de compléter la reconnaissance faite l'avant-veille au matin, il sortit par la passe de Balade. Une fois hors des récifs de ceinture, il fit route vers le sud-est, en longeant les coraux le plus près possible; il marchait à toute vitesse, ce qui n'empêchait pas cependant d'étudier la forme et l'étendue des récifs. En même temps, la vigie surveillait la côte, afin de s'assurer qu'il n'y avait près de terre, ni dans les anses, aucun navire au mouillage.

A Yenguène, deux goélettes anglaises furent signalées. Elles chargeaient du bois de sandal. Un officier fut envoyé à leur bord. Il y apprit que l'on parlait à Sydney, deux mois auparavant, de deux navires de guerre anglais qui devaient aller en Nouvelle-Calédonie pour en faire l'hydrographie et en même temps créer à l'île des Pins un dépôt de charbon. Comme l'officier n'avait pas soufflé mot de ce que le *Phoque* venait de faire dans le nord, les Anglais avaient lâché cette grosse nouvelle sur la foi des traités. Ils avaient ajouté que ces bâtiments devaient être déjà dans les eaux calédoniennes et mouillaient probablement à l'île des Pins.

Ce n'était pas rassurant. Il fallait se hâter [1].

Comme l'on ne pouvait arriver que le lendemain en latitude des grandes baies du sud-est de l'île, où les Anglais semblaient seulement pouvoir être présents, la nuit étant bien éclairée et le ciel très pur, l'amiral fit continuer la même route, à marche un peu réduite et en

---

[1]. Correspondance de M. de Marcé.

surveillant avec plus de soin ces eaux inconnues. On ne
changea donc pas le cap de route : le *Phoque* continua
à se tenir en vue des brisants, éclairés par les rayons
argentés de la lune.

Le 27 au matin, les récifs commencèrent à s'étendre
plus au large de la côte, et, le jour étant complet, le
Phoque donna dans une passe qui le rapprocha de terre.
Il fit route de nouveau vers le sud-est, à l'intérieur des
grands coraux, surveillant les pâtés isolés. Vers cinq heures
du soir, il vint reconnaître la grande et magnifique baie
de Kanala, entourée d'une ceinture verdoyante, dont la
végétation, surtout vers l'ouest, est d'une vigueur admirable. Le *Phoque* mouilla en rade près de la côte. Aucun
navire n'était en vue, et, à terre, nulle trace de campement :
c'était de bon augure.

La rade parut si propre à un établissement, que l'amiral
jugea bon d'en faire la reconnaissance complète, avant
de la quitter[1]. A cet effet, il ordonna de consacrer quelques heures de la matinée du lendemain, 28 septembre, à
l'étude de cette importante localité. Le capitaine du *Phoque*
fut chargé de prendre un aperçu hydrographique de la baie,
et le chef d'état-major, accompagné du secrétaire et de
l'officier d'ordonnance de l'amiral, reçut la mission d'aller
reconnaître la plaine à l'ouest, en remontant en baleinière une petite rivière, à l'embouchure assez large, qui
paraissait sillonner cette plaine.

Bien qu'une barre, peu couverte d'eau, s'offrît à l'ouvert

---

1. D'après la correspondance de M. de Marcé, cette reconnaissance de la
baie de Kanala n'eut lieu qu'au retour de l'île des Pins.

de ce fleuve microscopique, il était probable qu'au delà le cours d'eau serait navigable pour des canots. On trouva en effet assez de profondeur pour remonter le courant avec de grandes embarcations; mais, à moins d'une lieue de l'embouchure, le fond se releva très vite, et, malgré son faible tirant, la baleinière, même allégée de toute sa charge, toucha et ne put aller plus loin.

Du reste la petite expédition avait atteint un lieu très boisé qui limitait la vue aux rives du cours d'eau. Tous reconnurent que les pirogues seules pourraient remonter plus haut, et la baleinière revint vers l'embouchure.

En descendant le courant, les officiers prêtèrent plus d'attention aux plantations de la rive. Sur la droite, auprès de pousses de cocotiers, des coupes faites dans le bois attirèrent leurs regards. Ils les examinèrent de près et découvrirent les restes d'un repas monstrueux. Une grande quantité d'os humains, épars sur le sol, quelques-uns encore frais, et un peu plus loin les débris de fours à cuire, avec leurs cendres récentes, prouvaient que ces parages avaient été témoins récemment d'un festival canaque. La baleinière s'enfuit loin de ce lieu d'horreur.

Cette rapide expédition fit connaître l'existence d'une grande plaine, de cinq à six lieues de long sur deux de large, s'étendant depuis la baie jusqu'au pied des monts. De hautes montagnes, au sud et à l'ouest, bornaient l'horizon à une faible distance; mais, au nord, les cimes se dessinaient sur un ciel beaucoup plus lointain. La contrée paraissait très boisée et d'une brillante végétation. La rade sembla très sûre, profonde, d'une bonne tenue pour les ancres, et elle était ouverte seulement aux vents d'est et de nord-est.

Vers dix heures, au retour des embarcations, le *Phoque* appareilla et navigua toute la journée à l'intérieur des récifs de ceinture, qui, en certains endroits, s'éloignaient beaucoup de la côte. On remarqua seulement quelques baies, des côtes élevées et boisées, et, auprès de terre, assez peu de pâtés de coraux isolés. Enfin, les grands bancs extérieurs ayant été sérieusement étudiés, le *Phoque* prit mouillage pour la nuit dans une petite anse.

Le 28 septembre, la visite de la côte est étant terminée, le *Phoque* franchit, vers onze heures, les grands coraux par une passe assez dangereuse et fit voile vers l'île des Pins. L'amiral ne chercha pas à reconnaître de près la ligne de coraux qui relie la grande île à son annexe : il se contenta de faire examiner à distance, du haut de la mâture, le banc sur lequel la mer vient se briser en bouillonnant.

Vers quatre heures du soir, le *Phoque* se trouva près de l'île et la contourna en la serrant de très près. Un peu avant cinq heures, la vigie signala une grande baie, et, sur la côte opposée, un bâtiment au mouillage.

Bien que la silhouette de ce navire se projetât sur une terre un peu haute et très foncée, il était parfaitement visible à la longue-vue. C'était un navire de guerre, dont l'évitage debout à la vue du *Phoque* ne permettait pas de distinguer le pavillon national.

Était-ce la *Constantine* ou bien un anglais ? La majorité

des officiers fut d'avis qu'on n'avait pas affaire à un navire français : car les couleurs du *Phoque* étant arborées et parfaitement en vue, un français, et un navire de l'État, eût déjà donné le signal ordinaire de reconnaissance, hissé le numéro d'ordre et fait connaître ainsi le nom du bâtiment.

Or, l'on ne voyait rien flotter en tête de la mâture. Il est vrai que le jour commençait à tomber; le navire était loin; l'évitage pouvait avoir pour effet de cacher les signaux aussi bien que le pavillon. Cependant, l'amiral pencha pour l'avis de ceux qui croyaient à la présence d'un navire étranger, et il parut visiblement contrarié.

Il était bien désireux d'éclairer la question ; mais voilà que le *Phoque* dépasse la langue de terre basse qui avait permis de découvrir la baie, et plus rien : ni baie ni navire.

La nuit approche, il n'y a plus qu'une heure et demie jusqu'au coucher du soleil. En même temps se dressent les grands brisants qui s'étendent au loin dans le sud de l'île et barrent le passage. Le jour va manquer pour les contourner en toute prudence. Il semble impossible de trouver la passe d'entrée dans la baie avant la nuit. L'amiral désespérait donc de pouvoir arriver le soir même au mouillage et de reconnaître le navire signalé.

Fort heureusement, les souvenirs de M. Amet, le jeune officier d'ordonnance que l'amiral avait placé auprès de lui, secondèrent sa légitime impatience. La baie signalée venait d'être perdue de vue, lorsque apparut par le travers du *Phoque*, entre l'île des Pins et un petit îlot, un goulet

LA MISSION DE L'ILE DES PINS. — AU CENTRE UNE MAISONNETTE OU SE FIT LA PRISE DE POSSESSION
D'après une photographie communiquée par le R. P. Fraysse.

très étroit. Ce goulet semblait n'avoir pas de coraux, bien que les deux côtes en fussent garnies. L'ancien élève de marine de l'*Alcmène* reconnut ce passage et se rappela y avoir opéré des sondages en 1850, étant alors attaché aux travaux hydrographiques. Ce goulet avait été reconnu praticable et il conduisait rapidement dans la baie.

Le capitaine du *Phoque* appuya de sa vieille expérience les affirmations du jeune officier. Il assura qu'il reconnaîtrait suffisamment le chenal, du haut des mâts, si l'on profitait promptement des dernières clartés du jour. L'amiral, sans hésiter, ordonna l'entrée dans la passe. Il fit prendre la marche de route, tout en recommandant une extrême prudence. Le capitaine et l'officier d'ordonnance montèrent dans la mâture. L'amiral se plaça sur les tambours des roues avec son chef d'état-major, qui, de là, fit gouverner suivant les indications données par les deux pilotes, prêt à aller en avant ou à stopper.

Ce passage très étroit, où la lame de sud-est se transformait en une longue et houleuse poussée vers l'ouest, était bien ce qu'avait affirmé l'intelligent et énergique officier d'ordonnance, un chenal qui abrégeait la route. Peu de temps après avoir donné dans cette passe, le *Phoque* longea de nouveau une langue de terre peu élevée. Du haut de la mâture, les pilotes virent alors très distinctement, en différents endroits de la baie et sur la plage du nord, le pavillon de l'Angleterre; nous avions affaire à nos rivaux.

Lorsqu'au brun du soir le *Phoque*, ayant son pavillon

tricolore et sa flamme hissés, fit son entrée dans la grande rade de l'île des Pins, le bâtiment déjà aperçu au mouillage portait le pavillon anglais de l'escadre bleue. C'était bien un navire de guerre; car suivant l'usage international, admis entre les bâtiments battant flamme d'État, bien que le soleil fût couché, il avait conservé haut ses couleurs, pour faire honneur aux couleurs du navire de guerre français.

La présence de cette corvette et la vue des yaks blancs épars dans la rade, amers hydrographiques qui prouvaient à quelles occupations se livraient les Anglais, furent pour l'amiral une cruelle déception. Il fut convaincu qu'il était devancé : la prise de l'île des Pins par l'Angleterre lui présageait bien des difficultés, sinon la destruction même de l'œuvre accomplie à Balade.

Restait cependant une lueur d'espoir. En observant les amers hydrographiques, il était facile de constater que les travaux en cours n'étaient pas commencés depuis plus de quarante-huit heures. Les Anglais avaient peut-être entrepris leurs études avant de prendre possession de l'île, et, dans ce cas, ils avaient encore à accomplir l'œuvre principale. Il parut cependant plus probable qu'ils s'étaient tout d'abord établis en maîtres à terre; il n'était même pas impossible qu'une division anglaise eût agi sur la côte ouest, pendant qu'un navire détaché de l'escadre opérait à l'île des Pins. L'esprit de l'amiral était à la torture et l'équipage du *Phoque* paraissait consterné.

En attendant des renseignements plus que jamais nécessaires, l'amiral, redoutant un triste dénouement, dut, aux termes de ses instructions, sauvegarder à tout hasard la dignité de son grade. A cet effet, il ne fit pas arborer, en entrant en rade, son pavillon de commandement. Il jugea qu'il fallait attendre les communications que les Anglais lui feraient touchant l'île des Pins, prêt à y répondre par d'autres ouvertures au sujet de la Nouvelle-Calédonie.

Le *Phoque* allait jeter ses ancres, lorsqu'un canot se détacha du navire de guerre anglais. Il se dirigea bientôt vers le vapeur. L'amiral descendit dans son logement et donna l'ordre au chef d'état-major de faire recevoir la visite par le capitaine du *Phoque*. S'il y avait lieu, le capitaine se bornerait à dire qu'il était en tournée d'inspection protectrice des missionnaires catholiques de sa nation dans la Polynésie, et qu'il ne comptait faire qu'un séjour très rapide à l'île des Pins. Il devait questionner à son tour les Anglais sur la présence de la corvette à ce mouillage.

Recommandation fut faite aussi de veiller à ce qu'aucune communication ne pût s'établir entre l'équipage du *Phoque* et le canot anglais, tant que ce dernier séjournerait le long du bord. Le canot ayant accosté, un jeune lieutenant monta sur le pont : il dit qu'il avait mission d'offrir les salutations et les services du commandant de la corvette *le Herald*, celle-ci faisant partie de la division du commodore, chef de la station navale anglaise de l'Australie.

Pour répondre à cette courtoisie d'usage entre toutes les marines, le capitaine du *Phoque*, M. de Bovis, pria le jeune officier de transmettre à son commandant ses remerciements, en attendant la visite qu'il lui ferait le lendemain. Et cela dit, il reconduisit le visiteur vers son canot.

En se retirant, l'Anglais demanda le nom du navire français et le but de son voyage à l'île des Pins. Le capitaine du *Phoque* répondit à cette question conformément aux ordres qu'il avait reçus de l'amiral. A son tour il questionna l'officier étranger sur la présence du *Herald* dans la baie de l'île des Pins. Il eut pour réponse : « Le *Herald* est venu dans le but de faire l'hydrographie de la baie, des îlots et des bancs de coraux. »

Avant de s'embarquer, l'officier anglais demanda si le *Phoque* devait aller à la Nouvelle-Zélande. Il lui fut répondu : « Oui, probablement, suivant ce que nous apprendrons ici. »

Tel fut le colloque des représentants des deux puissances rivales. Le tout fut dit en anglais, langue que le capitaine du *Phoque* parlait parfaitement bien. L'officier du *Herald* parti, le capitaine descendit aussitôt chez l'amiral, qui avait en ce moment auprès de lui son secrétaire et son aide de camp. Le laconisme de l'Anglais fut interprété unanimement en ce sens que, si nos rivaux ne s'étaient pas vantés d'avoir pris possession de l'île, c'est que leur intention inavouée n'était pas encore réalisée.

La mission Saint-Michel à Uvéa (Loyalty).

Vue de la mission de l'île des Pins (époque actuelle).
D'après une photographie communiquée par le R. P. Fraysse.

CHAPITRE XVIII

Espoir! — Expédition nocturne à terre. — Retour après minuit. — Un missionnaire à bord du *Phoque*. — Bonnes nouvelles. — Un roi canaque ami de la France. — Une conversation importante par signaux.

'AMIRAL reprit espoir. Il décida qu'il fallait savoir au plus vite toute la vérité, en se renseignant auprès des missionnaires. Ils habitaient près de la plage, dans la partie septentrionale de la baie. Mais comment se mettre au plus tôt en rapport avec eux? Le ciel est couvert, la lune paresseuse, l'obscurité profonde; le temps ne se prête guère à l'envoi d'un canot pour rechercher la maison de la mission. Les officiers montèrent sur le pont pour juger de la possibilité de l'entreprise. Le capitaine et le chef d'état-major admirent qu'il fallait remettre toute tentative au lendemain, un peu avant le jour.

Mais le jeune officier d'ordonnance, auquel on devait déjà d'avoir pu mouiller dans la baie avant la nuit, dit qu'il serait possible de tenter l'aventure. Il déclara qu'il n'y aurait pas en cela d'imprudence; car, au moment de l'entrée du *Phoque* dans la rade, alors qu'il faisait encore assez clair pour distinguer la côte opposée, il avait reconnu la position de la maison des missionnaires. Par une heureuse inspiration, il avait fait le relèvement du lieu au compas de route, à peu près au nord-est, le *Phoque* gouvernant alors au nord-nord-est pour se rendre au mouillage; il savait ainsi que, du point où le navire était à l'ancre, le relèvement du lieu de débarquement, près de la demeure des missionnaires, était à peu près l'est-nord-est.

Il offrit donc au chef d'état-major de tenter l'expédition, ne demandant pour cela qu'une boussole et un fanal. Avec une baleinière armée d'hommes solides et sachant nager, il se faisait fort de se faufiler au travers des nombreux bancs de coraux qui peuplent la baie dans toutes les directions. Il était probable que les matelots auraient à garder longtemps les avirons en main; il pouvait se faire qu'ils fussent dans la nécessité de se jeter à la mer. Mais, avec une équipe de choix, il ne doutait pas qu'il arriverait, coûte que coûte, et, une fois à terre, il trouverait sûrement la mission.

L'énergie du jeune officier et les circonstances, qui étaient impérieuses, décidèrent l'amiral à donner son assentiment. Il autorisa son chef d'état-major à régler l'exécution de cette tentative périlleuse, recommandant de prendre toutes les précautions nécessaires pour ne pas compromettre la vie de ses braves matelots et de leur vaillant chef.

La baleinière de l'amiral et son magnifique armement de six matelots de choix, avec biscuits, eau-de-vie, boussole et fanal, fut mise à la disposition de l'officier. M. Amet invita M. de Marcé à l'accompagner, et il s'adjoignit un Taïtien de l'équipage, qui était un maître nageur.

L'expédition partit vers huit heures.

Les coraux n'offraient pas de grands dangers pour des marins expérimentés; en allant lentement, ils devaient les éviter. Les naturels n'étaient pas à redouter : ils ne sortent jamais de leurs cases la nuit. Le plus à craindre était, par une nuit noire, de ne pouvoir pas reconnaître le lieu de débarquement. Il faudrait alors jeter l'ancre près de la côte et passer une mauvaise nuit en baleinière, en attendant l'aube.

L'amiral, qui était pour ses matelots d'une tendresse paternelle, recommanda de veiller avec soin le signal convenu en cas de danger, et il avait ordonné à son chef d'état-major de faire disposer deux canots bien armés, pour répondre rapidement à l'appel, si l'expédition demandait du secours : le chef d'état-major devait dans ce cas prendre lui-même le commandement des canots.

Un peu après minuit, le chef d'état-major monta sur la passerelle pour guêtter. La nuit était toujours très sombre, mais il n'y avait pas un souffle de vent. Tout à coup il crut entendre dans le lointain la sourde cadence des avirons d'un canot. A tout hasard, il fit monter à l'avant un fanal : c'était le signal convenu. La baleinière répondit en découvrant son propre fanal. Elle revenait. Bientôt elle accosta, et un missionnaire, venant conférer lui-même avec l'amiral, monta à bord du *Phoque*.

Le commandant en chef avait donné l'ordre de le prévenir sans retard, dès que la baleinière serait de retour. Le chef d'état-major reçut le missionnaire et comprit, aux premiers mots échangés, que le Père apportait de graves nouvelles.

Il descendit aussitôt pour réveiller l'amiral. Celui-ci ne dormait pas. Ayant entendu un bruit insolite sur le pont, il avait sonné et, informé de l'arrivée du Père Goujon, il se leva pour le recevoir. En s'habillant, il fut ravi d'apprendre que les Anglais n'avaient encore rien tenté ni à l'île des Pins ni à la Nouvelle-Calédonie. Le droit du premier occupant était donc assuré au pavillon français, sans contestation possible.

Le supérieur de la mission, et en même temps le vrai chef de l'île des Pins, était descendu dans le salon de l'amiral. Il donna aussitôt les renseignements suivants :
« Depuis déjà bien longtemps, l'évêque défunt l'avait avisé des projets du gouvernement de la France et de ceux de l'Angleterre. Monseigneur lui avait enjoint d'user de toute son influence sur le roi de l'île pour le décider à donner la préférence à notre patrie. C'est aujourd'hui un fait accompli : le roi ne traitera qu'avec la France. Il y est d'autant plus décidé qu'à plusieurs reprises il a été malmené par les Anglais ; il les craint, et il les déteste encore plus.

« Depuis plusieurs mois, des résidents anglais se sont établis dans la baie, près du débarcadère et à une faible distance de la mission, sous prétexte de commerce, mais en réalité pour agir sur le roi, le préparer à la vente de son royaume à l'Angleterre, et par-dessus tout, comme leurs agissements portent à le croire, pour surveiller les missionnaires français.

« La corvette *le Herald* est arrivée le 26 septembre au soir, c'est-à-dire il y a deux jours, dans le but d'acheter l'île des Pins et, en même temps, de faire l'hydrographie de la baie. Les Anglais doivent retourner ensuite à Sydney, d'où le commodore anglais partira avec son escadre pour aller prendre possession de la Nouvelle-Calédonie, sur la côte ouest, à la baie de Saint-Vincent.

« Le roi canaque, d'après le conseil du missionnaire, s'est casé depuis quelque temps dans l'intérieur de l'île, afin de n'être plus traqué ni tourmenté par les résidents anglais, qui sont toujours à ses trousses. C'est pour cette raison que le commandant du *Herald* n'a pas pu agir près du roi dès le matin du 26, et qu'il a commencé immédiatement ses travaux dans la baie. Il a dû envoyer très vraisemblablement les traitants au roi, pour le faire venir dans son village de la côte.

« Hier, lorsque vers quatre heures et demie du soir les Anglais ont aperçu un vapeur avec pavillon français, ils ont supposé que ce navire viendrait ici au mouillage. Le commandant du *Herald,* très contrarié et surtout fort surpris de l'arrivée d'un navire de guerre, a remis ses démarches auprès du roi au jour où les Français partiraient. En attendant, il ne peut s'expliquer le but de la visite du *Phoque* à l'île des Pins. »

Le Père ajouta qu'il y avait à bord de la corvette anglaise un grand nombre d'objets destinés à être offerts en cadeau au roi de l'île et à payer l'acquisition de son royaume. Mais il est certain que le roi ne cédera pas à la tentation et ne fera rien sans consulter le missionnaire. Si les Anglais veulent prendre l'île, ils seront obligés d'user de violence.

Les traitants, les officiers et même le capitaine anglais n'ont fait aucun mystère de leurs intentions. C'est grâce à leur imprudence que le Père a appris tout ce qui précède. Le commandant du *Herald* a agi avec tant d'étourderie que, la veille, vers cinq heures du soir, il a dit lui-même, sur la plage, à un des traitants qu'il attendrait le départ des Français pour commencer ses pourparlers avec le roi. Son interlocuteur peu discret s'est empressé de divulguer les projets du commandant.

L'amiral Févbrier des Pointes fut enchanté de ces communications : il ne pouvait désirer une lumière plus complète. Il confia au Père supérieur de la mission ce qu'il avait fait le 24, à Balade, et lui fit part de son intention d'acheter l'île des Pins.

« Mais, ajouta-t-il humblement et en souriant, je suis pauvre comme Job. Je serai obligé de demander crédit ; le monarque, il est vrai, n'y perdra rien et n'aura pas à regretter d'avoir accordé du temps pour le payement de la dette : car la France ne la soldera qu'avec plus de générosité. »

Le missionnaire répondit qu'il entreprendrait lui-même la négociation et qu'il la mènerait à bien, malgré le faible acompte qu'on pourrait donner. C'était d'autant plus facile qu'il obtiendrait probablement, non une vente de

LA CASE DU CHEF DE L'ILE DES PINS
D'après une photographie communiquée par le R. P. Fraysse.

l'île, mais une donation. Le roi est déjà préparé à cette éventualité. La crainte d'avoir à traiter avec les Anglais le décidera à accepter toutes les conditions.

L'amiral pria le Père de lui donner son avis sur le mode de prise de possession. L'éloignement du lieu de résidence du roi, son refus probable de venir à la mission, rendent les pourparlers difficiles; lui-même, avec ses jambes faibles et très enflées, ne pourra même pas marcher l'espace d'un kilomètre. Le supérieur de la mission s'empressa de répondre qu'il fallait bien se garder de faire venir le roi, et il ajouta qu'il se chargerait volontiers d'aller le trouver; il répondait d'obtenir son consentement officiel à la donation de l'île à la France.

Cette offre fut acceptée avec reconnaissance. L'amiral convint aussitôt de tous les détails avec le Père, de façon à mener l'entreprise à bonne fin, en présence des Anglais, sans qu'ils pussent rien soupçonner. Ce dernier point ne semblait guère réalisable. Mais l'amiral y tenait, à titre de revanche, pour l'affront récent fait à la France par l'Angleterre, lors de l'occupation de la Nouvelle-Zélande. Douze ans auparavant, un capitaine anglais avait réussi à jouer traîtreusement un capitaine de frégate français et avait enlevé à la France cette île si riche et si florissante. Il fallait à tout prix s'emparer de l'île des Pins sous les yeux et à l'insu du capitaine du *Herald*.

Il fut donc convenu que le Père missionnaire serait ramené à terre avant le jour, pour n'être pas vu par les traitants anglais, établis près du débarcadère, et qu'il se rendrait aussitôt près du roi afin d'obtenir son consentement.

Entre neuf et dix heures du matin, le Père serait certainement de retour à la mission, après avoir conféré avec le monarque. Au moyen d'un signal convenu et hissé au mât de pavillon de la mission, visible du bord, il dira s'il a réussi ou non.

Ne doutant pas de l'affirmative sur les assurances du Père, l'amiral décida que, dès que le signal serait en vue, il quitterait le bord incognito avec sa suite. Le missionnaire demanda que le détachément se munît d'un grand pavillon tricolore, celui de la mission étant petit et déchiré. Pour éviter toute perte de temps, le Père viendra au débarcadère et guidera l'amiral. Si, par extraordinaire, le roi rejette toute proposition, l'amiral se rendra quand même à terre, pour prendre connaissance des causes du refus, et avisera aussitôt aux moyens à employer pour déterminer le monarque à revenir sur sa décision, tout au moins pour l'empêcher de vendre son île aux Anglais.

Camp de la forêt de kaoris, dans la baie du Sud (Nouvelle-Calédonie).
D'après une photographie du docteur François.

Forêt de kaoris dans la baie du Sud (Nouvelle-Calédonie).
D'après une photographie du docteur François.

Un village chrétien en Nouvelle-Calédonie (Saint-Louis).
D'après une photographie communiquée par le R. P. Fraysse.

CHAPITRE XIX

Les Anglais trop peu clairvoyants. — Une promenade en rade. — Visite de politesse à bord du *Herald*. — Le pavillon français flotte au-dessus de la mission catholique. — Prise de possession de l'île des Pins. — Revanche. — Une Majesté jetée par-dessus bord. — Menaces tardives.

ES conventions faites, le Père missionnaire se réconforta, en homme habitué à se contenter de peu, et, après une heure et demie de repos, vers trois heures du matin, il fut reconduit à terre, sous la garde de l'infatigable et habile officier d'ordonnance. Il y arriva avant le jour et la baleinière rentra à bord, à l'aube du matin.

Sur la plage et en rade, ni les traitants ni le commandant du *Herald* n'eurent connaissance de ce va-et-vient nocturne. Malgré les affirmations du supérieur de la mission, l'amiral, connaissant la nature cupide des sauvages, doutait fort que le roi canaque consentît à une simple donation de son île. Or, il n'avait rien à offrir en cadeau.

Il maudissait l'imprévoyance du gouvernement français, aussi bien que la munificence des Anglais, dont les riches présents l'inquiétaient. Il attendit avec impatience l'heure fixée pour le signal.

Avec la longue-vue il avait été facile de reconnaître le mât de pavillon de la mission. Il se dessinait sur l'horizon entre les arbres qui abritaient la demeure des missionnaires. A l'heure convenue, le signal attendu fut arboré. C'était la réponse affirmative. Aussitôt le chef d'état-major, accompagné de l'officier d'ordonnance et des officiers disponibles de l'état-major du *Phoque*, en tout cinq personnes, partirent en avant pour faire les préparatifs : ils emportaient l'uniforme de l'amiral et le pavillon demandé.

Une demi-heure après, le commandant en chef quitta le bord en tenue civile, accompagné de son aide de camp et de son secrétaire. L'aide de camp n'avait pas mis ses aiguillettes, et le secrétaire était vêtu en planteur colonial. Ils firent route en prenant une direction différente de celle de la première embarcation.

Pendant ce temps-là, le capitaine du *Phoque* se rendait à bord du navire anglais. Il avait reçu la mission d'aller faire une visite de politesse au capitaine du *Herald*. Il eut la bonne fortune de ne pas le rencontrer. Cet officier, plein de zèle pour ses travaux hydrographiques, s'était mis à l'ouvrage dès le matin. Son empressement devait avoir pour but de donner le change aux Français.

A son arrivée à la mission, vers onze heures, l'amiral trouva les préparatifs terminés. Il apprit du missionnaire négociateur les détails de l'entrevue qu'il venait d'avoir avec le roi de l'île des Pins. Le monarque canaque avait donné en règle son consentement et offert son royaume et ses sujets à la France, en don gratuit [1].

[1]. Non, Vendegou ou Zimi, comme l'appelaient les Anglais, n'avait pas porté la générosité jusque-là. Il préférait se livrer de préférence aux Français plutôt qu'aux Anglais, mais il aurait mieux aimé ne se donner ni aux uns ni aux autres. Il n'était ni chrétien ni disposé à le devenir, mais il avait un grand respect et une confiance absolue à l'égard du P. Goujon. L'amiral ne lui demandait pas du reste un sacrifice aussi complet. Il lui disait : « La France n'a pas besoin de l'île des Pins ; mais ayant pris la Nouvelle-Calédonie, elle ne peut vouloir que les Anglais s'établissent en maîtres chez vous. A l'ombre du drapeau français, qui vous protégera, vous serez toujours chef à l'île des Pins. » Puis il lui promettait une pension annuelle. Malheureusement pour le monarque canaque, cette promesse ne fut pas écrite ; mais elle n'en fut pas moins reconnue, comme il résulte de la pièce suivante, insérée au Bulletin officiel de la colonie, n° 4 : « Une solde sera payée au chef de l'île des Pins, en tant qu'il observera les conditions du traité souscrit le 29 septembre 1853. Le chef de l'île des Pins ayant réclamé une solde du gouvernement français, nous certifions que l'amiral Fébvrier des Pointes lui a promis, en notre présence, la solde provisoire de 125 francs par mois, à dater de la signature du traité qu'il a consenti le 29 septembre 1853, laquelle solde pourrait être augmentée par la suite, mais jamais diminuée, tant que le chef observera les conditions dudit traité.

« En foi de quoi nous avons cru devoir lui délivrer la présente attestation, qu'il a demandée pour lui servir auprès du commandant des forces françaises en Nouvelle-Calédonie. Fait double à l'île des Pins, ce 18 janvier 1854. Signé : GOUJON, missionnaire apostolique ; CHAPUY, prêtre missionnaire. — Le capitaine du *Phoque*, signé : E. DE BOVIS. »

L'amiral n'avait certainement pas voulu tromper ce Canaque, et on ne peut supposer que ce fût par calcul qu'il ne lui avait pas laissé de pièce écrite : il était pressé, il était malade ; puis vinrent les soucis multiples de l'établissement d'une colonie. La guerre de Crimée survint et fit oublier la Nouvelle-Calédonie et l'île des Pins. Le chef Vendegou fut longtemps sans toucher la pension qui lui avait été promise ; on la lui paya d'abord incomplètement. Ce fut longtemps après que le gouverneur Olry reconnut la dette, s'en chargea et paya les arrérages.

Les naturels ne furent pas si heureux que leur chef. On prit leurs terres

Alors, en présence des sept personnes qui composaient sa suite, en présence du personnel de la mission et de quelques naturels, l'amiral donna l'ordre de hisser le pavillon national en tête du mât de la mission. Les couleurs tricolores se déployèrent à la brise du matin. Et les paroles sacramentelles déjà formulées à Balade ayant été prononcées, le procès-verbal de la prise de possession de l'île des Pins, au nom de l'empereur et de la France, fut signé.

Le tour fut joué si adroitement, avec des précautions si bien combinées, que les traitants eux-mêmes n'eurent aucune connaissance du grand acte qui venait de s'accomplir à quelques centaines de mètres de leurs demeures.

En rade, les Anglais purent voir du *Herald* le pavillon français flottant au-dessus de la demeure des missionnaires; mais, comme le *Phoque* n'avait pris aucune part à la comédie si habilement jouée à terre, le commandant anglais, distrait par ses savants travaux, dut croire à une simple démonstration de joie, que les missionnaires se permettaient à propos de l'arrivée en rade d'un navire de leur nation. Un pareil événement était si rare !

Telle fut l'œuvre accomplie à l'île des Pins. Le mérite du succès obtenu revenait assurément aux officiers français, à l'habileté et au dévouement desquels la France

---

sans façon pour y établir les communards condamnés à la déportation simple. Ils protestèrent; on répondit aux Canaques qu'en faisant voter la loi sur la déportation, le ministère n'avait pas connaissance des promesses de l'amiral Fébvrier des Pointes, que c'était regrettable, mais qu'on était en face d'un fait accompli. Après l'amnistie on eût pu réparer l'injustice; on ne le fit pas. On continua à envahir. (Note du P. Montrouzier.)

UNE HALTE A L'OMBRE D'UN JEUNE COCOTIER
D'après une photographie communiquée par le R. P. Fraysse.

avait confié cette glorieuse mission ; mais le patriotisme des missionnaires les avait merveilleusement secondés, et les Pères de la Société de Marie ont, dans toute cette affaire, leur part de gloire. Le patriotisme n'inspira pas seul ces cœurs d'apôtres; ils voulaient confier à leur catholique patrie la protection des âmes des sauvages qu'ils étaient venus évangéliser.

L'amiral, qui désormais avait accompli la partie la plus difficile de sa tâche, rentra à bord pleinement satisfait; ce serviteur vaillant et dévoué trouva dans sa joie et dans son énergie une force de réaction qui empêcha la fatigue d'accabler son corps malade et affaibli.

Il n'avait plus désormais qu'à s'occuper de l'établissement de Balade. Dans ce but, il donna l'ordre d'appareiller dès le lendemain. Mais, avant de raconter son retour à la grande île, il faut rapporter par anticipation ce qui s'accomplit à l'île des Pins, après le départ du *Phoque*.

Deux jours s'écoulèrent, pendant lesquels le commandant du *Herald* termina l'hydrographie de la baie. Alors il envoya les traitants anglais vers le roi pour lui enjoindre de venir à son bord, avec menaces, s'il refusait d'obéir. Le monarque canaque trouva le mode de convocation un peu cavalier et passablement attentatoire à sa dignité. D'autre part, il savait bien pourquoi il était convoqué et ce que les Anglais voulaient, non pas lui demander, mais lui prendre. Aussi refusa-t-il de se rendre à cet arrogant appel. Mais il dut céder à la force et les Anglais l'entraînèrent à bord.

Il y fut reçu le plus gracieusement possible et avec les

honneurs dus à la majesté royale. Le commandant du *Herald* s'empressa de le conduire devant une grande table chargée d'objets riches et brillants et lui tint à peu près ce langage :

« Grand roi, tout cela est ta propriété, si tu le veux ; en retour, tu abandonneras ton île à l'Angleterre, qui se charge désormais d'assurer le bonheur des insulaires soumis à ton autorité. »

Les cadeaux étaient bien tentants et le discours du capitaine avait son éloquence. Mais le sauvage monarque avait donné sa parole, et, bien qu'il eût cédé gratuitement son île et son peuple au grand chef français, fidèle à ses engagements et sans regrets, il répondit avec dignité au représentant de l'Angleterre :

« C'est trop tard ! »

A cette déclaration inattendue, le capitaine du *Herald* comprit qu'il avait été joué par les Français, et il entra dans une violente colère. Il chassa le monarque canaque de sa présence et le fit débarquer aussitôt sans palans, ce qui veut dire, suivant la terminologie maritime, qu'il ordonna de le jeter à la mer par-dessus bord !

Pauvre roi ! Tout autre monarque eût été profondément blessé d'un procédé peut-être trop violent ; mais ce sauvage philosophe, tout heureux de n'avoir plus rien de commun avec les Anglais, si peu respectueux envers sa majesté, prit bravement son parti. Revenu à la surface de l'eau, il se mit à tirer la brasse et, méprisant l'adversité, les hommes et les requins, il nagea majestueusement vers la plage la plus rapprochée. Il rentra gravement dans sa capitale, rafraîchi de corps et plus résolu que jamais à rester fidèle à la parole qu'il avait donnée à la France.

Quant au commandant de la corvette anglaise, après avoir proféré de terribles menaces contre les Français en général et contre le roi de l'île des Pins en particulier, il comprit qu'il n'avait qu'à reconnaître le fait accompli. Il partit honteux et confus pour Sydney, contraint d'avouer son peu de clairvoyance.

Il dut raconter à son chef de division, le commodore de la station navale anglaise de l'Australie, comment un petit aviso français, qui ne payait pas de mine, avait su, par son habileté, rendre infructueuse la mission confiée au *Herald*.

Vue de Puemboute (Nouvelle-Calédonie).
D'après une photographie communiquée par un officier de marine.

Une église des missions calédoniennes à Uvéa (Loyalty).
D'après une photographie communiquée par le R. P. Fraysse.

CHAPITRE XX

Partage fraternel avec les Anglais. — La correspondance des Anglais à la mer. — En route pour la Nouvelle-Zélande! — Course au travers des récifs. — Retour triomphant à Balade. — Point de *Constantine!* — Projet de construction. — La caisse d'outils de Papeïti. — Les ouvriers improvisés. — Le massacre des niaoulis. — Affolement des Canaques.

'AMIRAL Fébvrier des Pointes, impatient de savoir si la *Constantine* était arrivée à Balade, pendant l'absence du *Phoque*, résolut de partir dès le lendemain du jour glorieux où il avait pris possession de l'île des Pins, sous les yeux des Anglais. Il voulait aussi commencer au plus vite les travaux de construction.

Avant de lever l'ancre, il eut un moment la pensée d'aviser par écrit le capitaine du *Herald* de l'acte qu'il venait d'accomplir au nom de la France; il aurait en même temps arboré son pavillon de commandement, au lieu et place de la simple flamme qui flottait au grand mât du *Phoque*. Cette façon d'agir lui paraissait plus loyale, et par là même, plus françaLise.

Mais son entourage le supplia de n'en rien faire. Son conseil fut unanime à déclarer que ce serait une imprudence. Qu'arriverait-il, en effet, si le capitaine du *Herald* suscitait des difficultés ? L'Anglais, furieux, était capable de se montrer impertinent, même menaçant, et, comme l'amiral ne disposait pas de forces sérieuses, il pouvait se trouver dans l'impossibilité de défendre son honneur. Comme il avait tenu jusqu'alors son grade caché, le commandant du *Herald* s'obstinerait peut-être à ne pas vouloir le reconnaître, ce qui entraînerait de graves complications au point de vue diplomatique. Ne fallait-il pas éviter un conflit possible ?

L'avis de l'état-major fut qu'on devait partir immédiatement, sans rien dire ni écrire, et aller attendre à Baladè les événements. Si les Anglais récriminaient contre le fait accompli, il serait toujours temps pour l'amiral de déployer son pavillon.

Il répugnait au brave et loyal marin de se ranger à ce parti. Il en reconnaissait toutefois la sagesse et il se rendit à la nécessité.

Une circonstance assez originale obligea le *Phoque* de communiquer au dernier moment avec le *Herald*. Lors de sa visite du matin, en l'absence du commandant anglais, le capitaine du *Phoque* avait été reçu à bord de la corvette par l'officier en second, qui offrit de vendre aux

Français une part de viande fraîche. Ayant abattu des bœufs en plus grande quantité que ne le demandait la consommation, les Anglais se voyaient dans l'impossibilité de conserver toutes ces provisions. Le capitaine du *Phoque* avait cru devoir les accepter.

Bien que ces procédés de confraternité maritime soient très fréquents entre navires de différentes nations et qu'en réalité ce fût une pure transaction commerciale, dans les circonstances où l'on se trouvait, il déplaisait à l'amiral de traiter avec ses rivaux. Il regretta la promesse faite ; mais on ne pouvait revenir sur la parole donnée. On prit donc la viande, on la paya, elle fut mangée avec le plus grand plaisir par nos matelots, et les officiers du *Phoque* rirent de bon cœur de l'aventure.

Tout eût été pour le mieux, si les Anglais, toujours persuadés que notre navire était en tournée protectrice des missions catholiques, n'avaient pas demandé naïvement au capitaine du *Phoque* de se charger d'un sac de lettres pour la Nouvelle-Zélande. Il fallut s'exécuter. Pauvres lettres, victimes de la politique ! Elles n'arrivèrent jamais à destination, car elles furent jetées à la mer.

Vers le soir, après une baisse rapide du baromètre, le ciel se couvrit, dans le sud-sud-est, de nuages de lugubre apparence. Le temps devint mauvais presque subitement, et tourna à la bourrasque. La mer se fit grosse. La sortie au travers des coraux devenait dangereuse. Comme la grande passe du sud n'avait pas encore été reconnue, le *Phoque* dut attendre la fin de cette bouffée. Il ne put appareiller que le lendemain, 1er octobre, vers trois heures du soir.

Il prit une nouvelle route, en contournant les grands bancs du sud de l'île, et dissimula sa véritable marche ; car c'était la direction à prendre pour gagner la Nouvelle-Zélande. L'amiral remplissait ainsi un double but : il voulait, tout en jouant de nouveau les Anglais, reconnaître la passe au travers des grands bancs. Il constata qu'elle était large et très praticable. Les lames s'étendaient larges et profondes, à cause du mauvais temps ; mais en temps ordinaire, les alisés du sud-est devaient la rendre très maritime.

La marche du *Phoque* debout à la grosse mer, tout d'abord, fut lente et pénible. Le navire ne commença à contourner les bancs qu'à la tombée de la nuit, au moment où, hors de vue de la baie, il échappait aux regards des Anglais. Lorsque l'obscurité fut complète, le commandant ordonna de mettre le cap au nord. Alors le vapeur naviga en mer libre, en remontant vers Balade. Les vents étaient favorables : le capitaine les utilisa pour économiser le charbon.

Poussé par la lame qui secondait son allure, l'amiral espérait arriver à Balade le lendemain, avant le coucher du soleil ; mais après avoir navigué la nuit entière à toute vitesse, le bateau cessa d'être porté par le vent qui faiblit au matin, et lorsqu'on fut tout près des récifs de ceinture de la grande terre, il fallut encore modérer la marche.

A l'heure de la hauteur méridienne, force fut de reconnaître que l'on n'arriverait pas le soir à Balade. L'amiral donna l'ordre de chercher un mouillage près de la côte.

Le *Phoque* passa à l'intérieur des grands récifs, et grâce à une journée claire et à la hardiesse du capitaine, il put avant la nuit se rendre dans la baie de Yenguène[1].

La capitaine s'était tenu, depuis une heure de l'après-midi, jusqu'à six heures du soir, dans la mâture; de là, il faisait gouverner, pour éviter toute fâcheuse rencontre. Il montra un coup d'œil surprenant, d'une précision telle qu'à la seule vue des nuances de la mer, il appréciait la quantité d'eau qui couvrait les bancs, sans que les vérifications de la sonde vinssent jamais lui donner des démentis. Le *Phoque* mouilla en dedans des deux rochers amers qui figurent les tours de Notre-Dame de Paris.

L'ordre d'appareillage fut donné pour le lendemain au jour fait, et le *Phoque* rentra au chef-lieu provisoire de la nouvelle colonie française. Il avait été absent pendant sept jours.

Le vieux commandant, débarrassé du souci que lui avait causé la présence des Anglais, revenait triomphant. On le comprit à la mission, en voyant le *Phoque* porter fièrement le pavillon amiral.

Dès que l'ancre fut mouillée, le commandant en chef envoya chercher le détachement laissé à la garde du drapeau français. Les couleurs nationales flottaient gaiement au-dessus de la demeure des missionnaires. Il n'était donc rien arrivé de fâcheux depuis le départ du navire. Bientôt le personnel du poste montait à bord. Il n'avait pas eu à faire usage de ses armes, et son chef rendit

---

1. D'après le récit fait à ses parents par le comte de Marcé, le retour du *Phoque* ne fut pas si rapide. Il visita Nakele, Kanala et Kuana.

compte à l'amiral de la parfaite sécurité dont la mission n'avait cessé de jouir pendant ces premières heures d'occupation. Il annonça la visite du P. Montrouzier.

Ce beau jour avait cependant un nuage, et la joie ne pouvait être complète. La *Constantine* n'était pas en rade, elle n'avait point paru. C'était inexplicable. D'après les instructions ministérielles, il y avait neuf mois qu'elle était partie de Rochefort !

L'amiral prit bravement son parti de l'isolement auquel il était condamné. La tâche serait plus pénible, mais plus glorieuse. « Le plus délicat est accompli, dit-il à son chef d'état-major, puisque la Nouvelle-Calédonie est acquise à la France, sans que le gouvernement ait lieu de craindre aucune complication diplomatique ; reste maintenant à tirer le meilleur profit possible des circonstances précaires où nous nous trouvons. Vous surtout, vous aurez besoin d'énergie et de courage, car je vous charge des travaux de l'établissement. »

Pour commencer, il fallait obtenir un terrain qui devînt et restât la propriété de l'État. Les Pères avaient été chargés de négocier avec les Canaques cette affaire délicate : l'amiral apprit avec une vive satisfaction qu'ils avaient pleinement réussi. La plaine où les Français voulaient fonder leur établissement leur était cédée, ils pouvaient en disposer à leur guise [1].

---

[1] Les chefs vinrent à bord, et l'on convint du prix de leur terrain, qu'on acheta, par l'intervention des missionnaires, au moyen de quelques morceaux d'étoffe, de haches et de ciseaux. Lorsqu'on eut dressé le procès-verbal du marché, l'amiral se rendit à terre.

(Correspondance inédite de M. de Marcé.)

Le commandant en examina le croquis, dessiné par son aide de camp, et il ordonna d'élever un blockhaus sur le plateau qui dominait la plaine, de construire en contre-bas un logement pour un personnel d'au moins cent hommes, et un magasin pour abriter le matériel, les vivres et les munitions. Le tout devait être complété par un grand hangar situé près de la plage, afin de couvrir le parc à charbon.

Ces projets arrêtés, l'emplacement de chaque construction bien déterminé, le chef d'état-major de l'amiral fut chargé officiellement de la direction supérieure des travaux. Les plans détaillés devaient être revisés avant la première exécution. Le vieux garde du génie, embarqué à Taïti, fut mis à la disposition de cet officier avec toutes les ressources que pouvait offrir le *Phoque*.

L'amiral, impatient de voir commencer cette grande entreprise, demanda qu'on donnât le premier coup de hache dès le lendemain, au plus tard dans l'après-midi. En même temps, il voulut que le capitaine du *Phoque* s'occupât de l'étude hydrographique de la baie de Balade et des diverses passes, étudiant les moyens de franchir les coraux de ceinture et déterminant le chenal à suivre, au nord et au sud, le long des côtes.

Pour se mettre au plus vite à la besogne, on ouvrit la caisse d'outils embarquée à Papeïti. Mais, quelle déception ! elle ne contenait à peu près rien de ce qui était nécessaire pour exécuter le plan projeté : ce qu'on y trouva n'était même pas en bon état de service[1]. Il fallut faire

---

1. Ce ne fut pas la seule déception. L'amiral n'avait rien apporté de ce

confectionner à bord par les mécaniciens l'outillage indispensable. Ils exécutèrent des truelles de maçon, des marteaux pour les tailleurs de pierre, une grande scie pour fabriquer des planches. Le peu d'instruments trouvés dans la caisse fut mis en état. Il y avait heureusement quelques haches de charpentier, qui, une fois affilées, permirent de commencer l'ouvrage. Le zèle et l'habileté du maître mécanicien avaient procuré en quarante-huit heures ce qui était de première nécessité, et le dévouement des matelots fit le reste.

La plaine était très boisée. De gros arbres peu élevés, mais touffus, la couvraient en partie. Il fallait la dégarnir suivant son axe, en remontant de la plage jusqu'au plateau, mettre sept à huit cents mètres de terrain bien en vue du *Phoque*, enfin éclaircir les alentours du plateau le plus possible, afin que les travailleurs pussent accomplir leur besogne en parfaite sécurité.

Le petit nombre de haches dont on disposait et l'inhabileté des nouveaux bûcherons demanderaient de nombreuses et de longues journées d'un travail opiniâtre. Mais ne devait-on pas compter sur l'aide et les ressources attendues. La *Constantine* ne pouvait tarder bien longtemps. Un quartier-maître et un matelot charpentier dirigeraient l'entreprise. Ils savaient manier la hache avec dextérité : quant aux simples matelots, ils auraient pour eux leur aptitude instinctive à tout ce qui est destruction.

qu'il fallait pour faire des échanges avec les naturels, les récompenser, gagner les chefs. Il n'avait ni tabac, ni pipes, ni haches, ni étoffes. La mission mit à la disposition de l'amiral le peu qu'elle avait.

(Note du P. Montrouzier.)

Si l'on pouvait éviter qu'ils se coupassent pieds ou jambes, leur entrain donnerait encore quelque bon résultat.

Dans l'après-midi, le directeur improvisé des travaux se rendit à terre avec le garde du génie et les deux charpentiers du bord. Ils réglèrent l'ordre à suivre, marquèrent les arbres à abattre, et prirent les mesures pour dresser le plan des constructions. Après leur retour, l'équipage fut soumis à une inspection. Les matelots qui semblèrent avoir quelque aptitude pour le métier de charpentier, de maçon, de tailleur de pierre, de tuilier ou de chaufournier, furent embauchés. A vrai dire, sauf deux ou trois anciens ouvriers qui avaient exercé l'un ou l'autre de ces métiers avant leur entrée au service, le chef d'état-major ne trouva que des hommes animés de la meilleure volonté, mais ignorant complètement la pratique de ces différents arts. Il prit au petit bonheur, dans le tas, et l'événement prouva que l'on peut tout oser avec des matelots français.

Pour les premiers jours, il n'était besoin que de haches et de bras vigoureux, capables de saccager la plaine en abattant les arbres. On se mettrait à la besogne dès le lendemain. Vingt-cinq hommes, commandés par un enseigne de vaisseau, se rendraient à terre tous les matins, à six heures, pour retourner à bord, le soir, à la même heure. Il y aurait sur le terrain un repos, de onze heures et demie à deux heures, pour le dîner. Les travaux ne seraient interrompus que le dimanche et les jours fériés. En outre une embarcation, avec armes et munitions, resterait en permanence près de la plage, à l'entrée de la plaine. Six hommes et un second maître avec fusils chargés auraient pour mission de veiller à la sûreté des ouvriers et se tiendraient près du plateau, dont un factionnaire garderait le sommet. Ces ordres libellés furent communiqués au capitaine du *Phoque*, et tout fut disposé en conséquence.

Le plan de construction, soumis et approuvé par l'amiral, portait que le blockhaus comprendrait un rez-de-chaussée, bâti en pierres, et un grenier à mâchicoulis en bois et en briques, recouvert de tuiles, pouvant abriter vingt-cinq hommes avec vivres et munitions pour deux mois. Le tout serait entouré d'une plate-forme, avec parapet concentrique en pierres, assez haute pour protéger les défenseurs, et suffisamment large pour permettre tout autour la manœuvre d'un obusier de montagne ou d'un canon de 16 centimètres.

Plus loin, la caserne aurait un rez-de-chaussée de pierre; elle formerait un parallélogramme allongé, placé perpendiculairement à l'axe transversal du blockhaus, et pourrait recevoir cent hommes et deux officiers; elle serait munie d'ouvertures et de meurtrières sur les deux grandes faces et sur celles qui étaient en regard de la mer. Enfin, le magasin, tout en pierre, pouvant contenir six mois de vivres et de munitions diverses pour cent cinquante hommes, placé entre le blockhaus et la caserne, serait en communication avec ces deux constructions.

Le 1er octobre, à cinq heures et demie du matin, la petite cohorte de travailleurs quitta joyeusement le bord avec un entrain admirable, et, moins de deux heures après, toutes les haches disponibles attaquaient l'ennemi. Mais la bonne volonté n'avait pas compté avec la fatigue, et les hommes furent obligés de se remplacer fréquemment.

UN INDIGÈNE DE LA NOUVELLE-CALÉDONIE
D'après une photographie de M. Allan Hughan.

Les arbres offraient une résistance à laquelle on ne s'attendait pas. Le bois des niaoulis est en effet très dur, et il faut de nombreux coups de hache pour l'entamer. Le chef de l'entreprise constata, dès les premières heures, que la besogne n'irait pas vite; les navires annoncés auraient le temps d'arriver avant qu'il fût possible de tenter la construction du blockhaus.

En attendant, il se réjouit d'une trouvaille qu'il venait de faire sur les indications du P. Montrouzier. A une centaine de mètres du plateau, on pouvait extraire de la terre glaise excellente pour la fabrication de tuiles et de briques. En même temps, le vieux garde du génie reconnaissait sur la plage d'immenses tas de coquilles blanches et sèches, avec lesquelles il savait qu'on pourrait faire une espèce de chaux. Mêlées au sable et à la terre glaise, elles constitueraient d'excellent mortier. On avait donc les éléments essentiels pour exécuter plus tard les constructions projetées.

Lorsque le directeur des travaux retourna à bord, vers neuf heures du matin, il n'y avait pas encore un seul niaouli étendu à terre; deux ou trois seulement gémissaient, tout en résistant. Ils n'allaient pas tarder à tomber sur le sol, à la grande joie de leurs bourreaux inhabiles, qui les déchiraient cruellement avant de leur donner le coup de mort. Ils cédèrent enfin et presque en même temps, non sans un grand fracas. Les matelots ne purent retenir leur enthousiasme, et ils l'exprimaient par des cris de triomphe tellement bruyants, qu'on aurait dit qu'ils voulaient associer la patrie à leurs premiers exploits.

Mais les Nouveaux-Calédoniens, accourus en grand nombre pour savoir ce que les sauvages blancs allaient faire de la chevelure de leur île, ne saisirent pas la signification de ces hurlements. Ils les prirent pour des cris de guerre, car ils n'en poussent jamais d'autres, et ils s'enfuirent vers leurs villages, visiblement effrayés. Ils annoncèrent aux autres le danger qui menaçait la tribu.

La méprise fut de courte durée. L'officier de service ayant remarqué l'affolement des Canaques, défendit ces manifestations bruyantes. Les naturels, n'ayant pas été poursuivis, reprirent confiance et reparurent à l'heure du repas. D'abord un peu méfiants, ils se tinrent prudemment à distance, mais ils se remirent progressivement et, dès le lendemain, ils continuèrent à être les spectateurs assidus et pacifiques des travaux gigantesques des Français. Ils finirent par devenir familiers et, au bout de quatre ou cinq jours, ils laissèrent voir qu'ils accepteraient très volontiers des biscuits, si on leur en offrait. Après une semaine de contact, on pouvait les croire même sympathiques à leurs hôtes : ils semblaient oublier leurs instincts de cannibales.

Orphelinat de garçons et métisat à Yohové (Nouvelle-Calédonie).
D'après une photographie du R. P. Fraysse.

Paysage de la Conception (Nouvelle-Calédonie).
D'après une photographie communiquée par le R. P. Fraysse.

Une exploitation de kaoris en Nouvelle-Calédonie.
D'après une photographie communiquée par le docteur François.

CHAPITRE XXI

Un bâtiment à voiles en vue. — Couleurs américaines. — Guet-apens de Canaques. — Le *John-H.-Millay*. — Un Yankee. — Conventions de ravitaillement. — En route pour Sydney. — Une troupe de Fidjiens. — Le *tabou*. — La famine.

ES travaux se poursuivaient avec la même ardeur, lorsque dans la matinée du 10 octobre apparut tout à coup, au nord-est, un bâtiment à voiles. Ce navire avait l'air d'être d'un fort tonnage et faisait route vers la Nouvelle-Calédonie. Le matelot en vigie permanente dans la mâture cria : « La *Constantine* en vue ! » Aussitôt une joie indescriptible se manifesta à bord. C'était le salut ! La solitude du *Phoque* allait cesser ; on n'avait plus à redouter l'abandon qui avait fait naître des appréhensions cruelles.

La brise du sud-est étant fraîche et favorable, le navire, qui gouvernait à peu près au sud-ouest et semblait se diriger vers Pouébo ou Yenguène, se rapprocha rapidement. A la longue-vue, les officiers distinguèrent les nuances du pavillon. Hélas! l'illusion se dissipa : ce n'était pas la *Constantine*. On reconnut un navire de commerce. Il changeait de route pour se diriger vers Balade. Une heure après, un trois-mâts américain mouillait près du *Phoque* et envoyait sa baleinière saluer le navire français.

Le capitaine yankee, qui était à la barre, accosta et demanda à parler au commandant du steamer de guerre. Le chef d'état-major, accompagné du capitaine du *Phoque* comme interprète, alla chercher l'Américain pour le présenter à l'amiral. Le nouveau venu fit le récit suivant :

« Je suis dans ces parages depuis peu de temps, avec le but de faire la pêche des tripans. J'ai à mon bord pour m'aider vingt naturels des îles Fidji. Avant-hier je suis descendu à terre, sur une des petites îles du nord, en vue de tenter des observations astronomiques, afin de régler mon chronomètre. Nous avons été surpris par des Canaques embusqués, qui voulaient nous massacrer. A peine avons-nous eu le temps de sauter dans notre canot et de pousser au large au milieu d'une grêle de pierres, lancées avec des frondes. J'ai dû abandonner à terre un sextant, un chronomètre compteur, une longue-vue et un horizon artificiel. Nous n'avons pas osé aller à la recherche des objets perdus. Alors je me suis décidé à aborder à Pouébo, où je savais que je trouverais des missionnaires catholiques. Je venais pour leur demander assistance auprès des Canaques qui nous ont volés.

« Mais, ayant aperçu un navire à vapeur français, que je jugeais devoir être un bâtiment de guerre au mouillage de Balade, j'ai fait route pour le rejoindre. Je prie le commandant français de m'aider à retrouver les instruments que j'ai perdus. Mon navire s'appelle le *John-H.-Millay*. »

Bien que le pavillon amiral fût arboré sur le *Phoque*, le capitaine du *John-H.-Millay* n'avait pas l'air de se croire en présence d'un officier général. D'ailleurs, ajoutent nos Mémoires, « les Américains ne sauraient jamais mettre en doute leur importance : ils s'imaginent qu'ils n'ont qu'à parler pour que le monde entier s'incline devant eux ». Ce capitaine était un vrai « frère Jonathan », et son étonnement le prouva, quand on lui traduisit la réponse du commandant français.

Elle lui faisait savoir qu'il était devant un amiral, lequel venait de prendre possession, au nom de la France, de la Nouvelle-Calédonie et de l'île des Pins. Ayant déjà commencé des travaux d'établissement à terre, le commandant en chef ne pouvait les abandonner pour aller chercher des instruments astronomiques, que probablement il ne retrouverait pas. De plus, ces réclamations pourraient avoir des conséquences très graves, peu en rapport avec le dommage causé. « Assurément, ajoutait l'amiral, je suis disposé à faire respecter les intérêts des étrangers sur un sol devenu français, mais autant que cela est possible et à condition que les intérêts lésés en vaillent la peine. Ce n'est pas le cas. Je regrette donc de ne pouvoir accueillir la demande qui m'est adressée. »

L'Américain, dont la physionomie avait d'abord exprimé un grand étonnement en voyant un commandant français, à cheveux blancs et à visage de vieillard, monter une si mesquine barque de guerre, prit un air indigné et même méprisant, quand il entendit la réponse de l'amiral. Cependant ses traits presque menaçants se transformèrent graduellement, lorsque son interlocuteur fit ajouter :

« Je ne demande pas mieux que de vous aider à réparer cette perte : elle peut être compensée au quintuple, et même au delà, si vous voulez ou si vous pouvez laisser affréter votre navire pour Sydney, en partant au plus tard dans quarante-huit heures. Il s'agit d'y prendre un plein chargement; vous débarquerez tout votre matériel de pêche à Balade et le placerez sous la protection de la France. »

Cette proposition inattendue et des plus séduisantes pour un marchand, eut comme effet de colorer la face de l'Américain et d'amener sur ses lèvres un sourire presque gracieux, indice de joie. Soudain, regrettant de n'avoir pas su dissimuler sa première impression et laissant l'intérêt reprendre le dessus, il recomposa son visage, et, feignant l'insouciance, répondit froidement : « Je suis à peu près sur lest; j'ai à peine quelques barils de tripans. Je consentirai peut-être à un affrétement, même avec l'obligation de partir tout de suite; mais j'ai un associé à bord, il faut que je le consulte. Nous réfléchirons avant de faire connaître notre réponse. »

Il voulait arrêter avec son complice les conditions qu'il poserait, et profiter de l'aventure pour puiser largement dans la bourse des Français. Il demanda jusqu'au soir pour faire connaître sa décision. Mais, tout malin qu'il était, l'Américain avait été dévisagé. Ses interlocuteurs virent son jeu et, après quelques mots échangés en français avec ses officiers, l'amiral reprit sur un ton qui affectait l'indifférence : « Je vous accorde volontiers jusqu'à la nuit; mais c'est à prendre ou à laisser. Passé six heures, je refuse d'entendre votre réponse. Je ferai alors moi-même ce que je vous propose. »

Le capitaine du *John-H.-Millay* retourna à son bord, se demandant peut-être si les Français étaient ou non enchantés de l'occasion qui s'offrait à eux de ravitailler l'expédition. Il dut croire qu'on avait parlé sincèrement. En l'accompagnant jusqu'à sa baleinière, le capitaine du *Phoque* et le chef d'état-major s'assurèrent de nouveau que le Yankee accepterait la proposition. On n'aurait à redouter que des conditions draconiennes.

Après en avoir conféré avec l'amiral, tous furent d'avis qu'il n'y aurait pas lieu de rompre le marché si l'Américain se contentait d'exploiter la situation. L'arrivée de ce navire était une bonne fortune inespérée. Il venait à point nommé pour remédier à l'absence de la *Constantine* et suppléer au manque absolu de ressources indispensables pour le complément de la prise de possession.

Ses services étaient d'autant plus précieux que, si les deux corvettes à vapeur attendues, le *Prony* et le *Catinat*, étaient fidèles au rendez-vous, elles ne pourraient être que d'un faible secours en matériel, en vivres et en charbon. Il fallait la *Constantine;* mais il était probable qu'un cas de force majeure la retenait. Le capitaine, qui la commandait « après Dieu », était un excellent officier : ce qui donnait le droit de juger au pire et d'agir en conséquence. Son navire à voiles ne devait-il pas passer à travers les coraux? La navigation était des plus difficiles pour un voilier engagé dans ces mers parsemées d'écueils. La *Seine* avait fait naufrage peu d'années auparavant, dans les mêmes conditions. On devait donc profiter à tout prix d'une occasion qui peut-être ne se représenterait plus.

Le capitaine du *John-H.-Millay* n'attendit pas jusqu'à la dernière limite fixée par l'ultimatum de l'amiral. Il apporta sa réponse dans l'après-midi. Ses conditions furent acceptées sans difficulté. Elles n'étaient pas trop exagérées, et séance tenante l'amiral régla l'affaire.

On stipula que le *John-H.-Millay* recevrait à bord deux officiers français, comme délégués de l'amiral. Le navire partirait le 12 octobre, au matin, et reviendrait à Balade ou en tout autre lieu où mouillerait le *Phoque,* au plus vite, sous peine d'une réduction de prix de fret, à moins de force majeure. A Sydney, le capitaine se mettrait à l'entière disposition du consul de France pour le chargement. Il s'entendrait avec les délégués pour l'ordre de l'arrimage à bord.

Les points principaux étant réglés, le capitaine du *John-H.-Millay* songea à se débarrasser des Fidjiens embarqués à son bord. Il ne les avait enrôlés que pour la pêche des tripans et avait défense de les exporter hors des archipels Salomon, de Nouvelle-Calédonie et des Mariannes. Il demanda à les laisser à terre avec un matériel assez encombrant, destiné aux besoins de son industrie : il les confierait à la protection de la France. Toute latitude lui fut accordée. Mais quand les Fidjiens furent avisés de la décision, la perspective de vivre dans le voisinage des Canaques, dont ils connaissaient les goûts anthropophagiques, leur fit pousser des cris de désespoir. La réputation de leurs futurs hôtes était si bien établie dans toute la Polynésie que, malgré l'assurance qu'on leur donnait de la protection des blancs, ils se refusèrent à écouter les beaux raisonnements ayant pour but de leur démontrer que les Nouveaux-Calédoniens étaient des hommes doux et charitables, abominablement calomniés.

Cependant, comme ils ne pouvaient pas s'en retourner chez eux à la nage, le capitaine leur ayant déclaré qu'il ne les garderait pas à son bord, sinon dans les conditions du marché passé avec leur roi, ils finirent par se soumettre, en tremblant et en versant d'abondantes larmes. Lorsqu'ils se virent à terre dans un abri barricadé, à portée de la plage et à l'entrée de la plaine, surtout lorsqu'ils constatèrent qu'on les avait bien approvisionnés en vivres, ils commencèrent à se rassurer, et, se sentant sous les yeux des blancs prêts à leur porter secours, ils parurent presque satisfaits.

D'ailleurs, qu'avaient-ils à craindre, le jour? Ils étaient sur notre terrain et près du lieu où travaillaient les matelots français. — Et la nuit? Ils savaient que tous leurs pareils de la Polynésie, par crainte des esprits nocturnes, ne sortent jamais de leurs cases lorsque les ténèbres recouvrent la terre. Ils ne pouvaient redouter quelque surprise que le matin, au petit jour. Mais, en un tour de main, ils avaient élevé une forte palissade et organisé entre eux un service de surveillance. Si la palissade était forcée, ils avaient la ressource de se jeter à la mer et de se sauver à la nage. Au pis aller, s'ils étaient massacrés, tout au moins les blancs ne se permettraient-ils pas de les manger. Tout était donc pour le mieux.

Les Fidjiens appartiennent à la plus belle des races polynésiennes. Ils sont grands, bien taillés. Leurs traits ne rappellent en rien le type nègre. Leur physionomie est agréable, plus encore que celle des Taïtiens. Au témoignage de nos Mémoires, ceux qu'on venait de débarquer étaient infiniment supérieurs en beauté aux matelots du *Phoque*. Leur chevelure longue et crépue encadrait leur visage bronzé dans une auréole noire, débordant sur le front et sur les deux joues. Ils avaient l'air intelligent ; l'expression de leurs yeux était douce et caressante. L'anthropophagie n'est plus dans leurs mœurs, et ces beaux Canaques, relativement civilisés, peuvent être employés à toute espèce de travaux, bien que naturellement ils soient d'une grande paresse.

Les petits et hideux Canaques calédoniens ne virent pas s'installer à terre ces beaux hommes, sans une arrière-pensée gastronomique. Mais le P. Montrouzier fut chargé de leur transmettre la défense la plus sévère de dépasser une ligne protectrice que l'on dessina en demi-cercle, en avant du lieu où campaient les victimes appétissantes.

Dans presque tous les archipels polynésiens, cette pratique est en usage : elle s'appelle le *tabou*. Quand le

MISE A SEC D'UN VAISSEAU SUR UN CHANTIER DE RÉPARATION
D'après une photographie communiquée par le R. P. Fraysse.

tabou est décrété sur des êtres vivants ou inanimés, ceux-ci sont sacrés, et toute violation est punie de mort. En Calédonie, elle n'était pas connue : l'amiral en fut l'introducteur et se chargea de la faire respecter.

Dans la journée du 11 octobre, les Américains, aidés par les canots du *Phoque*, opérèrent le débarquement du matériel. L'amiral commissionna son secrétaire et son officier d'ordonnance [1], pour être ses délégués près du consul de France à Sydney. Il régularisa la forme administrative des acquisitions à faire en Australie, ainsi que celle de l'affrétement du *John-H.-Millay*. Les deux officiers allèrent s'installer et coucher à bord, le soir.

Le 12, à la pointe du jour, le trois-mâts appareilla et, accompagné des vœux de ceux qui restaient, il fit route par la passe du nord à l'intérieur des grands bancs de ceinture. Une jolie brise favorisant sa marche, il contourna l'île et la doubla par la pointe nord-ouest; puis, une fois en mer libre, il se dirigea vers Sydney avec des vents traversiers et à toute vitesse.

Suivant les calculs faits par les officiers français, la charte-partie provisoire portait d'abord par approximation : le départ le 12 octobre, l'arrivée à Sydney du 18 au 22, le chargement du 22 octobre au 11 novembre, et le retour vers le 10 décembre. Mais le capitaine du *John-H.-Millay*, qui connaissait à merveille la navigation de ces parages, regarda les chiffres comme forcés. Il assura qu'en cette saison et avec son navire, qui était bon marcheur, il arriverait au port en six ou sept jours. Il ne pensait pas

---

1. M. Desperrier et M. Amet.

être arrêté par les difficultés de la route, bien qu'il eût à traverser d'innombrables bancs de coraux au nord de l'île. S'il pouvait arriver en mer libre dans la soirée du 12 octobre, la partie était gagnée. Une fois à Sydney, dix ou douze jours suffiraient pour le chargement. Tout dépendait alors du consul de France : il était à croire qu'il lui fournirait le moyen de faire promptement ses acquisitions, de transporter et d'arrimer à bord ses marchandises en peu de temps.

Par contre, le capitaine déclara que le retour devant s'effectuer à la fin de la saison sèche et au commencement de l'hivernage tropical du Capricorne, trente jours n'étaient pas une moyenne suffisante : on devait compter un aléa d'au moins une quinzaine. Donc, tout en promettant de gagner dix jours sur l'aller et le séjour à Sydney, il ne pensait pas qu'il lui fût possible d'être à Balade avant le 15 décembre au minimum, et il demanda le 25 comme maximum.

« Du reste, ajouta-t-il, mes intérêts répondent de mon activité. Il faut que je me remette à pêcher les tripans le plus tôt possible, afin d'arriver en Chine avec un chargement complet pour l'époque des bonnes ventes. » L'argument du Yankee, basé sur son amour pour les dollars, persuada l'amiral. Les quinze jours supplémentaires lui furent accordés. Les faits prouvèrent plus tard qu'il avait vu juste et qu'il était un praticien expérimenté dans la navigation des mers océaniennes.

D'après ces calculs, on ne pouvait compter sur les approvisionnements apportés par le *John-H.-Millay* que pour le milieu de décembre. Or, il n'y avait de vivres que jusqu'au 1er décembre, en supposant même que tout ce qui était à bord du *Phoque* fût mangeable. C'était la famine en perspective ! La *Constantine* redevenait pour le moment le seul espoir des Français, avec les deux corvettes à vapeur qui devaient, selon les ordres de l'amiral, avoir rempli leurs cales de vivres.

« Puisque nous étions abandonnés à nous-mêmes, disent nos Mémoires, il fallait aviser au nécessaire, se débrouiller le moins mal possible et travailler à l'œuvre de l'établissement, à la grâce de Dieu ! »

Maison Henri à Oubatch (Nouvelle-Calédonie).
D'après une photographie communiquée par un officier de marine.

L'église de Tomala (Nouvelle-Calédonie).
D'après une photographie communiquée par le R. P. Fraysse.

CHAPITRE XXII

La race admirable des marins. — Paresse et frayeur des Fidjiens. — Une tuilerie improvisée. — Visites à bord des Calédoniens. — Familiarité et voracité des sauvages. — Le grand chef Tiangoun conspire. — Un Canaque blondin. — Les vivres gâtés. — Pêche infructueuse. — Le P. Montrouzier garde-malade de l'amiral. — Commerce avec les Canaques. — Précautions prudentes. — La première pierre du blockhaus. — Le missionnaire sauve la vie à l'amiral. — Une garde armée à terre.

ES matelots continuaient le déboisement des abords du plateau. Après onze jours d'un travail acharné, les bûcherons constatèrent qu'un mois ne suffirait pas pour dégarnir la plaine. On ne pouvait si longtemps retarder le commencement des constructions. L'amiral était impatient. Il voulait voir le plateau se couronner sans retard d'un ouvrage qui fût la preuve matérielle de l'occupation française; il désirait aussi établir au plus tôt à terre un poste armé.

De concert avec son second, il décida que l'on se contenterait de dégarnir la hauteur à une distance de cinquante mètres et qu'immédiatement après on commencerait les bâtisses.

En conséquence, le directeur des travaux distribua, avec un sérieux parfait, à chaque homme sa besogne particulière, comme s'il se fût adresssé à des ouvriers de profession. Il savait par expérience que, lorsque les officiers donnent des ordres avec confiance, il ne vient même pas à la pensée des matelots qu'ils ne sauraient pas les exécuter : ils ne songent qu'à obéir et à bien faire. « En toutes circonstances, petites ou grandes, cette race à part est tout simplement admirable ! »

Évidemment, les bras manquaient pour une entreprise aussi compliquée. Le *Phoque* ne pouvait donner que quelques hommes de renfort ; il y avait déjà des malades, des travailleurs blessés par maladresse ou atteints d'insolation, d'autres aux prises avec les maux qu'engendre la mauvaise nourriture. On songea à utiliser les Fidjiens. Mais, soit qu'ils ne comprissent pas ce qu'on leur proposait, ce qui est peu admissible, soit qu'ils ne voulussent pas travailler, ce qui est plus vraisemblable, ils refusèrent de quitter leurs retranchements. Il fallut se résigner à marcher lentement et à mettre en ligne de compte de longs mois d'efforts.

On scinda le travail : en même temps que les cognées continuaient à fonctionner, les autres préparatifs furent commencés. Le vieux garde du génie reçut à son service les hommes honorés du titre de tuiliers et de chaufourniers. Malheureusement, le patron improvisé ne sut pas diriger la bonne volonté de ses ouvriers : il prouva, au bout de quelques jours, son incapacité par un échec complet.

Un sous-officier du *Phoque* s'offrit pour tenter de nouveau l'aventure. Il recueillit de vieux souvenirs de trente ans, qui remontaient à l'époque où il était dans sa douzième année. Il arriva à de meilleurs résultats. Après des tâtonnements nombreux, il confectionna des briques utilisables.

Mais on dut, pour le moment, renoncer à la chaux. Sa fabrication demandait qu'on recueillît sur la plage les débris épars de coquilles sèches et qu'on les broyât à grand'peine : pour ce travail les bras manquaient aussi bien que l'outillage. C'est à ramasser ces coquilles et à les mettre en poussière que le directeur des travaux voulait employer les Fidjiens. Ils ne purent se décider à sortir de leur campement : ils ne s'aventuraient en dehors que pour aller chercher de l'eau douce, à l'heure où les blancs, prenant leur repos, n'auraient eu qu'à les secourir en cas d'attaque. La peur les annihilait.

Quant au garde du génie, on le renvoya à bord avec cette recommandation peu flatteuse : « Homme à payer dix centimes au maximum pour son travail, et auquel il vaudrait mieux donner le triple pour qu'il ne fît rien. » Au reste, le malheureux tomba malade, peu après avoir donné la mesure de son insuffisance. On le relégua à la mission pour l'empêcher de mourir d'ennui à bord.

Les Nouveaux-Calédoniens se rapprochaient toujours

plus des travailleurs : ils s'aventuraient même en pirogue le long du navire. Quelques-uns poussèrent la hardiesse jusqu'à monter sur le pont. Mais il ne fallait pas songer à les embrigader pour le travail. Au contraire, la surveillance la plus active était plus nécessaire que jamais pour leur enlever toute tentation de vol et même d'actes plus graves. L'attitude des plus intelligents, après une vingtaine de jours, avait pris un caractère de familiarité tout amicale. Ils paraissaient surtout apprécier très fort le mauvais biscuit et les affreuses salaisons que les matelots commençaient à ne plus pouvoir manger. Ceux-ci les jetaient aux sauvages avec autant de générosité que de dégoût.

Cette avidité fit concevoir à quelques-uns l'espoir de les gagner au travail par l'appât des bons morceaux : on les aurait employés à transporter les pierres qui allaient être nécessaires prochainement, et qu'à défaut de brouettes on devait chercher sur des civières à une grande distance. Des démarches furent tentées dans ce sens auprès d'eux par le P. Montrouzier, mais elles furent inutiles. Le Père reconnut sans doute l'existence de quelque complot ; car non seulement il déclara qu'il fallait renoncer à ce projet, mais il conseilla de redoubler de prudence.

Il avait appris, en effet, que le chef Tiangoun, déjà signalé comme un homme dangereux, nous était manifestement hostile, et cherchait à entraîner dans ses ressentiments les chefs des villages voisins de la plaine. Lui-même s'était plusieurs fois approché des travailleurs en se dissimulant dans les bois, profitant de l'aube du matin et de la brune du soir.

En même temps, les naturels s'enhardissaient dans leurs rapports avec les matelots à terre, et leur nombre augmentait à bord. Ils commençaient à apporter des poissons et divers menus objets que l'équipage leur achetait.

Parmi ces visiteurs il y avait un Canaque que les matelots surnommèrent, dans leur langue pittoresque, « le Blondin », à cause de sa chevelure d'une nuance plus claire. Il était d'humeur facile, et, quand on faisait quelque manœuvre sur le pont, il donnait gaiement un coup de main, sans qu'on l'en priât. Bien qu'il ne fût pas chef, il avait de l'influence sur ses pareils. C'était le seul qui fît vraiment cause commune avec les blancs. Hélas! mal lui en prit. Il fut fusillé plus tard pour avoir cassé la tête à un matelot. Il ne reste comme consolation à ses premiers amis de France que d'admirer son crâne, exposé au musée calédonien, dans le palais de l'avenue des Champs-Élysées.

Les relations avec les naturels donnaient donc quelques inquiétudes; mais une difficulté bien plus grave se dressa tout à coup. Le capitaine du *Phoque* prévint, vers la fin du mois d'octobre, le chef d'état-major que les denrées alimentaires devenaient de plus en plus mauvaises. L'agent des vivres avait fait récemment cette triste découverte : les biscuits d'une des soutes étaient pleins de vers, des barils entiers de lard salé étaient gâtés et plusieurs pièces de vin ne contenaient plus que du vinaigre.

L'équipage commençait depuis quelques jours à expérimenter l'exactitude de cette triste révélation. Comme la situation s'aggravait sérieusement, le chef d'état-major crut ne pouvoir se dispenser d'en faire part à l'amiral. L'état sanitaire de l'équipage, qui était loin d'être bon, rendait cette communication de plus en plus urgente.

L'amiral, vrai père de famille, en fut très affecté. Il donna l'ordre de procéder à l'examen complet des vivres. Une commission fut nommée dans ce but. Pendant qu'elle accomplissait sa tâche, on pensa à remédier au mal en faisant donner des coups de seine. Le poisson frais pouvait suppléer en partie aux denrées gâtées et véreuses. Mais la pêche ne réussit pas. Le fond de la mer, parsemé de petits pâtés de coraux, ou trop vaseux, mit la seine en morceaux après la première tentative.

Toutefois, le projet ne fut pas abandonné. Les matelots avaient remarqué, le long de la côte, des quantités considérables de petits poissons, assez semblables aux sardines. Ils fabriquèrent de petits filets, avec les débris de la seine, et purent ainsi prendre à volonté de ce fretin. On le trouva bon. Le nouvel aliment reposa du bœuf salé, déjà atteint, et du lard, qui était devenu infect. Le fromage, le riz, le café et le sucre tiraient à leur fin, et les légumes défiaient les plus fortes cuissons : ils n'étaient plus bons qu'à servir de projectiles. On mangea du poisson frais. L'équipage ne se doutait pas alors du péril que cette nourriture allait lui faire courir et des malheurs qu'elle provoquerait bientôt.

Nouvelle calamité ! La faiblesse de l'amiral s'aggrava. Des hémorragies se déclarèrent coup sur coup. Le docteur conjura le danger, mais il était très inquiet. Après une crise plus forte, il prit à part le chef d'état-major, au moment où celui-ci rentrait à bord après une longue journée de travail, et lui dit confidentiellement : « L'amiral pourrait nous être enlevé subitement. Un épanchement cérébral est à craindre et l'emporterait en quelques heures. Comme le plus ancien de grade, il faut que vous preniez des dispositions, du vivant de l'amiral, pour parer à cette redoutable éventualité. Agissez avec prudence et ménagements, mais sans tarder. » Puis il ajouta : « Dans tous les cas, il faut que l'amiral quitte le bord et aille s'établir à la mission. Là il se trouvera dans les meilleures conditions hygiéniques. Un repos absolu de corps et d'esprit lui sera imposé, pendant qu'on le soumettra à un régime plus nutritif, en remplaçant les salaisons par des végétaux. »

Le chef d'état-major avait remarqué cette faiblesse croissante. L'énergie morale avait seule pu soutenir son vaillant chef pendant les derniers événements ; mais le courage même fléchissait, à mesure que le mal faisait des progrès. Il prit donc son parti.

L'amiral, qui s'était endormi d'un profond sommeil à la suite d'une opération de tamponnage, se réveilla très faible, mais moins souffrant que le chirurgien ne l'avait craint. Il parla de la mission, de sa situation très avantageuse : sujet de conversation qu'il affectionnait, parce qu'il réveillait en lui la joie qu'il avait éprouvée en donnant à la France une magnifique colonie. Le moment parut favorable pour aborder la question et lui proposer de s'établir à terre, dans la maison des missionnaires. A sa grande joie, le chef d'état-major obtint sans difficulté l'acquiescement de l'amiral. Le malade parut heureux de quitter sa petite chambre, où, malgré les précautions prises par tous, retentissaient, surtout pendant les manœuvres, tous les bruits du pont.

Le chef d'état-major se rendit sans tarder à la mission, et fit part au P. Montrouzier du projet. Le missionnaire accepta de grand cœur de loger l'amiral, son aide de camp et son domestique. Il mit toutes ses ressources à la disposition du malade et profita de l'occasion pour demander un matelot jardinier, assurant que son potager, qui n'était qu'un champ inculte, pourrait être d'un grand secours pour l'alimentation végétale, prescrite par le docteur. Il lui restait de vieilles graines de légumes. Grâce à la fertilité de ce terrain vierge, il avait la certitude de les voir lever promptement, pourvu que le sol fût remué. Il se chargeait de diriger l'opération.

La maison de la mission était grande, parfaitement tenue, très aérée. En complétant par quelques meubles, apportés du bord, le mobilier des chambres, l'installation de l'amiral serait suffisamment confortable. Quant aux soins réclamés par l'état maladif de son hôte, le P. Montrouzier se les réservait, et c'était tout dire.

Le lendemain, le chirurgien jugea que son malade pouvait supporter sans inconvénient la fatigue du déplacement. Vers dix heures du matin, l'amiral, en compagnie du docteur et de son aide de camp, se rendit à la mission, où il prit son quartier général.

SITE PITTORESQUE DIT « LE TROU DE MME PALUD », BAIE DU SUD (NOUVELLE-CALÉDONIE)
D'après une photographie du docteur François.

Un service télégraphique de jour et de nuit, par pavillons et fanaux, fut installé entre la résidence et le *Phoque*. Il fut convenu que le chirurgien verrait son malade quotidiennement, et que le chef d'état-major irait chaque soir rendre compte à l'amiral des faits du jour et prendre ses ordres.

La baleinière du commandant en chef resta à la mission. Les marins qui la montaient furent casés, et le P. Montrouzier mit à leur disposition ses ustensiles de cuisine. Ils purent faire eux-mêmes leur « popote ». On créa un jardinier : assisté d'un Taïtien du bord, il ne tarda pas à faire sortir de terre, comme par enchantement, des légumes d'excellente qualité. En quelques jours les forces revinrent à l'amiral, jusqu'à lui permettre de petites promenades autour de sa villa. L'appétit reprit ses droits, et, grâce au régime suivi avec fidélité, on put espérer un rétablissement complet.

Le déplacement de l'amiral était d'autant plus urgent qu'il fallait le soustraire au triste tableau que le bord allait offrir. Sous l'influence de l'affreuse nourriture forcément distribuée chaque jour, la santé de l'équipage était sérieusement atteinte. Aux poissons, dont on ne pouvait manger à tous les repas, on avait bien tenté d'ajouter des plats de gibier. Les matelots firent la chasse aux courlis, qui couraient sur leurs longues pattes aux abords des marais et des côtes. Mais comme l'avait annoncé le P. Montrouzier, malgré les cuissons savantes qu'elles subirent, il fut impossible de surmonter le dégoût que causaient ces viandes noires, sursaturées de graisse huileuse. On revint aux salaisons, au biscuit plein de vers et aux légumes durs comme la pierre. Dès la fin d'octobre, il y eut de nombreux malades atteints de prodromes scorbutiques ou d'anémie.

Les travaux marchaient avec une lenteur désespérante, surtout depuis que les malades étaient remplacés par de nouvelles recrues sans expérience. Au train où l'entreprise s'exécutait, une année serait trop peu pour la mener à bonne fin. Parfois, la cohorte de vingt-cinq hommes se trouvait réduite au tiers. Il était à prévoir qu'on devrait se borner à préparer les matériaux, pour les mettre en œuvre seulement quand les navires attendus fourniraient des bras solides. « Pour être juste, disent nos Mémoires, on doit relater que, malgré tout, ni l'amiral ni les officiers n'eurent un instant de défaillance. Ils marchèrent à l'unisson, avec une énergie, un dévouement tels qu'ils soutinrent le moral de leurs hommes par l'exemple d'une confiance, d'un mépris des privations, dignes de leur ardent patriotisme. »

Tout en travaillant avec lenteur, mais plus de neuf heures par jour, les matelots avaient fait quelque besogne. Des tuiles et des briques étaient en bon nombre au séchoir; une quantité notable de pierres avaient été apportées, et de bien loin. Le plateau était nivelé au-dessus et complètement dégarni tout autour; des troncs d'arbres avaient été équarris, et une grande scie, fabriquée à bord, avait été montée pour faire des planches; en même temps que nos braves marins continuaient à abattre les arbres qui obstruaient la vue, ils préparaient les futures charpentes. C'était peu en apparence, mais en réalité, il y avait là un tour de force.

L'amitié des Canaques pour les Français devenait chaque jour plus audacieuse. Et malgré les recommandations inspirées par la prudence, les matelots, habitués à traiter avec les nègres des côtes de l'Afrique, se montraient de plus en plus gracieux pour leurs nouveaux amis. Le P. Montrouzier, qui veillait sans cesse, renouvelait chaque jour ses avertissements à l'heure du rapport. Il savait que Tiangoun manœuvrait et gagnait du terrain. Les chefs, qui le redoutaient, manifestaient déjà, sinon leur hostilité, du moins leur mécontentement. Il ne fallait qu'une occasion pour causer un malheur. Les Fidjiens étaient tout particulièrement en péril : les dispositions des Canaques à leur égard devenaient féroces.

En même temps que l'officier de service et les travailleurs recevaient les ordres les plus sévères, il fut de nouveau expressément défendu aux Fidjiens de sortir de leur campement, surtout en l'absence des blancs. Et l'on convint avec eux d'un signal à donner avec du feu, dans le cas où ils seraient attaqués.

De leur côté, les naturels multiplièrent leurs visites à bord, malgré les mauvaises dispositions de leurs chefs, probablement pour masquer leurs desseins. Ils apportaient nombre d'objets, qu'ils échangeaient contre du biscuit ou des bibelots de tout genre. Beaucoup venaient depuis quelques jours pour la première fois, et il montaient des pirogues appartenant aux villages situés au nord et dépendant immédiatement du chef Tiangoun. Leurs visites avaient évidemment pour but d'examiner de près leurs adversaires et de s'entendre avec les Canaques de la plaine. Mais le désir de collectionner les curiosités de l'île fit que les Français se montrèrent peu défiants. Ces sauvages, comprenant d'ailleurs le goût de leurs hôtes, n'apportaient plus seulement des coquillages, des casse-tête, des sagaies, objets sans valeur, mais des minerais, des billes de bois de sandal et de bois de rose, de belles pierres vertes, dures et tranchantes; et même une fois ils montrèrent une pépite d'or. Ils ne voulurent pas la vendre, mais ils désignèrent une montagne assez éloignée vers le nord-ouest, laissant entendre que c'était de là que venait cet objet.

En même temps qu'ils trafiquaient, ces rusés gaillards mettaient parfois la main sur différents objets qui traînaient sur le pont, et, malgré la surveillance la plus active, ils purent emporter ce qu'ils avaient volé, sans qu'il fût possible de rien retrouver. Ils se montraient d'une habileté d'autant plus surprenante qu'ils n'ont pas de vêtements pour dissimuler leur larcin.

Le capitaine du *Phoque* crut devoir informer le chef d'état-major de ces rapports de plus en plus fréquents entre matelots et Canaques. L'amiral ordonna en conséquence des mesures qui eurent pour effet de diminuer le nombre des visites et la nature des ventes. Bientôt les Canaques, dont les pirogues ne pouvaient approcher du *Phoque* que de huit heures du matin à cinq heures du soir, n'apportèrent qu'un peu de poisson, et, des villages du nord, il ne reparut plus un seul sauvage.

Cependant les travaux hydrographiques se poursuivaient en rade. Le capitaine du *Phoque* achevait le relevé des pâtés de coraux et le brassage des trois passes. Sur le chantier à terre, une nouvelle besogne très compliquée était entreprise. Un tronc de niaouli équarri avait été placé sur des chevalets. Le quartier-maître charpentier prit le manche supérieur de la scie pour en diriger la marche et entreprit avec ses hommes la confection de planches. Le bois était dur; mais la nécessité demandait qu'on essayât. Au bout de trois heures, la scie avait avancé d'un mètre. Le directeur des travaux, après s'être attelé lui-même à la besogne, calcula qu'il faudrait cinq journées pour faire quatre planches, et que, dans un mois, il ne serait possible d'en débiter qu'une vingtaine. Les matelots étaient habitués à ne reculer devant aucune difficulté; sans se décourager, ils continuèrent bravement leur besogne. Trois équipes de relais furent organisées, et après deux jours, l'expérience acquise permit d'aller plus rapidement.

En somme les matériaux étaient prêts. L'amiral décida que, si les navires attendus ne se montraient pas, on commencerait le 1er novembre la construction du blockhaus. Des pierres avaient été taillées tant bien que mal, les charpentes étaient équarries. Il ne manquait plus que des maçons, et bientôt s'exécuterait le plan tracé sur papier; le blockhaus, la caserne, le magasin s'élèveraient au-dessus du sol.

Aucune voile n'ayant été signalée à l'horizon, la dernière limite fixée par l'amiral étant atteinte, on traça le plan des assises, et les fondations furent creusées. Le 1ᵉʳ novembre, pour coup d'essai, les matelots, maçons improvisés, posèrent la première pierre. Un doigt fut écrasé dans ces débuts ; mais on constata la bonne qualité du mortier préparé.

Dès cette première journée, les assises du périmètre rectangulaire furent achevées sur deux des quatre faces : le tout avait environ quarante mètres. Le résultat fut satisfaisant et donna lieu d'espérer qu'on arriverait à bâtir, sinon suivant les règles de l'art, du moins solidement. Il n'y avait pas à craindre qu'on élevât un château de cartes.

Ce fut sous l'empire de cette consolante pensée que le directeur de ces grandes entreprises se rendit le soir à la mission, pour faire sa visite quotidienne à l'amiral et lui rendre compte des résultats obtenus. A sa grande satisfaction, il trouva le malade en excellent état : le P. Montrouzier lui avait sauvé la vie.

Mais le brave marin, connaissant les souffrances de ses chers matelots, ses enfants, était impatient de revenir à bord pour partager leurs épreuves. Son bon cœur lui faisait oublier que l'intérêt général demandait avant tout son rétablissement complet. Lui seul, en effet, pouvait prendre la grave détermination de tout abandonner pour échapper à l'épidémie et à la famine, ou de rester, à la garde de la Providence.

Ce ne fut pas sans peine que le docteur, le chef d'état-major et le P. Montrouzier obtinrent qu'il prolongeât son séjour à la mission. Ils le supplièrent de mettre toute sentimentalité de côté et de n'écouter que la raison. Le malade heureusement se laissa persuader. La connaissance du péril qui menaçait l'équipage, exposé à mourir de faim, l'eût achevé. En effet, la commission chargée de la visite des vivres venait de constater que toutes les denrées étaient mauvaises. Le lard, le biscuit, le vin, étaient avariés. On n'avait plus de sucre et de café que pour quelques jours. Le fromage devait être réservé en cas d'urgence. Le riz était échauffé. Le bœuf salé, qu'on ménageait jusqu'alors comme se conservant mieux, commençait à s'altérer. La farine seule avait échappé au désastre; mais il n'en restait plus que pour trente ou quarante jours. Si on l'employait pour remplacer le biscuit, au bout d'une semaine elle serait épuisée.

Le nombre des malades augmentait. Le chef d'état-major lui-même était atteint. Sa jambe gauche n'était plus qu'une plaie, et pour diriger les travaux, dans ses allées et venues il devait s'appuyer sur le bras d'un matelot. Près de la moitié de l'équipage avait payé comme lui son tribut à la souffrance.

Les travaux hydrographiques étant terminés, les ouvriers reçurent enfin du renfort. A partir du 4 novembre, l'effectif journalier fut de trente hommes. Vers le 10, la maçonnerie s'élevait assez haut pour permettre de laisser à terre, en toute sécurité, pendant la nuit, à l'intérieur du blockhaus, une garde armée de six hommes, commandée par un sous-officier, et l'outillage put rester sous leur surveillance.

Vue de Nouméa.
D'après une photographie communiquée par un officier de marine.

CHAPITRE XXIII

Assassinat d'une prétendue sorcière. — Violation du territoire français. — Le P. Montrouzier amène les coupables à bord du *Phoque*. — Trois Canaques aux fers. — L'assassin à fond de cale. — Anxiété des naturels. — Les blancs rôtissent et mangent leurs prisonniers.

L était bien difficile que, se trouvant perpétuellement en face les uns des autres, les Canaques et les Français pussent vivre longtemps en paix. Cependant, jusqu'au 14 novembre, les conquérants et les indigènes s'étaient contentés de se regarder et de se surveiller. Les uns conspiraient, les autres se défiaient. Un jour ou l'autre, un incident fortuit mettrait le feu aux poudres. Cet incident surgit tout à coup.

Une femme d'une des tribus du nord était venue s'établir récemment dans un grand village situé à une faible distance, entre le blockhaus et la mission. Depuis son arrivée, plusieurs naturels étaient morts sans que rien eût pu conjurer ce malheur; la saignée de la langue, très en vogue chez ces sauvages, avait échoué comme les autres remèdes. C'était la preuve manifeste d'un mauvais sort jeté sur les victimes par les esprits invisibles, et l'agent du maléfice était évidemment cette étrangère, puisque la mort était entrée en même temps qu'elle dans le village. Le chef la condamna à mourir, et des sauvages furent chargés de l'exécution.

Mais l'un d'eux ayant fait un geste de menace avant de lui donner le coup de mort, la malheureuse, effrayée, se sauva à toutes jambes vers la plage. Son bourreau la poursuivit, l'atteignit et la frappa. Par un mouvement instinctif, la victime, pour protéger son crâne, avait levé la main : le Canaque ne réussit qu'à la lui couper; elle resta pantelante, suspendue au bras couvert de sang. Malgré cette grave blessure, la femme sauvage eut la force de continuer sa course vers le camp des Fidjiens. Elle put s'y réfugier à l'abri du *tabou*, que son meurtrier n'osa franchir. Aussitôt elle enveloppa sa main d'herbes fraîches, et un peu avant l'heure du retour des travailleurs à bord, elle vint s'accroupir en silence sur la plage, auprès des canots. Elle ne demandait rien et ne faisait même pas remarquer son bras entortillé et souffrant cruellement.

L'officier de service embarqua ses hommes à l'heure réglementaire. Les canotiers lui montrèrent cette malheureuse créature. Celle-ci se leva alors, et sembla implorer la grâce d'être emmenée. L'officier ne comprit pas, ou ne crut pas devoir permettre de l'embarquer. Sans lui répondre, il donna l'ordre de pousser au large.

A ce moment, les matelots distinguèrent quelques Canaques, nonchalamment couchés à plat ventre sur le sommet de la dune de sable qui dominait la plage. Ils étaient derrière la femme et non loin du lieu d'embarquement. Ces sauvages paraissaient être là en curieux, pour assister au départ du canot des blancs. On ne fit pas grande attention à eux, et lorsque l'embarcation fut à une centaine de brasses de la côte, les marins ne remarquèrent que confusément ces hommes, qui alors se relevèrent, s'approchèrent de la victime, la saisirent et l'emmenèrent dans la direction du blockhaus, sur le terrain français. Mais les Fidjiens, de leur campement, et les hommes de garde, de la plate-forme du blockhaus, virent parfaitement les barbares étrangler la malheureuse, la frapper à coups de casse-tête et emporter son cadavre dans leurs cases, pour servir probablement à un monstrueux festin.

Les matelots de garde avaient pour consigne de ne descendre du plateau que dans le cas d'une attaque et pour les besoins de la défense. Ils restèrent à leur poste ; mais, lorsque le cortège passa à une faible distance du blockhaus pour se rendre au village, ils purent reconnaître deux ou trois des assassins, tout particulièrement l'étrangleur, l'un des hommes les plus assidus auprès des matelots, et des plus empressés à demander et à dévorer les biscuits qu'on lui jetait.

Le lendemain, le chef du poste de nuit avertit l'officier

de service. Le chef d'état-major, l'amiral et le P. Montrouzier furent mis au courant de ce drame féroce. Le premier, ayant été prévenu au moment où il débarquait, se rendit aussitôt sur le théâtre du crime. Il constata que le meurtre avait réellement eu lieu sur le terrain concédé aux Français. On voyait encore à terre une large tache de sang. Après avoir donné ses ordres pour le travail de la journée, il alla droit à la mission et demanda à l'amiral comment il entendait venger cet acte de sauvagerie, accompli sur une terre abritée par le pavillon national.

Le commandant en chef fit prier le P. Montrouzier de venir pour conférer avec lui. Il l'avisa du fait et de ses conséquences probables, ajoutant qu'il ne laisserait certainement pas ce crime impuni. C'était une violation du territoire français. Il fallait, dès le principe, châtier énergiquement les coupables et montrer aux chefs sauvages que la France ne tolérerait aucun acte contraire à ses lois.

Le bon Père missionnaire redoutait fort le mauvais effet que pourrait produire l'exécution de cette menace : car il ne s'agissait de rien moins que de pendre l'assassin et de mettre aux fers ses complices. Il supplia l'amiral de ne pas opérer un débarquement en armes, pour cette fois, et lui offrit d'instruire la cause. Il promettait d'amener les coupables, si les gardes de nuit ne s'étaient pas trompés dans les signalements donnés.

L'amiral céda bien à contre-cœur, et malgré l'avis de son second. Le missionnaire partit immédiatement pour aller trouver le chef du village. Il voulait surtout empêcher un acte de cannibalisme. Dans ce but, il prit avec lui quelques-uns de ses néophytes, afin de rapporter le corps de la victime et de lui donner la sépulture. Il réussit au delà de toute espérance. En très peu de temps, son excursion était terminée et le succès le plus complet couronnait sa démarche.

Il avait fait comprendre au chef du village la gravité de la faute commise. Les Canaques s'étaient rendus coupables d'une violation de territoire, et le grand chef de toutes les tribus était très mécontent. Il avait tant de fusils et de canons qu'il pouvait les tuer tous. Pour cette fois, il promettait de ne pas punir tout le village, mais à la condition expresse que le chef amènerait lui-même à la mission celui qui avait étranglé la femme canaque et tous ceux qui l'avaient aidé dans son crime. Le chef nia qu'il eût ordonné la mort de l'étrangère : il déclara n'avoir prescrit que son expulsion. Il acceptait la condition posée.

Dans la journée, en effet, le chef amena l'assassin et deux de ses complices. L'amiral envoya les coupables à bord et les fit mettre aux fers. Ils restèrent sur le pont, pour l'exemple, afin que les autres Canaques pussent constater le châtiment. L'effet produit fut salutaire. Les visiteurs parurent consternés. Il revinrent moins nombreux. Qelques-uns seulement se permirent, les jours suivants, de rares apparitions. Ils étaient sans doute envoyés par leurs chefs pour s'assurer qu'on tenait la promesse faite par le missionnaire et que les prisonniers auraient la vie sauve.

Tel fut le premier crime que les Français eurent à réprimer. Cet incident prouva la puissance morale vraiment extraordinaire que le P. Montrouzier exerçait sur les sauvages non catéchumènes. Le corps expéditionnaire en fut surpris et admira cet ascendant, qui ne semblait pas naturel.

L'amiral regrettait, il est vrai, son indulgence et persistait à croire qu'une répression énergique eût été préférable. Mais le missionnaire insista et soutint avec une conviction inébranlable qu'une trop grand sévérité eût produit le plus fâcheux effet. Connaissant les mœurs et le caractère des Canaques, il affirmait qu'au lieu de les effrayer, la vue du pendu eût provoqué une révolte générale. La politique de l'amiral y eût perdu et l'œuvre évangélique accomplie par les missionnaires, au prix de tant de sacrifices, eût été ruinée en un seul jour.

L'amiral n'avait qu'une parole : il y fut fidèle. Satisfait de la soumission du chef du village, il se borna à ordonner que l'on gardât aux fers ces misérables, se promettant pour l'avenir de réprimer plus énergiquement tout fait analogue.

La punition des fers, même lorsqu'elle consiste à être attaché par les deux pieds à la barre dite de justice, effraye plus encore par son appellation que par sa réalité, surtout à bord, où le maximum de sa durée est de deux ou trois jours seulement. Dans le cas présent, elle devait être illimitée, et elle fit sur les Canaques une impression profonde. Quand ils se virent attachés, ils crurent qu'on les embrocherait, et comme ils n'étaient pas loin des chaudières, ils considérèrent avec effroi le fourneau où ils allaient rôtir et les cuisiniers qui devaient les retourner sur le feu. Leurs compatriotes furent plus épouvantés encore et, chaque jour, quelques-uns d'entre eux venaient vérifier si les captifs n'étaient pas encore dévorés. A la longue, ils durent se rassurer en voyant les prisonniers toujours en vie et bien portants; mais ils n'en firent pas moins des démarches auprès du P. Montrouzier pour obtenir la grâce de leurs camarades. Le charitable missionnaire finit par se décider à implorer du grand chef français la mise en liberté des coupables.

Après quelques jours de captivité, il présenta la requête au nom du chef du village. L'amiral, n'étant plus sous la première impression, consentit à accorder le pardon des deux complices, mais non pas celui de l'assassin. Il déclara nettement qu'on ne lui ferait aucun mal, mais qu'il ne retournerait plus dans son village. A la première occasion, il le ferait exporter à Taïti. A partir de ce jour, le Canaque fut descendu à fond de cale et tenu aux fers, hors de la vue des visiteurs.

L'émotion causée par l'incident parut se calmer. Les naturels revinrent un peu plus nombreux; mais ils n'apportaient plus d'armes pour faire des échanges. Divers indices, dans leurs allures, montraient qu'ils avaient des intentions perfides et qu'il était bon d'ouvrir l'œil, surtout à terre. A bord, ils n'auraient osé rien tenter. Ils se contentaient de chercher à savoir ce que devenait le prisonnier, qu'ils n'apercevaient plus. En effet, ceux qui montaient sur le pont du *Phoque*, toujours en petit nombre, fouillaient du regard, par toutes les ouvertures à leur portée, les profondeurs du navire. Parfois ils poussaient certains cris, qui devaient être des appels, après lesquels ils prêtaient l'oreille et se montraient inquiets de n'entendre aucune réponse. Puis ils descendaient dans leurs pirogues, et là se parlaient entre eux, mystérieusement et tout bas, mais avec animation. En même temps, dans la plaine, les Canaques se tenaient beaucoup plus à distance des travailleurs. Au moment des repas, quelques-uns seulement se rapprochaient pour demander des biscuits.

Le P. Montrouzier apprit, sur ces entrefaites, que le chef Tiangoun, exploitant la colère soulevée par les mesures qu'avait prises l'amiral, préparait un mauvais coup. Le missionnaire allait rendre bientôt à l'expédition de nouveaux et plus importants services auprès des sauvages, dont l'attitude devenait de moins en moins rassurante.

Caserne et redoute à Oubatch (Nouvelle-Calédonie).
D'après une photographie communiquée par un officier de marine.

Façade de l'église de la Conception (vallée de Boulari).
D'après une photographie communiquée par le R. P. Fraysse.

CHAPITRE XXIV

Vapeur en vue. — Les couleurs nationales. — Arrivée du *Prony*. — Pas de vivres, pas de nouvelles! — Changement de direction dans les travaux. — Rapport sur les ressources de l'île. — Expédition du *Phoque* dans la baie du Diahot. — Un fleuve navigable et un Niagara en miniature. — Retour à Balade. — Les Canaques menaçants. — Partie de plaisir interrompue.

LES inquiétudes que provoquaient les sentiments hostiles des sauvages furent largement compensées par une grande joie.

Que de fois les regards s'étaient tournés, depuis deux mois, vers l'horizon! Les cœurs étaient pleins d'espérance, mais que de déceptions! Le secours attendu n'arrivait pas. Faudrait-il lutter seul jusqu'au bout contre les Canaques mécontents, braver la maladie et même la famine, abandonnés de tous? La vigie guettait toujours, et aucune voile ne se montrait au large.

Enfin, le 30 octobre au matin, apparut tout à coup au-dessus des flots une colonne de fumée qui se perdait dans les airs en tourbillons noirâtres. « Navire en vue ! » Tel fut le cri qui s'échappa de toutes les poitrines, depuis le haut des mâts du *Phoque* jusqu'à fond de cale. Dans le nord-est se dessina peu à peu la silhouette d'un vapeur. Il venait droit sur Balade. Dès que l'équipage put distinguer ses couleurs, il reconnut le *Prony*. On lui télégraphia la passe du grand récif, et il vint mouiller, deux heures après, à côté du *Phoque*. L'expédition était sauvée.

Ce fut une allégresse indescriptible, un vrai délire.

Le retard de la corvette était dû à des causes de force majeure. Elle n'avait reçu les premiers ordres qu'un mois après son départ de la côte d'Amérique, et elle avait été obligée de séjourner longtemps à Taïti. L'amiral avait laissé des instructions formelles enjoignant de ne faire voile pour la Nouvelle-Calédonie que les soutes et les cales bondées de charbon et de vivres. Or le charbon manquait : il avait fallu attendre l'arrivée des navires qui en faisaient le commerce.

Le commandant du *Prony*[1], ancien élève de l'École polytechnique, joignait à toutes les qualités qui font un officier instruit et expérimenté, une grande énergie, beaucoup d'activité et un absolu dévouement aux exigences du service. Cela seul suffisait pour qu'on pût affirmer *à priori* que, s'il avait rallié le *Phoque* si tard, c'était bien contre sa volonté. Le plus cordial accueil lui fut

---

1. M. de Brun.

fait par l'amiral, tout heureux d'avoir en lui un brave lieutenant et dans le *Prony* un secours devenu indispensable.

Il fut possible, en effet, d'élever aussitôt à une centaine le nombre des travailleurs. Parmi les matelots nouvellement arrivés se trouvaient des maçons et des charpentiers. Les outils du bord étaient en bon état : ils furent distribués. Le charbon apporté par le *Prony* était excellent et en assez grande quantité pour approvisionner le *Phoque*. Celui-ci n'avait de matières grasses, à l'usage de sa machine, que pour deux ou trois jours : il reçut une part des fournitures du nouveau venu.

Mais, par contre, les vivres étaient en petite quantité et d'une qualité inférieure. Après le partage fait, les deux équipages comptèrent qu'ils auraient de quoi se nourrir jusqu'au 15 décembre environ.

Taïti était décidément un port de relâche bien mal approvisionné. Cependant toutes les denrées venaient de Valparaiso, largement fourni. L'incurie des hommes chargés de ce service était donc la seule cause de tant de mécomptes. Ce désordre pouvait avoir des conséquences terribles. Sans le faible secours que lui apporta le *Prony*, l'équipage du *Phoque* eût péri par la famine!

Et encore ces deux vapeurs devaient-ils compter à leur tour sur le *Catinat*. Le commandant du *Prony* fit espérer que ce navire arriverait chargé au complet de denrées de première qualité. Après avoir eu recours à la *Forte*, qui lui avait donné pour quinze jours de vivres, obligé de prendre à terre des approvisionnements avariés, le *Prony* était parti incomplètement ravitaillé. Mais on attendait sous peu l'arrivée à Papeïti de bâtiments porteurs d'une cargaison de choix. Il était à croire que le *Catinat* pourrait en profiter.

L'amiral avait espéré recevoir des dépêches d'Europe par l'entremise du *Prony*. Il ne lui fut remis que des plis sans importance[1]; et il n'y avait que quelques lettres pour les exilés, qui, depuis quatre mois, étaient sans nouvelles de la France.

Quelques jours après l'arrivée de la corvette à vapeur, son commandant reçut la direction des travaux en cours dans la plaine. Le chef d'état-major de l'amiral, ne pouvant plus faire usage de ses jambes couvertes de plaies scorbutiques, reprit ses fonctions spéciales. Plus libre de son temps, il put se charger de réunir les documents nécessaires pour rédiger un rapport sur la Nouvelle-Calédonie. Mais seul, il eût été embarrassé pour donner des détails sur les richesses du pays, sur les mœurs et coutumes des indigènes. Il s'adressa au P. Montrouzier, « le plus humble, le plus modeste et le plus dévoué des hommes, unissant à ces vertus une science consommée ». Il eut avec lui de longues conférences et put enfin remettre à l'amiral un long mémoire, dont tout le mérite revenait au Père missionnaire.

1. Toutefois, l'amiral reçut plusieurs lettres de son aide de camp, M. Haligon, qu'il avait envoyé en France pour annoncer le succès des affaires de Guayaquil. Il lui annonçait que très probablement il viendrait lui apporter à la côte la croix de grand officier de la Légion d'honneur. Il rapportait également des paroles très flatteuses que l'empereur aurait dites à son sujet à l'amiral Laplace, son beau-père. Le ministre de la marine écrivait, de la part de Napoléon, une lettre de satisfaction et de compliments à l'amiral.
(Note de M. de Marcé.)

Dans ces communications, le Père dit qu'il y avait vers le nord de l'île une vaste plaine, traversée par un grand cours d'eau. Les naturels affirmaient que ce petit fleuve, débouchant dans la mer, pouvait être remonté jusque bien avant dans les terres. Des navires s'y étaient déjà aventurés jusqu'à un grand village situé sur ses bords et fort loin des côtes.

Un fleuve navigable offrait un intérêt tout particulier pour le développement futur du commerce. L'amiral résolut d'aller reconnaître en personne cette partie de l'île. Son désir était d'autant plus vif que le P. Montrouzier lui donna l'assurance qu'au fond de la grande baie où le fleuve débouche s'élevaient des arbres de valeur en grande quantité. Il y trouverait du bois de sandal, du bois de fer et du bois de rose. Probablement aussi on y découvrirait des carrières d'ardoises. Des échantillons de pierres schisteuses avaient été vus entre les mains des Canaques de cette région.

Cependant il était sage de ne pas se bercer d'espérances trop flatteuses. Le Père croyait savoir que pour trouver ces carrières il serait nécessaire de remonter longtemps le fleuve, plus loin que le grand village appelé Diahot elles devaient être sur une rive très peuplée, aux abords d'un barrage du fleuve déterminant une chute d'eau, aux limites de la partie navigable. Ce lieu, appelé Bondé, était trop éloigné pour que l'expédition projetée pût l'atteindre, mais il serait très utile de prendre des renseignements, lorsque le *Phoque* mouillerait à Diahot.

L'amiral revint à bord, et, l'arrivée du *Prony* lui permettant une absence, il se mit immédiatement en route par le chenal du nord, à l'intérieur des grands récifs. Après quelques heures d'une marche à petite vitesse qui lui laissa le loisir d'étudier le chenal et la côte, il fit cinq à six lieues en ligne droite, et aperçut une magnifique baie au milieu de laquelle s'élevait une petite île boisée. C'était la baie du Diahot. Le *Phoque* chenala entre les pâtés de coraux et vint mouiller près de terre, au sud de l'îlot.

Le commandant en chef ne désirait consacrer que peu de jours à cette excursion ; il envoya sans tarder le capitaine du *Phoque* reconnaître le fond de la baie. Celui-ci visita le chenal, permettant de contourner l'île par l'ouest, l'embouchure et le chenal de sortie du fleuve par le nord de l'îlot. En même temps, un officier explora les bancs et pâtés de coraux entre lesquels le *Phoque* avait navigué pour se rendre au mouillage, et il sonda le chenal. L'amiral, de son côté, accompagné de son chef d'état-major et de son aide de camp, reconnut la partie sud, dont les côtes très boisées lui révélèrent des richesses en arbres de grande valeur.

Après deux journées de travail, les rapports qu'il reçut le décidèrent à prolonger son séjour. Deux canots armés en guerre, approvisionnés de vivres, sous les ordres du capitaine du *Phoque,* furent chargés de sonder le fleuve, en remontant aussi loin que possible. La plus grande prudence fut prescrite et le retour avant la nuit ordonné. L'officier, chargé d'examiner l'entrée de la baie, dut pendant ce temps faire le relevé des bancs et pâtés de coraux,

RECONNAISSANCE EN CANOT A L'EMBOUCHURE DU DIAHOT
D'après une photographie communiquée par le R. P. Fraysse.

ainsi que du chenal qui conduit à l'embouchure du fleuve par le sud. Il revint au large par le nord et opéra les sondages nécessaires pour pouvoir dresser une carte en croquis de toute la baie du Diahot.

En quatre jours, ces entreprises diverses furent menées à bonne fin. Elles prouvèrent que le fond de la baie n'était accessible qu'à des navires de faible tonnage ; le fleuve était large, avec une profondeur de quatre à six mètres pendant un parcours de plusieurs lieues, jusqu'au village de Diahot. Au delà il sillonnait la plaine avec une largeur moindre, et, aidés par la longue-vue, les explorateurs crurent distinguer plus loin encore un second cours d'eau dans la partie la plus élevée. C'était probablement au delà du lieu appelé Bondé, où devait se trouver un Niagara en miniature. Les affirmations des naturels paraissaient exactes.

Quant à la plaine, traversée par un grand cours d'eau saumâtre, elle s'étendait inégalement sur les deux rives, dans la direction du nord beaucoup plus que dans celle du sud.

Elle était riche en herbage et encadrée au loin, au sud et au nord, par des montagnes boisées qui se rejoignaient dans l'ouest, et formaient une vallée large et sinueuse.

Il était démontré qu'un navire cubant de trois à six mètres pourrait remonter jusqu'au village de Diahot. Le *Phoque*, dont la ligne de flottaison était à quatre mètres, aurait pu dépasser cette limite. L'amiral se promit d'en faire l'essai plus tard, si les circonstances le lui permettaient.

Pour compléter ces heureuses découvertes, on avait

trouvé, dans les fourrés de la côte sud de la baie, des bois de rose, des arbres de sandal, beaucoup de bois de fer, le tout sur le bord de la mer; et les explorateurs ne s'étaient pas avancés à plus de cinquante mètres du rivage.

Cette reconnaissance avait donc donné des résultats très importants, et se trouvait couronnée d'un plein succès. Le *Phoque* retourna à Balade : les quelques jours passés à bord avaient fatigué le commandant; il reprit sa villégiature. Grâce aux soins du P. Montrouzier, il se remit assez vite, et la vie tranquille, avec le régime imposé par le docteur, lui rendit son énergie physique et morale.

Rien de nouveau à terre et en rade, pendant cette absence de quatre à cinq jours, sinon que les officiers du *Prony* étaient fâcheusement impressionnés par l'attitude des Canaques. Les agents du Père missionnaire n'avaient encore rien pu préciser; mais on constata que les sauvages venaient à bord du *Phoque* plus souvent, et en plus grand nombre qu'à bord du *Prony*. Ils cherchaient toujours sournoisement à découvrir la retraite du prisonnier. L'un d'entre eux, pendant une manœuvre qui occupait tous les matelots à l'arrière, s'enhardit jusqu'à descendre dans l'entrepont; quelques coups de corde bien appliqués firent remonter prestement le curieux, qui se hâta de sauter dans sa pirogue.

Pour rassurer ces visiteurs inquiets, et aussi par mesure sanitaire, l'amiral ordonna de mener le captif sur le pont, pendant une après-midi. Il fut débarrassé de ses fers, et solidement amarré à l'avant, par un pied, à une boucle du pont. Ses compatriotes purent le contempler de loin, et constater qu'il était en bonne santé. A sa vue, ils témoignèrent bruyamment leur joie. On ne l'avait donc pas encore tué et mangé !

Cette bonne nouvelle fut portée dans les villages par quelques pirogues qui se détachèrent aussitôt, à force de rames. Toutefois, ces bons procédés ne désarmèrent pas le féroce Tiangoun, et ce fut sans doute par ses ordres que les Canaques ne parurent plus qu'armés de leurs sagaies et de leurs frondes, avec leurs poches pleines de pierres à la ceinture. L'amiral, averti de ce détail peu rassurant, renouvela la défense de franchir la ligne des factionnaires, pendant le repos de midi, et ordonna de doubler la garde armée de jour et de nuit.

Un fait vint bientôt corroborer la sagesse des recommandations réitérées du P. Montrouzier, visant tout spécialement les dispositions hostiles des villages du nord, plus immédiatement soumis au grand chef.

Quelques officiers, trouvant la vie à bord bien monotone, rêvèrent de s'accorder la jouissance de blanchir eux-mêmes leur linge, et de prendre un bain rafraîchissant d'eau douce. Ils choisirent, pour exécuter leur plan, le cours d'eau du nord. En ayant reçu l'autorisation nécessaire, ils partirent après leur déjeuner, munis de fusils de chasse chargés à balle, et accompagnés de matelots de chambre, porteurs des paquets de linge à blanchir. En arrivant dans la plaine, le chef fit prévenir l'officier de service à terre que la petite troupe allait s'aventurer dans le sentier qui conduit à la rivière.

Les bords du sentier étaient boisés ; à droite de la ri-

vière on voyait des arbustes, et à gauche, de hautes tiges
assez semblables aux bambous, s'élever au-dessus d'un
terrain fangeux. Par prudence, un matelot fut placé en
vigie au point culminant, et tous les fusils chargés furent
laissés à sa portée.

Les officiers, un peu impressionnés par le mystère inconnu de ces fourrés inexplorés, renoncèrent au plaisir du
bain et se mirent aussitôt à leur besogne de ménage, pour
en finir plus vite : le lieu était trop favorable pour une
surprise. Ils étaient depuis peu de temps à moitié dans
l'eau, tout à leur savonnage, lorsque le matelot de veille
crut distinguer au sommet des joncs, en différents endroits,
une agitation inexplicable. Au premier abord, la crainte
de passer pour un poltron lui ferma la bouche, mais, un
moment après, constatant que les ondulations des grandes
tiges se rapprochaient, il appela.

Le chef de l'expédition accourut, et, pensant que la prudence devait primer tout autre sentiment, il ordonna à ses
compagnons de rallier les fusils et aux matelots d'empaqueter le linge au plus vite. Ils restèrent quelque temps en
observation et suivirent des yeux les mouvements des grands
herbages, qui accusaient, à ne pas s'y tromper, la marche
désordonnée des Canaques à travers les marais. La caravane battit en retraite, laissant inachevé le programme de
cette partie de plaisir, et revint vers la plaine, mécontente,
mais saine et sauve.

Le P. Montrouzier affirma qu'il y avait eu de la part des
Canaques tentative hostile : ils voulaient surprendre les
Français isolés. Les naturels en question appartenaient

au village du chef ennemi et marchaient probablement sous les ordres de ce rusé compère, toujours bien informé par ses agents des faits et gestes des blancs.

A partir de ce jour, défense absolue fut portée de franchir les limites de la plaine. Sur les indications fournies par les excursionnistes, l'amiral chargea son chef d'état-major de faire la topographie de cette région marécageuse et de réunir tous les renseignements nécessaires pour marcher sûrement, même de nuit, contre l'ennemi, si les circonstances l'exigeaient. Dans le cas où un mouvement en armes deviendrait urgent, il fallait bien connaître les lieux, la situation des villages, le nom des chefs, en un mot avoir les informations les plus précises.

L'amiral commençait à être las de sa débonnaireté et de la patience qu'il montrait, à la prière du P. Montrouzier. Deux fois déjà, son second, le voyant dans un état d'irritation bien légitime, lui avait proposé d'enlever Tiangoun, vrai trouble-fête qui ne tarderait pas à créer de sérieux embarras : chaque fois, l'amiral avait été tenté de souscrire à cette proposition. Le chef d'état-major revint à la charge et obtint enfin la promesse qu'à la première occasion on agirait.

Un croquis du village habité par Tiangoun fut rédigé, et un rapport fut adressé à l'amiral sur tout ce qui pourrait favoriser la réussite d'une expédition nocturne, ayant pour but l'enlèvement du grand chef sauvage.

L'église paroissiale de Nouméa.
D'après une photographie communiquée par le R. P. Fraysse.

CHAPITRE XXV

Arrivée du *Catinat*. — Le *Phoque* bâtiment amiral. — Encore vingt-cinq jours de vivres. — Tiangoun conspire. — Plan d'attaque des villages canaques. — La mort terrible d'un chat et d'un goret. — Empoisonnement général. — Le pavillon de partance. — La gourmandise d'un Marseillais. — Huit victimes. — Un poisson vénéneux.

A gaieté et l'entrain régnaient plus que jamais parmi les braves marins, lorsque la vigie signala pour la seconde fois, à l'aube du 7 décembre, un bâtiment à vapeur. Quelques heures après, le *Catinat* jetait ses ancres entre le *Phoque* et le *Prony*. Il venait de faire une route de trois mille lieues marines. Parti de Montevideo pour Valparaiso, il était allé à Taïti; il y avait vainement attendu les navires qui devaient l'approvisionner. Craignant un trop long

retard[1], le commandant avait mis le cap sur Balade, n'ayant que peu de vivres et de charbon, et absolument dépourvu du matériel qui aurait été si nécessaire pour aider au travail commun. |Par contre, son équipage était en parfaite santé. Ce fut un renfort précieux.

Après les réjouissances bien naturelles provoquées par l'arrivée de compatriotes, l'amiral décida que le vieux *Phoque*, aussi détraqué que son équipage était épuisé, se reposerait désormais sur ses lauriers et serait affecté au rôle unique de bâtiment amiral. Il contribuerait seulement à l'achèvement des études hydrographiques. Les derniers venus auraient la charge exclusive du service à terre, des travaux commencés et de la surveillance journalière des naturels pour la sécurité des ouvriers.

Le navire américain était attendu au plus tôt pour le 15 décembre. Pour le cas où il arriverait en retard, le commandant en chef fit procéder à l'examen des ressources de la division. Il fut reconnu qu'on ne pouvait plus compter que sur sept jours de charbon, au maximum, pour chacun des trois bâtiments, en marche normale de grande route. Vu la saison, le trajet de quatre cents lieues à parcourir pour se rendre à Sydney devenait impossible. Le maximum de marche pour le *Phoque*, au tirant d'eau voulu, était de sept nœuds à l'heure, de huit et demi pour le *Prony*, de neuf pour le *Catinat* : il en résultait que, si les deux corvettes, à la rigueur,

---

1. Il eut un retard de deux mois, parce que l'amiral de Suin, ayant perdu la clef de la dépêche que le ministre avait écrite en chiffres, n'avait pu l'expédier aussitôt.   (Correspondance inédite de M. de Marcé.)

pouvaient arriver, le *Phoque* resterait en route. La seule solution possible serait de le remorquer, les corvettes s'attelant tour à tour à cette besogne. On répartit en principe le charbon entre le *Prony* et le *Catinat*, en attendant que les circonstances rendissent nécessaire le partage effectif.

Ces calculs peu rassurants étaient moins encore de nature à effrayer que le triste état des subsistances. En faisant abstraction de ce qui était avarié et hors de service à bord du *Phoque*, en supposant que toutes les denrées du *Prony* et du *Catinat* fussent utilisables, il ne restait, au maximum, que vingt-cinq jours de vivres à ration entière pour les trois équipages. Comme on était au 25 novembre, on ne pouvait donc dépasser le 20 décembre. Dans le cas où le *John-H.-Millay* n'arriverait pas à temps, c'était la famine.

Il fut décidé que, si l'expédition n'était pas secourue avant le 15 décembre, on commencerait à réduire d'un quart la ration journalière; et si de nouvelles altérations se manifestaient dans les denrées, on opérerait cette réduction dès le jour même de cette constatation. Toute latitude fut laissée aux marins pour se procurer du poisson, et il fut permis de changer le règlement des menus journaliers, afin de consommer d'abord ce qui se conserverait le plus difficilement.

Pendant ce temps, le blockhaus grandissait à vue d'œil. Le rez-de-chaussée en pierre se terminait; les pièces de charpente du grenier et de la toiture étaient très avancées; les briques et les planches séchaient. La plaine était suffisamment dégarnie pour que les constructions fussent complètement en vue des navires à l'ancre.

Mais le P. Montrouzier faisait connaître que les dispositions des chefs et de leurs subordonnés devenaient de plus en plus hostiles. Ils étaient mécontents de l'emprisonnement prolongé du Canaque assassin. Le chef Tiangoun avait fini par persuader à ses compatriotes que le captif serait certainement mangé par les blancs.

Afin de ne pas être surpris, l'heure du choc ne devant pas tarder à sonner, l'amiral consulta le P. Montrouzier sur la position exacte des villages de la tribu, sur les us et coutumes des Canaques lorsqu'ils combattent ou sont attaqués, et, de concert avec son chef d'état-major, il arrêta très secrètement les dispositions à prendre pour agir sans retard à la première tentative d'hostilité.

Voici, dans son ensemble, son plan tel qu'il l'arrêta :

Si nos voisins les plus rapprochés du blockhaus inspirent des craintes sérieuses, le poste de nuit sera supprimé et les Fidjiens viendront chercher refuge à bord du *Phoque*. Une compagnie de débarquement de 150 hommes sera formée immédiatement. Elle comprendra deux divisions fournies par le *Prony* et par le *Catinat*. Chaque division sera commandée par un enseigne de vaisseau et la compagnie entière par un lieutenant, le plus ancien des seconds des deux corvettes. Dans le cas d'une action militaire, le commandement en chef reviendra au commandant du *Prony*. Si un mouvement maritime est nécessaire, on armera les canots en guerre. Chaque groupe de canots sera sous les ordres d'un enseigne, et le commandant du *Catinat* prendra le commandement supérieur.

Enfin, avec le secours du *Phoque*, sous la direction du capitaine de ce navire, une colonne de 25 hommes se tiendra prête à voler à la défense de la mission. Au besoin, cette colonne sera mobilisée par les seules embarcations du *Phoque*.

Au sujet de ces dernières dispositions, le P. Montrouzier déclara qu'il n'y avait pas besoin de s'occuper de sa sécurité. Avec la palissade qui protégeait sa demeure et ses catéchumènes, il se jugeait suffisamment défendu. D'ailleurs, il serait respecté par les naturels, qui ne tenteraient rien contre lui. Il ne voulait causer aucun souci à ses compatriotes, s'ils venaient à avoir des démêlés avec les indigènes.

Mais comme le Père pouvait se faire illusion au sujet de ses ouailles et des naturels non convertis, comme par ailleurs le pavillon national flottait au mât de la mission, malgré les observations du missionnaire, ces ordres furent maintenus ; quitte à employer ailleurs ces forces, au moment de l'action, si elles n'avaient pas leur emploi à la résidence du Père.

Ce n'était pas tout. L'amiral prévoyait toutes les éventualités. Si le mouvement d'hostilité des Canaques n'était pas général, il décida qu'on se bornerait à arrêter les chefs et les principaux naturels de chaque village en révolte. Après les avoir conduits à bord, les villages seraient frappés d'une forte amende. Et, suivant le cas, tous les prisonniers ou seulement les principaux meneurs seraient gardés en otage.

Si au contraire la tribu se révolte tout entière, si c'est la guerre, on agira de façon à s'emparer des villages et à prendre, blesser ou tuer le plus grand nombre de rebelles. Les villages seront incendiés et les Canaques refoulés vers le nord. Il n'y aura d'exception que pour le village habité par les catéchumènes. Les chefs et les meneurs seront fusillés sur l'heure.

Les ordres secrets furent écrits, les instructions générales préparées. Au premier signal il n'y avait qu'à passer à l'exécution. Vingt-quatre heures après, la compagnie de débarquement était formée à bord des navires.

L'équipage y vit une mesure sage et prudente, et ne crut pas que les hostilités allaient commencer sur l'heure. Tous cependant le souhaitaient, tant on était las du peu de sécurité dont on jouissait, tant on avait hâte d'avoir un peu de liberté.

Le P. Montrouzier, dont la ligne de conduite était de veiller au salut de ses compatriotes et d'éviter à la fois le massacre des indigènes, redoubla de sollicitude, afin d'être renseigné sur tout ce qui se tramait dans les huttes des sauvages. Ses agents confirmaient le mécontentement des Canaques, mais rien encore ne permettait de prévoir une attaque prochaine. Le Père profita des circonstances pour demander la grâce du prisonnier. Il assurait que cette mesure changerait les dispositions hostiles des naturels. Mais l'amiral ne voulut pas paraître craindre les chefs, et il crut préférable de prouver son énergie et de montrer aux Canaques qu'ils n'avaient qu'un parti à prendre, se soumettre au grand chef de toutes les tribus de l'île.

Au reste, pendant une quinzaine de jours, il ne fut plus question d'hostilités. Tiangoun ne fit pas parler de lui. Les sauvages, toujours familiers, montrèrent plutôt des dispositions pacifiques. Les chefs avaient-ils renoncé à leurs projets belliqueux ? Avaient-ils reconnu leur impuissance ? Craignaient-ils de se mesurer avec des matelots armés de fusils ? Le P. Montrouzier, qui connaissait le caractère dissimulé de ces sauvages, conseilla de se méfier plus que jamais. Et pendant que l'équipage se laissait tromper par les apparences, les officiers veillaient.

Telle était la situation lorsque, vers le 18 décembre, un triste événement vint faire de malheureuses victimes parmi les hommes du *Prony* et du *Catinat*.

A bord de ces deux navires on servait toujours, aux repas des matelots et à la table des maîtres et des officiers, les petits poissons pêchés sur la côte. Tout est réglé à la minute dans les bâtiments de guerre : les officiers et les maîtres mangent exactement à la même heure, à neuf heures du matin, et l'équipage à midi. Mais lorsque les hommes sont en service hors du bord, leur dîner est préparé longtemps à l'avance. Les canots porteurs des rations des hommes qui travaillaient à terre quittaient donc le *Catinat* et le *Prony* vers dix heures et demie, environ quarante minutes après le déjeuner de l'état-major. En ce jour fatal les officiers des deux corvettes, suivant leur habitude, montèrent sur le pont après leur repas. Or, il y avait à bord du *Prony* un chat, et sur le *Catinat* un magnifique goret taïtien : c'étaient les favoris de ces Messieurs. Ces animaux ne manquaient jamais de se présenter à l'heure voulue pour recevoir les friandises que l'état-major leur distribuait en excitant leur gloutonnerie, et en les forçant à déployer toute leur adresse pour saisir les morceaux convoités.

Comme on n'avait pas besoin d'économiser le poisson, qui était en grande abondance, le festin des deux animaux fut très copieux. Les officiers n'avaient pas cessé leurs amusements, lorsque le repas des cent cinquante travailleurs et des douze hommes de garde à terre partit à l'heure fixée. Les canots étaient déjà loin, quand à bord du *Prony* et du *Catinat*, presque en même temps, on vit le chat et le goret se rouler sur le pont, dans d'affreuses convulsions, avec syncopes, et, à la grande stupéfaction des assistants, en moins d'une demi-heure, passer de vie à trépas.

Le fait parut étrange et inexplicable : on ne pensa d'abord qu'à un accident fortuit, dont la vraie cause ne fut pas saisie. Mais bientôt, à bord du *Prony*, plusieurs officiers, des maîtres, deux matelots de cuisine et quelques autres qui avaient mangé en dehors de l'heure réglementaire, se trouvèrent malades. Aux violentes tranchées qui torturaient les victimes, à la grande faiblesse qui suivit et aux efforts douloureux pour rejeter les aliments, le médecin reconnut les symptômes d'un violent empoisonnement.

Tout en courant d'un malade à l'autre, le chirurgien, effrayé de la rapidité avec laquelle le toxique agissait, se douta que le poisson était la cause du mal. Il ordonna d'aller prévenir promptement le commandant. Celui-ci fit dépêcher des baleinières à bord des deux autres navires. Au moment où on mettait les embarcations à l'eau, le *Catinat* demanda par signal l'assistance des chirurgiens pour cas grave. Bientôt un pli cacheté, adressé au chef d'état-major, lui apprit que de nombreux officiers, des maîtres et des matelots étaient dans le plus grand danger.

Mais à terre les cent soixante hommes de service allaient s'empoisonner à leur tour. Que faire ? Il était onze heures, les canots avaient déjà touché le rivage. Restait une demi-heure avant le repas. Une embarcation n'aurait pas le temps d'arriver. Néanmoins on envoya la baleinière du *Prony*, à toute vitesse, en même temps qu'on hissait à tout hasard le pavillon de partance, en l'appuyant d'un coup de canon. On avait l'espoir qu'en voyant ce signal particulier et convenu, l'officier qui commandait à terre rallierait son monde et attendrait l'arrivée de la baleinière avant de donner l'ordre du repas.

Cependant cet espoir était bien aléatoire, et à bord des trois navires on était dans une mortelle inquiétude. Le signal fut entendu, et l'officier, sans en chercher la signification, ordonna le ralliement général à la plage.

D'ailleurs la gourmandise, aussitôt punie, d'un des matelots chargés de porter à terre les rations, eût suffi pour préserver les travailleurs. Ce pauvre garçon, inoccupé à l'arrière de l'embarcation, se trouva à portée des gamelles contenant le poisson cuit en bouillabaisse; entraîné par sa passion pour ce plat national, en bon Provençal, il avait saisi et avalé sept ou huit poissons. Avant même d'arriver à la côte, l'effet terrible était produit. Il but vainement de bonnes gorgées d'eau de mer afin de rejeter ce qu'il avait mangé. Sous l'action de la douleur, il faillit perdre connaissance; il arriva presque mourant à la plage.

Les canotiers avaient remarqué le larcin, et ils furent effrayés en constatant ses tristes effets; mais, comme à bord de tous les bâtiments les matelots sont toujours prêts à crier contre la cuisine du maître coq, ils mirent l'accident au compte de leur Vatel et de sa malpropreté. Ils renouvelèrent leur accusation devant leurs camarades, qui les attendaient sur la plage, prêts à porter les vivres dans le blockhaus. Presque aussitôt l'officier de service survenait; il fit donner des soins au malade, et ordonna de ne pas toucher au contenu des gamelles. Quand la baleinière arriva, tout fut expliqué et l'on sut pourquoi le pavillon de partance avait été hissé. Ce signal avait produit la plus vive émotion.

La baleinière ramena à bord du *Prony*, en toute hâte, le matelot souffrant, et on envoya à terre des rations de fromage pour remplacer les plats empoisonnés.

Vingt-cinq hommes furent atteints plus ou moins gravement, suivant qu'ils avaient mangé des poissons vidés ou non vidés. Un seul officier, cinq maîtres et onze matelots furent en danger. Les antidotes n'eurent aucun effet sur huit d'entre eux. Ils en moururent. La première victime expira après deux heures de souffrances atroces.

A la nouvelle de cet affreux événement, l'amiral rentra à bord avec le P. Montrouzier. Celui-ci venait offrir le secours de son ministère apostolique et il s'y dévoua avec un zèle admirable.

Les Fidjiens se présentèrent aussi et proposèrent une plante curative, qu'ils tinrent cachée, ne voulant la montrer que si on la leur payait grassement. Par prudence on refusa leur secours.

Les Canaques devaient connaître sans aucun doute la nature dangereuse de ces poissons. Tout ce qu'on put savoir d'eux, par l'intermédiaire du P. Montrouzier, c'est qu'au commencement de décembre ces espèces de sardines frayent et les femelles ont alors une petite ligne jaunâtre, latérale, partant de l'ouïe et aboutissant à la queue. Après avoir examiné les intestins, on constata qu'en outre les femelles portent à l'intérieur une petite vésicule pleine d'un liquide légèrement coloré.

L'amiral ayant ordonné la réunion d'un conseil médical à bord du *Catinat*, les chirurgiens reconnurent que l'agent toxique avait là sa source, mais faute de moyens pour analyser ce liquide, ils durent renoncer à en connaître la nature.

Nouméa. — Pensionnat libre tenu par les Sœurs de S.-Joseph de Cluny.
D'après une photographie communiquée par le R. P. Fraysse.

Une case d'hommes à Mélé (Nouvelles-Hébrides).
D'après une photographie communiquée par le docteur François.

Une case de femmes à Litou (Loyalty).
D'après une photographie communiquée par le docteur François.

CHAPITRE XXVI

Projet de massacre. — La conspiration est découverte. — Un palabre nocturne. — La mission arme. — Le corps expéditionnaire sur pied. — Débarquement de nuit. — Enlèvement des chefs Dominico et Ondou. — Capture de Michel et de Tiangoun. — Quidago et Toulangui prisonniers. — Les Canaques terrifiés.

E malheureux événement impressionna profondément tout le personnel de la division navale. Il était fort probable que par contre les sauvages s'en réjouissaient. L'ennemi juré des blancs, le chef Tiangoun, tenta de profiter de la circonstance pour réaliser son projet de massacre. Les Français en furent avertis providentiellement.

Le 13 décembre, vers dix ou onze heures du soir, un jeune catéchumène de la mission revenait d'une course lointaine dans le nord de l'île. Il passa par le village du grand chef. Comme il longeait la case de Tiangoun, il aperçut du feu et reconnut le timbre de plusieurs voix. Très surpris de ce fait, qui n'était pas dans les habitudes de ses compatriotes, car les réunions des chefs pour un palabre ont toujours lieu le jour, la curiosité l'emportant sur la crainte, il approcha et regarda dans l'intérieur de la hutte à travers les joncs et les branchages. Il vit autour du foyer Tiangoun et les chefs des villages voisins tenant conseil. Il y avait là Dominico, Ondou, Quidago, Toulangui, ainsi que le surnommé Michel, héritier présomptif de l'autorité supérieure de la tribu.

De plus en plus intrigué, le jeune Canaque écouta et entendit la fin du palabre, qui probablement durait déjà depuis longtemps. Il saisit que Tiangoun et tous les petits chefs étaient parfaitement d'accord, qu'il s'agissait de surprendre la mission au petit jour, de s'emparer de tous ses habitants, sauf peut-être du P. Montrouzier, dont le nom ne fut pas prononcé. Mais il ne put savoir si le coup projeté serait exécuté le lendemain matin ou plus tard, ni si toute la tribu serait du complot. A certaines phrases, il crut comprendre que les chefs seraient du moins secondés par les principaux guerriers. Les conspirateurs s'attendaient à une lutte avec les catéchumènes, ceux-ci devant aller sûrement au secours des Français. Les chefs parlèrent aussi de manger; mais quoi ou qui? Impossible de l'apprendre.

Le jeune catéchumène, très effrayé, regarda une dernière fois les membres du conseil pour s'assurer de nouveau de leur identité. Il les connaissait tous : ils appartenaient aux trois villages du nord de la plaine situés à peu de distance du blockhaus, et à deux autres occupant l'espace qui se trouve entre le blockhaus et la mission. L'un de ces villages était celui que le prisonnier du *Phoque* habitait avant sa captivité.

Après avoir découvert, par un hasard providentiel, les détails du complot, le jeune Canaque se sauva à toutes jambes et se rendit au plus vite à la mission. Il y arriva à une heure du matin et informa le missionnaire de tout ce qu'il avait vu et entendu. Celui-ci voulut respecter le repos du commandant en chef; mais il alla lui-même visiter les palissades et donner ses ordres aux catéchumènes. Puis il revint, réveilla tout le personnel de la résidence, et, par les hommes de la suite de l'amiral, fit préparer les armes et les munitions.

Un peu avant le jour, il envoya en reconnaissance quelques-uns de ses néophytes les plus dévoués. Lorsque enfin le commandant fut averti, il trouva tout son monde armé, au poste de combat et prêt à recevoir l'ennemi. Tous les Canaques du village catholique, armés en guerre, entouraient la résidence et n'attendaient que les ordres du Père missionnaire.

Au jour fait, les éclaireurs étant revenus, déclarèrent n'avoir rien vu d'insolite. Les deux villages situés en deçà de la plaine des blancs étaient tranquilles : leurs habitants dormaient. Et comme une surprise devenait désormais impossible, il était à croire que, ce matin-là, il ne serait rien tenté.

L'amiral admit à comparaître devant lui le jeune catéchumène qui avait surpris le complot, et, par l'intermédiaire de l'infatigable missionnaire, il se fit expliquer dans les derniers détails la scène de la nuit précédente. Il prit les noms des chefs présents au palabre et nota exactement la situation des villages auxquels ils appartenaient.

L'amiral fut enchanté de l'occasion qui s'offrait de faire un acte d'énergie. Il confia en secret une partie de ses intentions au P. Montrouzier et le pria de lui envoyer dans la journée deux ou trois de ses enfants catholiques, parmi ceux qui comprenaient un peu le français. Il comptait s'en servir comme guides, dans le cas où il se déciderait à débarquer la nuit et à marcher sur les villages des chefs qui avaient siégé au conseil.

Vers neuf heures du matin, il était à bord, encore souffrant mais tout heureux de se retrouver au milieu de son équipage. Sa physionomie trahissait et ses souffrances physiques et la préoccupation morale que les circonstances rendaient toute naturelle. Mais nul ne soupçonna qu'il venait pour mettre à exécution, pendant la nuit suivante, une aussi grave résolution. Après une heure de repos, il reçut les commandants du *Prony* et du *Catinat*, leur fit part du complot, puis, ayant demandé son chef d'état-major, arrêta, de concert avec lui, les dispositions nécessaires pour un débarquement armé.

Deux petites colonnes seront formées, l'une de cinquante-quatre hommes, armés de fusils et de sabres, avec vingt-cinq cartouches par homme; elle se composera de vingt-cinq matelots et sous-officiers du *Prony*, et d'un nombre égal de marins et de maîtres du *Catinat*. L'autre comprendra vingt hommes et deux sous-officiers du *Phoque*, armés comme les précédents.

Toutes deux seront transportées à terre par les canots de leur bord respectif.

Le débarquement aura lieu à l'entrée de la plaine, et pendant les opérations à terre, les canots resteront à flot, prêts au départ, avec leurs grappins mouillés au rivage.

La garde de nuit du blockhaus sera augmentée de six hommes et d'un quartier-maître. Quoi qu'elle entende ou quoi qu'il arrive, elle ne sortira pas sans ordre, et ne fera usage des armes à feu qu'à la dernière extrémité pour la défense du poste.

Les deux colonnes partiront des trois bâtiments au signal donné par le *Phoque*, à deux heures du matin, et répété par les deux corvettes. Les trois navires conserveront leurs fanaux jusqu'au retour.

La traversée doit s'exécuter aussi vite que possible. Une fois débarquées sur la plage, les colonnes se formeront tout de suite, la première à droite, en deux sections, la seconde de même, à gauche. Les hommes du *Prony* et du *Catinat* auront deux guides, ceux du *Phoque* un seul; chaque section sera accompagnée d'un canotier porteur d'un fanal à lumière masquée. Les chirurgiens suivront; celui du *Catinat* restera à la plage avec le personnel des canots.

Des instructions écrites, remises aux deux commandants, complétaient le plan d'attaque. Elles prescrivaient au capitaine du *Phoque* de marcher avec la deuxième colonne sur les deux villages situés entre le blockhaus et la mission, de les cerner et de surprendre dans leurs cases, pendant leur sommeil, les deux petits chefs Dominico et Ondou. Il manœuvrera sans bruit et tâchera de procéder aux deux arrestations sans effusion de sang. Il ne sera fait usage des armes à feu qu'à la dernière extrémité. L'arme blanche, en cas de résistance, devra suffire. D'ailleurs les Canaques ne pourront user, pendant la nuit, de leurs armes ordinaires. Tous ceux qui tenteront quelque hostilité seront désarmés et garrottés. Le corps expéditionnaire les amènera, en se tenant sur la défensive, et ralliera, d'abord le blockhaus, puis la plaine : après avoir remis ses prisonniers à l'officier commandant les canots, il se formera en armes à l'entrée de la plaine et se tiendra prêt à marcher à l'appel de la première colonne, dont la mission sera plus compliquée.

En effet, le commandant du *Prony* devait avec l'autre troupe, divisée en deux sections, se rendre le plus silencieusement et le plus vite possible au village du grand chef Tiangoun. Muni d'un croquis du village et du tracé de la route à suivre, ainsi que du signalement des chefs, il avait pour consigne de surprendre dans sa case le vieux renard, ainsi que le surnommé Michel, son successeur. Cerner le village, tromper la vigilance de Tiangoun, sans doute bien gardé, le saisir pendant son sommeil afin d'éviter qu'il se sauvât, et cela sans effusion de sang, ce n'était pas, en apparence, un plan facile à réaliser.

Ces ordres libellés et approuvés par l'amiral furent tenus secrets jusqu'à six heures du soir. Lorsque la garde renforcée du blockhaus et les pirogues des naturels eurent gagné le rivage, les trois capitaines furent appelés et reçurent leurs instructions. Les préparatifs ne devaient commencer à bord de chaque navire qu'à l'heure du coucher.

A ce moment, branle-bas général. Une heure après, il n'y avait plus qu'à attendre tranquillement l'ordre du départ.

A deux heures du matin, les fanaux furent hissés à bord du navire amiral et les deux corvettes répétèrent le signal : les embarcations partirent. A deux heures quarante-cinq, après s'être formées à l'entrée de la plaine, les deux colonnes se mirent en mouvement, selon les instructions.

La seconde avait un trajet très court à parcourir. Le capitaine du *Phoque*, en passant près du blockhaus, s'assura que le poste était en armes et que les factionnaires veillaient sur la plate-forme; puis il se dirigea vers le village le plus voisin. Dans le plus grand silence, il le cerna et surprit le chef Dominico en plein sommeil. On le lia solidement sans qu'il soufflât mot : la frayeur lui serrait la gorge. Il n'était pas seul dans sa hutte; personne ne remua. Le prisonnier fut conduit aussitôt au blockhaus.

Quelques Canaques des huttes voisines, ayant entendu du bruit et des mots échangés à voix basse, sortirent; mais, terrifiés à la vue des marins en armes, ils rentrèrent en toute hâte ou s'esquivèrent adroitement au travers des envahisseurs.

La colonne se remit en marche pour le village habité par Ondou : ce n'était qu'une agglomération d'une douzaine de cases très espacées; celle du chef était isolée. Il dormait comme l'autre; on le garrotta. C'était un solide gaillard :

au moment où il fallut repasser près du premier village, il fut bâillonné par prudence.

En moins d'une heure et demie la tâche était heureusement achevée : peu après quatre heures du matin, les prisonniers se trouvaient embarqués et amarrés aux bancs du canot, mais si épouvantés et tremblant si fort qu'il n'y avait pas à redouter de les voir s'évader.

Vers la même heure, la seconde colonne cernait les cases avoisinant celle du grand chef. Contrairement aux prévisions, tout s'était passé jusqu'alors sans donner l'éveil. Quand les matelots pénétrèrent dans la hutte de Tiangoun, ils y trouvèrent des femmes, quelques hommes, et parmi eux l'héritier Michel. Les hommes furent empoignés, garrottés et menés dehors : quant aux femmes, épouvantées, les marins leur firent comprendre qu'elles devaient se tenir tranquilles. Mais on cherchait vainement Tiangoun. Les matelots désappointés supposèrent que le rusé compère, se méfiant de quelque chose, n'avait pas couché dans sa case et s'était prudemment réfugié dans une hutte quelconque de son village. Comme le village était grand, on ne pouvait aller à sa recherche; d'ailleurs, l'éveil devait être donné, et le gaillard trouverait le moyen de s'échapper.

Comme c'était surtout ce dangereux personnage qu'on désirait capturer, le commandant de l'expédition, avant d'abandonner la partie, résolut de faire fouiller les huttes déjà cernées. Il donnait ses ordres en conséquence, lorsqu'on remarqua, dans le fond de la grande case, une sorte de soupente, élevée de quatre ou cinq pieds, et couverte d'herbes et de joncs. Le chirurgien, entré là en curieux,

CHANTIER DE CONSTRUCTION D'UNE ÉGLISE EN NOUVELLE-CALÉDONIE
D'après une photographie communiquée par le R. P. Fraysse.

eut l'idée originale de larder cette botte de joncs avec la pointe de son épée : aussitôt, un mouvement brusque dans les herbes trahit la présence d'un être vivant.

En un tour de main, les matelots saisirent le dormeur, le firent descendre de son lit, plus vite sans doute qu'il n'y était monté, et, une fois à terre, tous reconnurent le grand chef, le fameux Tiangoun. On le lia sans respect et solidement ; il fut bâillonné et, sous bonne escorte, emmené hors du village. Il rejoignit les trois Canaques déjà arrêtés à l'entrée de sa case.

Mais ce hardi coup de main avait demandé un certain temps, et n'avait pu s'exécuter dans un parfait silence : quelques Canaques entendirent les pas des matelots et les paroles qu'ils échangeaient. Sans rencontrer une résistance formelle, il fallut cependant faire quelques actes de vigueur. Un jeune matelot, ayant passé sa tête à travers les bambous d'une hutte pour voir ce qui se passait dans l'intérieur, fut saisi à la gorge. Le malheureux était en train d'être étranglé par un sauvage, quand ses cris attirèrent encore à temps un de ses camarades. Celui-ci donna un coup de pointe de son sabre à travers les joncs et fit lâcher prise au Canaque, dont le costume naturel dut rester orné d'une assez large boutonnière.

Un autre Canaque, avec son casse-tête, allait frapper un officier par derrière, lorsqu'il fut heureusement aperçu par un des matelots : le brave marin lui envoya un coup de baïonnette dans les reins, mais avec tant d'empressement que le Calédonien fut à jamais dans l'impossibilité de recommencer.

Les chefs des deux autres villages, Quidago et Toulangui, ayant été enlevés en passant et sans nouvelle difficulté, la colonne se replia rapidement sur la plaine avec six prisonniers. Elle y arriva au lever du jour.

L'embarquement dans les canots s'opéra en paix. On donna de bonnes places aux nouveaux prisonniers de la division ; ils eurent même l'honneur de partir les premiers. Tous les matelots, enchantés de leur promenade nocturne, étaient de retour vers six heures et demie du matin.

Le grand chef fut reçu à bord du bâtiment amiral, les sept autres répartis entre les deux corvettes, et tous mis aux fers par les deux pieds, à fond de cale. L'ordre fut donné de les traiter sans brutalité et de leur distribuer la ration du bord. On ne les priva que de vin, d'eau-de-vie et de café. On pouvait le faire sans inhumanité : ces denrées devenaient de plus en plus rares à bord, et les Calédoniens, du moins à cette époque, n'avaient aucun goût pour l'alcool. Ils différaient heureusement en cela des habitants de Taïti, l'île la plus civilisée de toute l'Océanie, où règne honteusement la passion de l'ivresse.

Cette expédition, dont la simplicité n'avait pas justifié toutes les précautions prises, avait été menée si lestement et elle avait si bien réussi, que l'émotion fut profonde dans tous les villages de la tribu. Ce qui frappa surtout les naturels, c'est que les blancs, sans avoir à redouter les esprits, pouvaient agir la nuit comme le jour et s'emparer de leurs chefs impunément, sans bruit et sans combat. Ils avaient même pu enlever le grand chef, le féroce

Tiangoun, qui inspirait à tous une si grande terreur. Vraiment, les hommes des bâtiments à feu avaient une audace redoutable !

Quant aux prisonniers, ils durent bien comprendre la cause de leur enlèvement : lorsqu'ils se virent tous réunis de nouveau comme au palabre, ils furent épouvantés ; ils constataient que le grand chef français pouvait tout savoir, même les délibérations les plus secrètes.

Ceux qui étaient à bord du *Prony* et du *Catinat*, embrochés à la même barre de fer, étaient atterrés. Seul Tiangoun, l'hôte du *Phoque*, sans compagnon à sa barre, gardait une attitude fière et même menaçante. Ce Canaque n'était pas un sauvage ordinaire : si sa tribu avait été plus forte, si les tribus voisines de l'autre côté des montagnes n'avaient pas été si difficiles à entraîner, si l'action morale du P. Montrouzier n'avait pas contribué à adoucir les instincts cruels et les passions belliqueuses des indigènes, jamais, contre le gré de ce chef intelligent, énergique et très autoritaire, le *Phoque* seul, avec ses quatre-vingt-huit hommes d'équipage, n'eût pu s'emparer de l'île et sauvegarder sa prise de possession.

Case du chef Gélima, à Kanala (Nouvelle-Calédonie).
D'après une photographie communiquée par le R. P. Fraysse.

CHAPITRE XXVII

Les Canaques réclament la protection du missionnaire. — Le P. Montrouzier demande grâce. — Tiangoun ne sera pas pendu. — Quatre libérés. — Le grand chef gardé à vue. — Évasion audacieuse. — Rien ne sert de courir, il faut partir à temps.

ès le matin de cet heureux jour (15 décembre), le P. Montrouzier, qui ne connaissait pas les détails des exploits accomplis pendant la nuit précédente, vit venir à la mission des Canaques, hommes et femmes, accourus de tous les villages pour solliciter sa protection. Ils demandaient l'intervention du missionnaire en faveur des prisonniers, et en même temps pour eux; ils se croyaient tous menacés, ne sachant pourquoi les blancs avaient enlevé leurs chefs et se demandant ce qu'ils allaient en faire.

Le P. Montrouzier fut assez embarrassé. Il ne pouvait pas dire comment le grand chef des blancs avait connu le complot tramé contre lui; il ne pouvait pas avouer qu'il avait eu connaissance des projets de l'amiral. Il manœuvra avec habileté, comme c'était son devoir, et il promit à ses ouailles de se rendre auprès du chef de toutes les tribus de l'île, pour lui demander la grâce des captifs. Il affirma d'abord qu'il ne leur serait fait aucun mal, ajoutant que, si on les avait enlevés, c'est qu'ils étaient certainement coupables de quelque lourde faute. Le grand chef, en ayant eu connaissance, avait été obligé de les punir. Il profita de l'occasion pour certifier que les Canaques n'auraient rien à craindre, tant qu'ils se conduiraient bien; ils seraient même protégés contre leurs ennemis, si les tribus de l'intérieur ou du nord de l'île venaient les attaquer, pourvu que les torts ne fussent pas de leur côté. « Les Français sont très forts, dit le Père en terminant sa harangue, mais ils sont avant tout très justes. »

Les Canaques, un peu rassurés, s'en retournèrent dans leurs villages, d'où ils ne sortirent pas de toute la journée. On n'en vit aucun, ni en rade ni dans la plaine. D'ailleurs, les matelots ouvriers ne vinrent pas non plus à terre ce jour-là; les équipages se reposèrent. Le blockhaus seul resta occupé par la garde renforcée.

Le P. Montrouzier, suivant sa promesse, vint à bord du *Phoque*. Il était ému. Le trouble que l'enlèvement des chefs avait jeté parmi les tribus pouvait nuire à sa mission apostolique auprès des pauvres Canaques.

Le dévoué missionnaire venait donc une fois de plus

plaider la cause des prisonniers, même celle du chef Tiangoun. Toutefois il reconnaissait que, si un exemple devenait nécessaire, c'était cet homme influent et plein d'activité, le seul ennemi des Français, qu'il fallait sacrifier. Il demanda que les autres fussent relâchés, et qu'on ne fît aucun mal à celui qui avait entraîné ses subordonnés dans le complot.

L'amiral avait tant d'obligations envers le Père, « le type parfait de la vertu », qu'il se laissa toucher par les supplications de l'ambassadeur de paix et de charité. Il pensa qu'il ne serait pas désavoué par son entourage : tous avaient en effet pour le saint homme la plus profonde vénération et la plus vive reconnaissance. Cependant, il n'accorda pas tout. Bien que resté à l'état de projet, le complot n'en avait pas moins été formulé, et la culpabilité des prisonniers était grande, puisqu'ils avaient parlé de manger les blancs qu'ils auraient massacrés. La peine capitale n'eût pas été un châtiment trop sévère.

Le commandant en chef exprima son regret sincère de ne pouvoir satisfaire entièrement le Père : son devoir devant primer ses sentiments personnels, il n'userait de clémence qu'envers ceux dont l'arrestation n'avait pas été commandée. Les deux Canaques saisis à l'entrée de la case du grand chef seraient remis entre les mains du Père ; on leur adjoindrait Quidago, âgé, infirme, et pouvant d'ailleurs à peine être regardé comme un chef, puisqu'il ne commandait qu'à quelques huttes. Enfin, comme il lui parut qu'un mois de captivité était une peine assez sévère pour expier l'assassinat commis sur notre terrain, d'après les ordres de Dominico, par le Canaque arrêté précédemment, il accorda également à ce captif sa liberté. Mais, pour les autres, l'amiral pria le P. Montrouzier de ne pas insister.

Les quatre graciés lui furent remis, et le missionnaire les ramena à terre. Il était en même temps autorisé à faire savoir aux Canaques qu'ils n'auraient jamais rien à craindre des Français, s'ils agissaient pacifiquement; en attendant, les coupables seraient bien traités, mais resteraient longtemps aux fers, pour s'être conduits en ennemis à l'égard des blancs, qui ne leur avaient fait aucun mal, et pour avoir tenu un palabre dans le but d'attaquer les Français.

Au fond de son âme, il est bien probable que le P. Montrouzier, en se rendant à bord, ne comptait même pas obtenir la délivrance d'un seul prisonnier. Son intention principale était de plaider l'indulgence en faveur du chef Tiangoun, sachant que l'amiral avait le projet de le faire passer par les armes. Aussi parut-il très content des résultats de sa démarche, lorsqu'il se rembarqua presque triomphalement avec ses quatre libérés.

Les prisonniers furent maintenus aux fers et à fond de cale. Leur présence devait être cachée aux naturels qui viendraient à bord. Il fut recommandé de les surveiller rigoureusement, surtout lorsqu'on les ferait monter sur le pont avant huit heures du matin et après cinq heures du soir, c'est-à-dire avant la venue et après le départ des pirogues.

L'effet général produit sur les naturels par ces événe-

LA GARDE DU P. BOILLOT FORMÉE DE CANAQUES CHRÉTIENS
D'après une photographie communiquée par le R. P. Fraysse.

ments fut en somme très satisfaisant. Les Canaques constatèrent que les blancs ne mangeaient pas leurs prisonniers; ils s'imaginèrent qu'ils avaient le don de divination, et ils se persuadèrent que la lutte était impossible avec des hommes aussi forts et aussi habiles. Au bout de deux jours, à force d'éloquence, le P. Montrouzier les eut rassurés complètement : il obtint même qu'ils reprissent leurs anciennes habitudes.

Quant à Tiangoun, vu de près, il ne justifia pas le renom que lui avaient fait ses prétendues grandes qualités. Cependant, l'amiral était résolu à profiter de la situation et de l'autorité de ce chef pour assurer l'avenir de la Nouvelle-Calédonie. Il décida que Tiangoun serait envoyé à Taïti : là, on essayerait de lui donner des habitudes plus civiles, et, de retour dans son pays, il pourrait devenir plus tard un auxiliaire puissant de colonisation.

Ce projet était plein de sens politique; mais, avant tout, il fallait mettre le prisonnier dans l'impossibilité de s'échapper : son évasion pouvait être le signal d'une guerre à mort, non seulement avec sa tribu, mais avec toutes celles qui l'avoisinent.

Il fut donc précisé qu'on ne le quitterait ni le jour ni la nuit; qu'on lui mettrait les fers aux deux pieds; qu'il serait enchaîné, non dans la cale, qui avait trop d'ouvertures, mais à l'avant du navire, dans le magasin général où sont déposés les menus approvisionnements du matériel de bord, comme clous et ferrailles.

Ce réduit ne reçoit l'air et la lumière que par un panneau carré de 80 centimètres, placé dans le plancher du faux pont où loge l'équipage. Les communications se font par une échelle de fer.

Le prisonnier fut descendu dans ce petit palais sous-marin; pendant la nuit, il était plongé dans une obscurité complète, mais il lui était possible, malgré ses fers, de s'étendre sur un matelas; il avait une couverture de laine pour se couvrir. Un factionnaire spécial, préposé à sa garde, se tenait, sans une minute de relâche, dans le faux pont. La nuit, ne pouvant pas rester debout, à cause du branle des hamacs, le matelot s'asseyait sur le plancher du faux pont, passait ses jambes dans le panneau et reposait ses pieds sur une des marches de l'échelle de fer.

Le service de nuit comportait une ronde de sous-officier ou de quartier-maître, toutes les heures, pour contrôler la vigilance du factionnaire et la présence du prisonnier.

Deux fois par jour, Tiangoun était délivré de ses fers pendant une demi-heure. Il restait alors, attaché par un pied à une boucle solide, sur le pont, sous la garde du factionnaire. Chaque fois qu'on le déchargeait de ses entraves, il regardait sournoisement comment on s'y prenait pour cela. En passant de l'échelle de fer dans le faux pont, et de là par une échelle en bois sur le pont, il inspectait le parcours; arrivé à l'avant, il étudiait du regard le lieu d'embarquement et de débarquement.

Toutes ces observations terminées, il demeurait immobile jusqu'à la fin de sa demi-heure de grand air, les yeux invariablement fixés dans la direction de son village. L'expression de ses traits, à la fois triste et pensive, indiquait ses préoccupations : on pouvait deviner quel rêve il caressait. Il se montrait soumis, résigné, digne même dans son malheur, bien différent en cela des autres prisonniers, qui ne faisaient que pleurer, supplier, avec une frayeur grotesque : la pensée d'être rôtis bientôt et servis sur la table des Français les rendait comme fous.

Pendant quatre jours tout se passa au mieux, suivant les ordres donnés ; mais, dans la nuit du 19 au 20 décembre, le rusé Canaque, ayant trouvé à sa portée un clou, en façonna la pointe en forme de clef avec ses belles et fortes dents. Son gardien s'étant profondément endormi sans même avoir eu la précaution d'introduire ses jambes dans le panneau, Tiangoun ouvrit le cadenas qui fixait ses fers, franchit la barre et monta à l'échelle, en sautant par-dessus le factionnaire. Arrivé sur le pont, il y prit un seau, descendit l'échelle d'embarquement à tribord, se mit à l'eau sans bruit et se sauva en nageant, soutenu à flot par le seau vide.

Il ne fut ni vu ni entendu par les deux factionnaires du pont, qui étaient assez loin de l'échelle d'embarquement.

Vers trois heures du matin, le sous-officier de ronde avait cru constater encore la présence du prisonnier. Introduisant son fanal dans le panneau, il avait éclairé le magasin de manière à voir si, sous la couverture de laine, il y avait un corps. Il est vrai qu'il trouva le factionnaire endormi, et il l'inscrivit pour cette faute sur le cahier de pénitence ; mais, ne se doutant pas d'autre chose, il avait repris sa tournée sans inquiétude.

Vers quatre heures, lorsque le maître d'équipage monta pour commencer le quart, non seulement le prisonnier n'y était plus, mais son matelas lui-même n'était plus chaud. Par contre, on constata que la barre était à sa place, que la couverture était bien étendue et qu'on pouvait, à distance, croire qu'il y avait quelqu'un dessous.

Rapport immédiat de la fâcheuse découverte fut transmis à l'officier en second, qui informa aussitôt le capitaine du *Phoque*. Le chef d'état-major donna l'ordre de fouiller le navire dans tous les sens, et une baleinière partit à toute vitesse en ligne directe pour la plage.

Tiangoun pouvait s'être caché à bord pour attendre la nuit suivante; s'il s'était déjà jeté à l'eau, il restait quelque espoir de le rattraper avant qu'il eût touché terre.

Mais l'embarcation expédiée ne put arriver à la plage qu'au petit jour. Le seul objet qu'on aperçut en accostant fut un seau que la lame roulait au bord de la mer. Quand on eut débarqué, les Fidjiens firent comprendre par leur pantomime qu'un Canaque était sorti de l'eau à cet endroit et s'était sauvé à toutes jambes dans la direction du nord. Le prisonnier des blancs, le sauvage Tiangoun, était donc plus fin que ses geôliers. S'ils avaient su le prendre, ils n'avaient pas su le garder. Par son intelligence et son audace, il avait rendu inutiles la surveillance rigoureuse dont il était l'objet et les chaînes dont on l'avait chargé.

Un village dans l'île Mallicolo (Nouvelles-Hébrides).
D'après une photographie du docteur François.

Grandes pirogues des indigènes de la Nouvelle-Calédonie.
D'après une photographie du docteur François.

CHAPITRE XXVIII

Mécontentement de l'amiral. — C'est la guerre! — Consternation du missionnaire. — Menaces d'incendie et de massacre. — Le P. Montrouzier s'interpose. — Ultimatum. — Négociations. — Le missionnaire ramène le fugitif. — Entrevue du grand chef et de l'amiral. — Le nouveau Rollon. — Pacification.

OMMENT exprimer le mécontentement de l'amiral, lorsqu'à son réveil il reçut la communication du chef d'état-major? Il y avait eu faute contre la discipline : le maheureux factionnaire fut mis aux fers, à la place du prisonnier, et menacé de comparaître devant le conseil de justice du bord. Le sous-officier de ronde fut sévèrement réprimandé pour ne pas s'être mieux assuré de la présence du captif; mais pour ce dernier on s'en tint aux reproches, car c'était un homme d'élite qui avait donné maintes fois des

preuves de son courage et de son dévouement, et d'ailleurs tout permettait de croire qu'au moment de la ronde le prisonnier était encore blotti sous sa couverture.

Deux heures après l'arrivée de Tiangoun dans son village, le P. Montrouzier fut avisé par ses catéchumènes des plus petits détails de l'évasion. Le fugitif avait une frayeur que rien ne pouvait dissiper. Il reconnaissait qu'il n'avait pas été maltraité, que les Français n'étaient pas féroces et qu'ils ne tuaient ni ne mangeaient leurs prisonniers ; néanmoins, à peine de retour parmi les siens, il avait déclaré qu'il ne voulait pas rester si près des blancs, et qu'il transplanterait la tribu au loin, plus au nord.

La nouvelle de cette évasion, qui allait diminuer notre prestige auprès des Canaques et nous exposer à leurs moqueries, consterna le missionnaire ; d'autre part, il ne se dissimulait pas que l'amiral userait de représailles énergiques, et il redoutait les conséquences d'une déclaration d'hostilités qui pouvait ruiner son œuvre d'apostolat. Les naturels, chassés de leurs villages par les Français, se réuniraient aux tribus voisines, et une lutte à mort commencerait pour se terminer dans le sang.

Le Père prit son parti et, n'écoutant que sa charité, il résolut de s'interposer de nouveau.

Il arriva à bord du *Phoque* vers huit heures et demie du matin. Sa pirogue croisa en chemin une baleinière qui allait le chercher.

L'amiral ne fut pas médiocrement surpris en apprenant que le missionnaire était bien plus au courant que lui de toutes les circonstances de l'évasion.

Le digne commandant était très irrité. Il parla d'ordonner immédiatement une descente à terre de tous les hommes qu'il pourrait armer, afin de ressaisir le fugitif; si on ne le reprenait, on ferait main basse sur les autres et l'on brûlerait tous les villages.

Ce plan aurait eu des conséquences fatales, surtout si l'expédition, comme on pouvait le craindre, était obligée à la fin de battre en retraite pour aller chercher des vivres à Sydney. Dans ce cas, après une lutte ouverte avec les Canaques, il ne fallait pas songer à laisser une garnison, qui serait toujours trop faible pour défendre le territoire occupé. C'était donc la ruine de notre établissement.

Le P. Montrouzier exposa doucement que son expérience lui permettait d'espérer une solution moins violente; il ne croyait pas impossible d'obtenir la soumission de Tiangoun, par des voies bienveillantes, et se proposait comme intermédiaire pour une réconciliation. Elle serait plus efficace que des massacres et amènerait plus sûrement la pacification de toute la tribu : celle-ci n'était point hostile par elle-même et ne s'armerait jamais qu'à l'instigation du chef, notre ennemi. Ne vaudrait-il pas mieux se faire de Tiangoun un allié?

Bien qu'un peu calmé, l'amiral ne se sentait pas encore porté aux mesures pacifiques : il ne croyait pas que la soumission de Tiangoun pût être sincère; il ne se rendit pas tout d'abord à l'avis du P. Montrouzier. Il voulait en finir avec ces sauvages et les châtier d'une façon exemplaire. La colère reprenant bientôt le dessus, il revint à l'idée d'incendier les villages, de fusiller tous ceux qu'on pourrait saisir, enfin d'une guerre à mort. Il regrettait les trois mois de patience pendant lesquels il avait dû se contenir. Le missionnaire ne se découragea point, et, après une heure bien longue de supplications, il obtint enfin que l'amiral s'en tiendrait pour le moment à l'ultimatum suivant :

« Si, dans vingt-quatre heures, le grand chef Tiangoun n'a pas fait sa soumission absolue au grand chef français, désormais maître de l'île, celui-ci lui enlèvera son autorité et l'exilera loin de la Nouvelle-Calédonie. Si les autres guerriers, dans ce cas, ne nomment pas un autre grand chef et ne s'engagent pas à refuser à l'exilé l'entrée de l'île, ou, si lui-même ose revenir, à le livrer au chef des blancs, tous les villages seront brûlés et la tribu chassée vers le nord.

« Au contraire, si le chef Tiangoun vient à bord du *Phoque* faire en personne sa soumission au grand chef de toutes les tribus, il sera gracié et pourra conserver son autorité. Toutefois, si, après avoir été pardonné, il manquait à ses promesses, toute la tribu serait châtiée, transportée au loin, et ne reviendrait plus dans le pays. »

Le Père accepta sans balancer la charge de négocier un accord sur ces bases, et se disposa immédiatement à la remplir. Comme son rôle n'était pas sans danger, l'amiral lui offrit de le faire accompagner par un détachement de matelots ; mais le brave missionnaire ne craignait rien et refusa : « S'il y a lieu, dit-il, les catéchumènes sauront bien me défendre ; mais d'ailleurs, dans notre ministère apostolique, nous ne devons pas nous alarmer lorsque nos personnes seules sont exposées. Nous faisons l'œuvre de Dieu : à lui de nous protéger et de nous aider, s'il le juge bon ! »

L'amiral et son second, tout en admirant le dévouement de ce parfait apôtre, ne crurent pas un seul instant à la réussite de sa tentative. Le chef d'état-major se rendit au blockhaus avec un canot plein d'armes et de munitions destinées aux travailleurs ; il devait, à la première alerte, marcher avec eux au secours du missionnaire. Quand celui-ci traversa la plaine, accompagné seulement de deux jeunes néophytes, pour gagner le village du fugitif, on le prévint de cette mesure de prudence. Il répéta qu'il n'y avait rien à craindre et qu'il serait de retour sain et sauf, dans quelques heures, ou du moins dans la soirée, si Tiangoun était parti au loin.

Au village, que se passa-t-il ? que fit ou que dit le missionnaire ? Il ne l'a pas raconté ; mais, peu d'heures après, on le vit revenir le long de la plage, au milieu d'un groupe de Canaques. Au lieu de prendre le chemin direct, il évitait le blockhaus et se dirigeait vers la mission par des sentiers marécageux. On supposa que Tiangoun était avec lui. On ne se trompait pas : le fugitif était ramené par le Père.

Cependant, le plus difficile restait à obtenir. Tiangoun avait bien consenti à faire sa soumission et même à promettre le secours de sa tribu en cas de guerre, ce qui est la plus grande preuve d'amitié que puisse donner un chef calédonien ; mais il redoutait de se mettre à la merci des blancs en leur rendant visite à bord. Le sauvage se méfiait des Français. Arrivé à la résidence, le P. Montrouzier fut si persuasif que, dans l'après-midi, après un palabre d'au moins deux heures, le chef se résolut enfin à aller présenter son hommage à bord du *Phoque*.

Vers trois heures, il prit place dans la pirogue de la résidence, à côté du missionnaire, et ils se dirigèrent vers le navire. Le Père craignait qu'en route son compagnon n'eût des regrets et ne se jetât de nouveau à la mer : il ne cessa de l'encourager, tout le temps qu'ils naviguèrent, et lui répéta avec assurance que jamais le grand chef français ne manquait à sa parole.

Enfin, on accosta. Visiblement ému et tremblant de tous ses membres, ne pouvant plus reculer, Tiangoun dut monter sur le pont, accompagné de son protecteur. Parvenu en haut, il s'arrêta, comme si on l'avait cloué sur place, et sa figure était toute décomposée. Mais le missionnaire, qui l'observait, s'empressa de lui parler amicalement et de lui prendre doucement le bras pour le conduire à l'arrière du navire ; ils descendirent ensemble chez le commandant en chef.

Là, quoiqu'il fût encore fort peu à son aise, la vue du salon de l'amiral, qui ressemblait si peu à celui qu'il avait habité les jours précédents, et surtout l'aspect vénérable du vieil officier à cheveux blancs, produisirent sur lui un bon effet ; son visage changea subitement d'expression. Le grand chef français l'accueillit avec un sourire et chargea le P. Montrouzier de traduire ses paroles.

L'amiral lui renouvelait la promesse déjà faite de lui

accorder sa grâce, de le remettre en liberté et de lui rendre son autorité sur la tribu, s'il faisait sa soumission. La soumission faite au grand chef de l'île, il sera regardé comme l'ami des Français et il en sera ainsi tant qu'il

INDIGÈNE CIVILISÉ DE LA NOUVELLE-CALÉDONIE
D'après une photographie de M. Victoire, de Lyon.

se conduira avec eux en ami. Le chef des blancs, comme il vient de le prouver, peut tout savoir; ainsi tous les détails du dernier palabre lui sont connus; il peut tout tenter, la nuit comme le jour, et c'est pour cela qu'il a réussi à faire prisonniers tous les chefs qui assistaient au palabre. Tiangoun doit voir que les Calédoniens ne sont pas aussi forts que les blancs et ne pourront jamais leur faire la guerre. Enfin l'amiral demanda à Tiangoun pourquoi il avait agi en ennemi, puisqu'il ne lui avait fait aucun mal. Les Français ont puni seulement, et avec justice, un Canaque qui avait tué une femme sur leur territoire. En terminant, l'amiral déclara qu'amis des blancs, les Canaques seraient protégés ; mais que s'ils devenaient leurs ennemis, ils seraient châtiés.

Pendant toute la durée de ce discours, aussitôt traduit par le P. Montrouzier, Tiangoun resta immobile et tremblant. Il tenait les yeux baissés ; mais il était facile de voir que la scène et surtout les paroles du chef l'impressionnaient vivement.

Quand le Père eut rempli son rôle d'interprète, il ajouta en son propre nom quelques mots d'encouragement et conseilla au sauvage de faire sa soumission à titre d'ami déclaré. Tiangoun demeura encore quelques instants sans mouvement. L'amiral, s'étant levé, se trouva face à face avec lui. A ce moment, le Canaque se jette à genoux, et mettant le front sur le tapis qui recouvrait le plancher, il saisit en même temps un des pieds de l'amiral pour se le poser sur la tête, en signe de sa soumission.

Le grand chef français, qui n'avait déjà pas trop de ses deux jambes malades, résista juste assez pour ne pas tomber à la renverse, comme il advint jadis au roi Charles le Simple en pareille occurrence. Il se rassit, par prudence, et fit expliquer au sauvage trop zélé qu'on lui tenait compte de l'intention, qu'il pouvait se relever de terre, où il demeurait prosterné, que son autorité de chef de la tribu lui était rendue et qu'enfin il était libre de retourner dans son village. Sans se faire prier, le gaillard mit lestement à profit la générosité de son vainqueur; tout joyeux, en quelques bonds, il gagna la portière de l'embarquement, et descendit dans le canot mis à la disposition du P. Montrouzier.

Pendant ce temps, le charitable missionnaire recevait les remerciements de l'amiral et ne manquait pas l'occasion pour renouveler sa demande au sujet des quatre prisonniers encore détenus à bord; mais il rencontra une résistance inflexible. Il dut se contenter de l'assurance, donnée de nouveau, qu'ils seraient bien traités. Ils étaient destinés à faire un voyage dont l'île de Taïti, la reine de l'Océanie, serait le but; après avoir reçu quelques leçons de civilité, ils pourraient revenir dans leur pays. Le Père n'insista pas pour le moment.

La soumission et la mise en liberté de Tiangoun produisirent le meilleur effet. Les naturels se montrèrent plus familiers que jamais et véritablement désireux de vivre en parfaite amitié avec les blancs. Quelques jours après, l'illustre grand chef en personne se rendit au blockhaus, et son attitude fut pacifique.

La joie d'une si heureuse détente dans les relations mutuelles eût été sans mélange, si nos marins avaient été sûrs d'échapper à la famine, qui devenait de plus en plus menaçante. Mais ce nuage aussi n'allait pas tarder à disparaître.

La résidence d'un colon en Nouvelle-Calédonie.
D'après une photographie communiquée par le R. P. Fraysse.

Palais épiscopal à Nouméa.
D'après une photographie communiquée par le R. P. Fraysse.

CHAPITRE XXIX

L'équipage à la demi-ration. — Une voile. — Le *Marian-Watson*. — La mort foudroyante d'un commodore. — Fureur des Anglais. — La guerre d'Orient. — Espoir. — Noël. — Une étoile dans la nuit sombre. — Une grand'messe chantée par des anthropophages. — Le *John-H.-Millay*. — Partage et réjouissance. — Adieux de l'amiral Fébvrier des Pointes. — Départ du *Catinat*. — Marins et missionnaires!

E navire américain ne paraissait pas encore à l'horizon, et les vivres tiraient à leur fin. Le 21 décembre, après une délibération des plus sérieuses, le conseil décida qu'à partir de ce jour on réduirait la ration journalière, de manière à pouvoir aller jusqu'au 25, en réservant pour cette date un surplus de huit jours de demi-ration.

Le lendemain, 22 décembre, vers onze heures du matin, la vigie signala une voile dans l'est-sud-est. Personne ne mit en doute que ce ne fût le *John-H.-Millay*, si impatiemment attendu. On n'apercevait encore que ses voiles hautes ; mais comme les alisés du sud-est soufflaient assez fort, il se rapprocha et l'on reconnut, hélas! un bâtiment de faible tonnage, probablement un sandalier anglais. On en eut la certitude au moyen de la longue-vue. A la corne du navire, qui était une goélette, flottait le pavillon rouge du commerce britannique. Deux heures plus tard, la goélette prenait mouillage à Balade, près de la division française.

On apprit alors que le nouvel arrivé apportait cent cinquante tonneaux de charbon, qu'un négociant français de Sydney s'était empressé d'expédier à Balade, sur avis donné par le consul de France. Celui-ci avait affrété le *Marian-Watson* et acheté son chargement, sous toute réserve, lui imposant l'obligation expresse d'arriver à destination avant le 25 décembre.

Le *John-H.-Millay*, porteur des délégués de l'amiral Fébvrier des Pointes, était arrivé à Sydney le 20 octobre ; dès le surlendemain, il avait commencé son chargement. Il était probable qu'il avait pu partir entre le 5 et le 10 novembre : sa marche excellente, secondée par l'expérience du capitaine, l'amènerait aisément en quarante-cinq jours. Il pouvait donc, lui aussi, à moins d'accident imprévu, paraître à l'horizon d'un moment à l'autre.

Le subrécargue du *Marian-Watson* raconta qu'en apprenant, à l'arrivée du *Herald*, l'occupation de la Nouvelle-Calédonie par les Français, le commodore anglais préposé à la station navale de l'Australie avait été foudroyé par un coup de sang; depuis plus d'un an, il gardait en poche l'ordre de s'emparer de l'île, remettant toujours à plus tard l'exécution des volontés de son gouvernement. On juge si nos marins le plaignirent.

Une lettre personnelle du consul faisait part à l'amiral de nouvelles assez graves, venues d'Europe. La France était à la veille de déclarer la guerre à la Russie. Quant à l'acte accompli en Nouvelle-Calédonie, il avait blessé au vif les sentiments patriotiques des Anglais; ils allaient jusqu'à dire que c'était un affront à leur adresse et que l'Angleterre ne reconnaîtrait pas l'usurpation française. Mais il ne fallait voir là, sans doute, qu'une de ces fanfaronnades assez habituelles à nos rivaux, et ne tirant pas à grande conséquence. L'amiral ne s'en émut pas outre mesure. Après tout, la terre sauvage sur laquelle, obéissant à ses instructions, il avait le premier posé le pied, ne pouvait légitimement lui être disputée que par ses habitants. Il se contenta de dire simplement : « Je l'ai et je la garde, au nom de la France. »

Ce qui fit le plus de plaisir au vieil amiral, ce fut la certitude de l'arrivée prochaine du *John-H.-Millay*. Sans cette assurance il aurait fallu partir le lendemain; il ne restait plus de vivres que pour une dizaine de jours, en réduisant l'équipage à la demi-ration. Encore un peu de patience, et le salut arriverait.

On était à la veille de Noël. Le P. Montrouzier désira profiter de la présence des bâtiments de guerre pour donner à cette fête un caractère plus solennel que de coutume : il voulait frapper l'imagination de ses catéchumènes en ajoutant aux cérémonies liturgiques l'éclat des uniformes et l'aspect imposant d'un détachement en armes. Ayant préparé avec soin ses néophytes à chanter une grand'messe, il vint faire ses invitations.

L'amiral accepta pour lui, pour son chef d'état-major et pour son aide de camp; il promit en outre au Père de transmettre son désir à la division et d'accorder à ses inférieurs toute latitude. Le missionnaire s'en retourna enchanté. Au dire de l'amiral lui-même, les six cents hommes de l'équipage de la *Forte*, libres de s'abstenir de la messe, y assistaient régulièrement avec le plus grand respect. Il était donc certain d'avoir plus de monde que sa chapelle n'en pouvait contenir.

Par un ordre du jour qui fut lu le 24, à l'heure de midi, l'amiral fit connaître l'invitation du missionnaire. Une lettre d'avis, adressée à chacun des capitaines des trois navires, les informait qu'il avait accepté pour lui, qu'il laissait liberté complète à chacun et toute facilité aux divers commandants pour les hommes de leurs bords respectifs. La petite tenue était prescrite pour les officiers, la tenue la moins malpropre pour l'équipage du *Phoque*, qui n'avait plus que des vêtements usés, et pour les équipages des deux corvettes la grande tenue. L'ordre du mouvement en rade était réglé, ainsi que le placement hiérarchique dans la chapelle de la mission.

L'équipage répondit à cette invitation avec tant d'empressement, que tous les hommes valides se présentèrent pour composer le détachement en armes. Les officiers,

LA RADE DE BALADE
Premier blockhaus élevé en Nouvelle-Calédonie. — Trois corvettes sur rade : *le Phoque, le Prony* et *le Catinat.*
Dessin du comte de Marcé.

qui eux aussi s'offraient tous, déterminèrent entre eux quel serait l'heureux élu chargé de commander. Les trois capitaines arrêtèrent que le détachement serait composé par moitié des hommes des corvettes. Les matelots du *Phoque* furent exclus, parce que leur pauvre tenue aurait juré à côté de celle de leurs camarades. On fit nécessairement des mécontents : le transbordement par canots limitait le nombre.

Le 24, dans l'après-midi, l'amiral s'établit à la mission. Le soir même, quand le soleil venait de se coucher, la vigie crut voir une petite voile blanche à l'horizon, dans l'est-sud-est, à une très grande distance. Le ciel étant chargé de vapeurs et le brun du soir commençant à s'étendre sur la mer, il fut impossible de s'assurer de la réalité de l'observation : toutefois, le cri de la vigie, répété de navire en navire, fut accueilli par un transport de joie et d'enthousiasme. Afin de venir en aide au navire tant désiré, les trois bâtiments de guerre hissèrent leurs fanaux de position. A partir de ce moment, les regards fouillèrent anxieusement les ténèbres, interrogeant la nuit sombre : longtemps elle ne donna aucune réponse.

Enfin, peu après minuit, à l'heure où la pauvre église de la Nouvelle-Calédonie célébrait la naissance du Sauveur du monde, un feu se montra dans l'est, à petite distance. Comment ne pas songer à l'étoile qui guida les bergers ?

La fête religieuse fut vraiment imposante et dépassa ce qu'auraient pu concevoir même les plus croyants : les indifférents, en petit nombre, virent avec admiration ce qu'un homme seul, abandonné à lui-même, manquant de tout, avait pu obtenir de ces féroces anthropophages. Sans indécision, sans fausses notes, sous la direction d'un des leurs, les Canaques avaient fort bien chanté la messe; ceux qui ne concouraient pas aux chants s'étaient tenus, pendant la cérémonie, dans une attitude religieuse qui révélait et leur foi et leur respect absolu envers la personne du bon P. Montrouzier.

Un grand nombre de Canaques non évangélisés étaient venus de tous les villages en simples curieux. Ils se montrèrent fort respectueux à l'intérieur de la mission et devant la chapelle; mais il faut avouer que leurs regards semblaient surtout attirés par les uniformes des officiers et peut-être plus encore par les armes, que les marins manœuvrèrent suivant le cérémonial prescrit pour les messes militaires. En somme, le divin Enfant de Bethléem ne dut pas être trop mécontent, ni des sauvages ni des marins.

Lorsqu'au petit jour le soleil levant permit de distinguer les flots et leur immensité, les trois équipages acclamèrent le *John-H.-Millay*, voguant à quelques milles au large des récifs de ceinture : il faisait route droit sur la passe de Balade.

Bientôt les délégués et le capitaine yankee débarquaient.

L'amiral était revenu à bord après la cérémonie de la chapelle; son secrétaire lui fit de vive voix le compte rendu rapide de la mission qu'il venait d'accomplir. Il apportait d'excellents vivres de campagne, du charbon, des matières grasses et tout le matériel qui avait manqué jusqu'alors, ainsi qu'une foule de petites utilités de circonstance [1].

A son tour, l'officier d'ordonnance fournit, au point de vue maritime, toutes les explications nécessaires pour justifier le temps si long écoulé entre le départ du 12 octobre et le retour au 25 décembre : la faute en était aux contrariétés que la faiblesse des vents et leur direction avaient fait subir à la marche du navire.

Enfin les deux officiers confirmèrent la cause de la mort subite du commodore anglais. Ils étaient arrivés à Sydney juste à temps pour figurer en uniforme, avec le consul de France, aux obsèques de l'infortuné.

L'amiral témoigna sa vive satisfaction à ses délégués, pour le zèle intelligent dont ils avaient fait preuve, et, à titre de récompense, il leur décerna des félicitations officielles par un ordre du jour adressé à la division.

Le déchargement et le partage, réglés d'avance avec précision et exécutés avec entrain, ne prirent que cinq jours. Pendant ce temps, le blockhaus se terminait avec le matériel apporté par le *John-H.-Millay;* la construction était complètement achevée au 30 décembre. Tout était calme à terre : les naturels ne semblaient plus se préoccuper des prisonniers. Le grand chef était devenu presque familier et paraissait avoir renoncé à toute lutte avec les blancs.

Le 29, l'amiral fit connaître à son chef d'état-major ses intentions pour le départ.

---

[1]. De plus, un brick anglais, *le Popligton,* frété à Sydney par un commerçant, venait à tout hasard apporter du charbon et des vivres : il pouvait arriver d'un jour à l'autre.   (Correspondance inédite de M. de Marcé.)

Le 1ᵉʳ janvier 1854, à huit heures du matin, il arborerait son pavillon de commandement à bord de la corvette *le Catinat*, et partirait immédiatement pour Taïti. Tout le personnel de l'état-major général, le complément d'équipage du *Phoque* emprunté à la *Forte*, le vieux garde du génie, les malades sérieusement atteints et tous les scorbutiques, enfin les quatre prisonniers, Ondou, Michel, Dominico et Toulangui, seraient embarqués à bord du *Catinat* une heure avant le départ.

Le commandement supérieur de l'établissement et de la station navale sera confié au capitaine du *Prony*, qui séjournera à la Nouvelle-Calédonie avec son bâtiment, jusqu'à nouvel ordre.

L'aviso *le Phoque* restera en sous-ordre à la station locale[1], jusqu'à ce que le commandant du *Prony* juge ne plus avoir besoin de sa présence. Il ne séjournera pas au delà du jour d'arrivée de la *Constantine*, que la lettre du consul de Sydney annonçait pour la mi-janvier. Des instructions particulières et très détaillées seront remises au nouveau chef de la station locale et de la colonie naissante.

Le chef d'état-major devait prendre les dispositions nécessaires et formuler les ordres voulus pour que, le 30 décembre au soir, ou le 31 au plus tard avant midi, tout fût prêt à terre et en rade.

---

1. Le *Phoque* devait rester dix jours encore pour aider le commandant de Brun dans ses travaux de terre, puis effectuer son retour à Taïti en passant par l'île des Pins, et là remettre une paire de pistolets au chef de l'île et lui promettre un costume complet, que l'amiral lui enverrait de la côte d'Amérique aussitôt son arrivée. (Correspondance inédite de M. de Marcé.)

Le 30, le commandant en chef, par un ordre du jour adressé aux équipages, leur exprima ses remerciements pour le dévouement avec lequel tous, officiers, sous-officiers et matelots, avaient supporté les privations et les souffrances des mauvais jours, heureusement écoulés, et pour la bonne volonté, l'abnégation patriotique, l'esprit de discipline qu'ils avaient toujours apportés dans l'exécution de leurs travaux extraordinaires à terre, et dans l'accomplissement de leurs devoirs ordinaires à bord.

Il terminait par ses adieux à l'équipage du *Phoque*, qu'il ne devait plus revoir. Avant de quitter ses chers compagnons d'armes, dont il n'avait jamais eu qu'à se louer et qui lui étaient fort attachés, il voulut adresser lui-même de vive voix ses félicitations à ces braves qui avaient eu la part la plus rude dans l'œuvre accomplie. Il leur parla avec une émotion pénétrante et promit de leur prouver que leur ancien chef se souvenait de leur héroïsme. Hélas! la mort est venue avant qu'il ait pu tenir sa parole, donnée sincèrement.

L'amiral Fébvrier des Pointes est mort en mer, quelque temps après, et bien des services rendus, n'ayant plus pour les rappeler ce témoin éclairé, ont été oubliés.

Dans la soirée du 31 décembre, les états-majors du *Prony* et du *Phoque* vinrent prendre congé de l'amiral. Il embrassa les deux capitaines, serra la main à chaque officier, et, s'adressant à tous, il s'exprima en ces termes :

« Messieurs, j'ai été très heureux de vos bons services et de votre remarquable dévouement. Je les signalerai au ministre de la marine, en bonne conscience et en toute justice. Je lui rendrai compte de ce que nous avons fait. Je lui dirai que, contrairement à ses intentions et malgré ses combinaisons, nous avons été complètement abandonnés à nous-mêmes, manquant de tout. Mais il saura que nous avons suppléé à ce dénuement par notre énergie, notre résignation et notre discipline. A ce triple point de vue, les officiers ont dignement soutenu le vieil honneur de la marine française et bravement donné l'exemple du dévouement à la patrie. Personnellement, je vous remercie pour le concours que vous m'avez apporté dans l'accomplissement de ma mission. Soyons heureux d'avoir pu donner une nouvelle colonie à la France, et de l'avoir fait malgré les difficultés sans nombre, et sans moyens suffisants.

« Je ne vous oublierai pas, Messieurs, et je souhaite vivement de pouvoir vous en donner plus que l'assurance verbale! Au revoir en France, ou adieu, si la terre de la patrie ne nous réunit plus! »

Le 1ᵉʳ janvier au matin, l'amiral, appuyé sur le bras du bon P. Montrouzier, gravit avec peine l'échelle d'embarquement du *Catinat*, et monta sur le pont de ce navire qu'il ne devait plus quitter que pour son tombeau. Il embrassa le missionnaire; on arbora son pavillon et, les couleurs nationales étant hissées au coup de huit heures, le *Catinat* prit sa route vers la passe. Le missionnaire et le marin se saluèrent de loin une dernière fois. Un peu avant midi, le conquérant de la Nouvelle-Calédonie perdit de vue les hautes terres de l'île.

Cette terre, il l'avait faite française en unissant fraternellement ses efforts à ceux des missionnaires : ils ont continué depuis à la faire catholique. Les hommes qui marchent à l'ombre du pavillon de la France, et ceux qu'abrite un pavillon encore plus glorieux, celui du Christ et de son Église, sont bien faits pour travailler ensemble à la civilisation du monde.

Une frégate en tempête.
D'après le dessin du comte de Marcé.

TABLE DES GRAVURES

L'amiral Fébvrier des Pointes, qui, en 1853, prit, au nom de la France, possession de la Nouvelle-Calédonie.. . . . . Frontispice.
La rivière de Tarataka à Saint-Esprit (Nouvelles-Hébrides). 1
Vue de l'île Vaté (Nouvelles-Hébrides). 7
Mgr Douarre, premier vicaire apostolique de la Nouvelle-Calédonie. . 11
Une case d'homme à Protection (île Vaté) 15
La Mission de Balade (Nouvelle-Calédonie). 23
Mort de Mgr Epalle. 29
En vue des côtes de la Nouvelle-Calédonie. 31
Les tabous sauvegardant l'entrée d'une case (île Mallicolo). 32
La Mission de Pouébo (Nouvelle-Calédonie). 33
Paysage de Saint-Louis (Nouvelle-Calédonie). 40
La Mission de l'île des Pins. 41
Débarcadère du Camp Nord, dans la baie du Sud (Nouvelle-Calédonie). 46
La Mission de Port-Sandwich (île Mallicolo). 47
Un groupe de bananiers. 53
La Mission de l'île Belep (au nord de la Nouvelle-Calédonie). 60
Port et rade de Yenguène; les « Tours de Notre-Dame ». 61
L'Église de l'île Belep (Nouvelle-Calédonie). 75
L'Église de l'île des Pins. 76
Le pensionnat Saint-Léon à Païta (Nouvelle-Calédonie). 77
Indigènes des îles Loyalty. — Vue de Lifou. 85
Les armes de Sa Grandeur Mgr Douarre. 92
Passerelle pour aller du village de Saint-Louis à l'église. 93
Massacre de l'équipage du canot de l'*Alcmène*. 99
Une case de sauvage canaque à la façon européenne. 104
Entrée du port Olery, à Spiritu Santo (Nouvelles-Hébrides). 105
Voyage de l'amiral Fébvrier des Pointes à travers l'océan Pacifique (carte) 115
Vue de Taïti. — La frégate *la Forte* donnant dans les passes de l'île. . 119
Pirogues de la Nouvelle-Calédonie. 124
Un coin de forêt à Spiritu Santo (Nouvelles-Hébrides). 125
Une place de village à Mallicolo (Nouvelles-Hébrides). 131
Case du chef de Mériver (île Mallicolo). 135
La Nouvelle-Calédonie et l'île des Pins (carte). 139
La Mission d'Eacho dans l'île Lifou (Loyalty). 142
Case de la famille du chef de Mériver (île Mallicolo). 143

TABLE DES GRAVURES

Un village chrétien en Nouvelle-Calédonie (Saint-Louis) 147
Mission de Mékité dans l'île Lifou (Loyalty) 151
La maison des Missionnaires à l'île des Pins. 152
Un banian 153
Construction d'une case calédonienne. 157
Vue de Païta (Nouvelle-Calédonie). 161
Le fort de Yenguène (Nouvelle-Calédonie). 162
Une case de femme à Protection (île Vaté). 163
Prise de possession de la Nouvelle-Calédonie en 1853. 171
Le R. P. Montrouzier, supérieur de la Mission de Balade. 181
Bouraïl (Nouvelle-Calédonie). 184
La baie de Kanala, sur la côte est de la Nouvelle-Calédonie. 185
La Mission de l'île des Pins. 191
La Mission Saint-Michel à Uvéa (Loyalty) 196
Vue de la Mission de l'île des Pins (époque actuelle). 197
La case du chef de l'île des Pins. 203
Camp de la forêt de kaoris dans la baie du Sud (Nouvelle-Calédonie). 205
Forêt de kaoris dans la baie du Sud (Nouvelle-Calédonie). 206
Autre vue de Saint-Louis (Nouvelle-Calédonie). 207
Une halte à l'ombre d'un jeune cocotier. 211
Vue de Puemboute (Nouvelle-Calédonie). 214
Une église des Missions calédoniennes à Uvéa (Loyalty). 215
Un indigène de la Nouvelle-Calédonie. 225
Orphelinat de garçons et métisat à Yohové. 227
Paysage de la Conception (Nouvelle-Calédonie). 228
Une exploitation de kaoris en Nouvelle-Calédonie. 229
Mise à sec d'un vaisseau sur un chantier de réparation. 237
Maison Henri à Oubatch (Nouvelle-Calédonie). 240
L'Église de Tomala (Nouvelle-Calédonie). 241
Site pittoresque dit : « le Trou de Mme Palud » (Nouvelle-Calédonie). 249
Vue de Nouméa. 257
Caserne et redoute à Oubatch (Nouvelle-Calédonie). 264
Façade de l'église de la Conception dans la vallée de Boulari. . . . 265
Reconnaissance en canot à l'embouchure du Diahot. 271
L'Église paroissiale de Nouméa. 277
Nouméa. Pensionnat libre tenu par les sœurs de Saint-Joseph de Cluny. 287
Une case d'hommes à Mélé (Nouvelles-Hébrides). 288
Une case de femmes à Lifou (Loyalty). 289
Chantier de construction d'une église en Nouvelle-Calédonie. 297
Case du chef Gélima, à Kanala (Nouvelle-Calédonie). 301
La garde du P. Boillot, formée de Canaques chrétiens. 305
Un village de l'île Mallicolo (Nouvelles-Hébrides). 310
Grandes pirogues des indigènes de la Nouvelle-Calédonie. 311
Un indigène civilisé de la Nouvelle-Calédonie. 317

TABLE DES GRAVURES 335

La résidence d'un colon en Nouvelle-Calédonie. 320
Palais épiscopal à Nouméa. 321
La rade de Balade. — Premier blockhaus élevé en Nouvelle-Calédonie. 325
Une frégate en tempête. 332
Un oiseau de la Nouvelle-Calédonie. 335
Le Notou, ou pigeon Goliath. 336

Un oiseau de la Nouvelle-Calédonie.
D'après une photographie communiquée par le R. P. Fraysse.

Le Notou, ou pigeon Goliath.
D'après une photographie communiquée par le R. P. Fraysse.

VICTOR RETAUX et Fils, Libraires-Éditeurs
RUE BONAPARTE, 82, A PARIS

EXTRAIT DU CATALOGUE

THÉATRE CHRÉTIEN

PAR

LE R. P. G. LONGHAYE

DE LA COMPAGNIE DE JÉSUS

Deux volumes in-8°. (Ne se vendant pas séparément.) 12 fr.

Le *Théâtre* du R. P. Longhaye est, avant tout, une œuvre de foi et de pédagogie chrétienne; mais il n'en est pas moins une œuvre éminemment littéraire. Nous le présentons comme tel, non seulement à la jeunesse catholique et à ses maîtres, mais à tous les amateurs de l'émotion saine et des vraies jouissances de l'esprit, à ceux qui cherchent dans le drame plutôt la peinture vivante de l'âme que la complication et l'étrangeté des incidents. Ils trouveront ici, avec le respect des vraies et naturelles lois de l'art classique, un usage heureux des légitimes libertés de l'art moderne, une étude consciencieuse de l'histoire, un soin rare du style et du vers, tout ce qui peut rendre des pièces de ce genre, sinon acceptables au public actuel des théâtres, du moins remarquables et attachantes pour les lettrés sérieux.

L'auteur y a joint un avant-propos où il expose l'utilité et les conditions du théâtre scolaire, et aussi les lois premières de l'art dramatique tel qu'il le conçoit. D'autres appendices ont trait à la première représentation de certaines pièces, en même temps qu'au projet de loi de 1879 contre l'enseignement libre et aux décrets de 1880 contre les Congrégations religieuses. Enfin nous avons inséré, à la fin du second volume, trois épîtres en vers sur différents sujets de littérature ou de controverse.

Voici la table des deux volumes :

TOME PREMIER : *Jean de la Valette*, tragédie en cinq actes. — *Connor O'Nial* ou l'Irlande sous Edouard VI, tragédie en cinq actes. — *Les Flavius*, tragédie en cinq actes. — *Bouvines*, tragédie en trois actes. — *Helvetia* (le bienheureux Nicolas de Flüe), tragédie en quatre actes.

TOME SECOND : *Campian*, tragédie en quatre actes précédés d'un prologue. — *Canossa*, tragédie en trois actes. — *La Confédération de Bar*, tragédie en quatre actes précédés d'un prologue.

Comédies et scènes littéraires : *La Querelle du Cid*. — *Le Souper d'Auteuil*. — *Richelieu, homme de lettres*. — *A Ferney*. — Appendice : trois épîtres en vers.

On vend séparément les pièces suivantes, imprimées dans le format petit in-16

TRAGÉDIES EN VERS

Connor O'Nial (5 actes). .	» fr. 40	**Canossa** (3 actes).	» fr. 40
Les Flavius (5 actes). . .	» fr. 40	**Bouvines** (trilogie en vers).	» fr. 40
Helvetia (4 actes).	» fr. 40	**La Confédération de Bar** (4 actes	
Campian (4 actes).	» fr. 40	précédés d'un prologue). . .	» fr. 60

COMÉDIES EN UN ACTE ET EN VERS

Richelieu, homme de lettres. . . . . » fr. 40
A Ferney. . . . . » fr. 40

VICTOR RETAUX & FILS, LIBRAIRES-ÉDITEURS

DRAMES EN UN ACTE, EN VERS
Par le R. P. Henri TRICARD, S. J.

Un volume in-18 jésus . . . . 3 fr. 50

Les sept pièces qui forment ce volume sont également publiées en brochures séparées.
Chacune de ces pièces se vend 60 centimes.

Ce volume renferme sept petits drames en vers (six en 1 acte, un en 2 actes), écrits pour les scènes chrétiennes, surtout pour les maisons d'éducation. Peu de personnages, action simple, mise en scène facile, forme littéraire et soignée.

Ces pièces sont très variées : **Gratia** (qui nous peint saint Bernard jeune homme) et **Palestrina** sont deux tableaux lyriques; l'**Héritage** est une œuvre grave, émouvante; **Nuit d'orage**, une étude de remords dans une action et un décor saisissants; **Blasé**, épisode de la guerre de 1870 où se mêle à la note gaie et intime une mâle leçon de patriotisme; **Métastase** (en 2 actes) met en scène l'enfance du grand lyrique italien : c'est une idylle et une comédie; enfin **Lamennais**, à notre gré le morceau principal, d'un genre tout spécial, nous montre, à côté de Béranger, un Lamennais déjà coupable, mais seulement à moitié de sa chute, encore noble et digne de pitié. L'épisode mis en œuvre est historique.

Ce volume offre une lecture très attrayante. Il peut parfaitement se donner en prix. C'est de la poésie chrétienne par le fond, assez moderne par la forme, le coloris, le lyrisme et la libre allure des vers.

Garcia Moreno. Drame en cinq actes, en vers, par le R. P. Henri TRICARD, S. J. Un volume in-18 jésus. . . . . 2 fr. »
Vitus ou le Lis sanglant. Drame en quatre actes, en vers, par le R. P. Henri TRICARD, S. J. 2ᵉ *édition*. Un volume in-18 jésus . . . 2 fr. »
Alfred le Grand. Drame en quatre actes, en vers, par le R. P. Henri TRICARD, S. J. Musique du R. P. A. Gondard. In-18 jésus. 2 fr. »
Loch' Maria. Drame en trois actes, en vers, par le R. P. V. DELAPORTE, S. J. 2ᵉ *édition*. Un volume in-18 jésus. . . . . 2 fr. »
Une Page d'Histoire de France. Un acte en vers, par le R. P. V. DELAPORTE, S. J. 2ᵉ *édition*. In-12. . . . . 1 fr. »
François de Guise. Drame en trois actes, en vers, par le R. P. A. DE GABRIAC, S. J. Un volume in-18 jésus. . . . . 1 fr. 50
Allons, Gai, Gai! Comédie en deux actes, en vers, par F. LE DORZ. Un volume in-18 jésus. . . . . 1 fr. 50
Le Serment. Drame en deux actes, en vers, par F. LE DORZ. Un volume in-18 jésus. . . . . 1 fr. 50
Olivier de Clisson. Drame en trois actes, en vers, par F. LE DORZ. Grand in-8 . . . . 2 fr. »
Le Songe de Gerontius, d'après « The dream of Gerontius » du cardinal Newman, par F. LE DORZ. In-16. . . . . 1 fr. 50
Clovis ou le Baptême de la France. Tragédie en quatre actes, en vers, avec chants, par l'abbé LEFRANC. Musique de l'abbé Giffard. Un volume in-16. . . . . 2 fr. »
Le Filleul de saint Louis. Tragédie en cinq actes, en vers, par l'abbé Camille ARTIGES. Un volume in-18 jésus . . . . 1 fr. 60
Roland. Drame en quatre actes, en vers, par l'abbé Marc CALMON, professeur au petit séminaire de Montfaucon (Lot). In-18 raisin. 2 fr. »
Sainte Cécile. Poème tragique, par le marquis A. DE SÉGUR. *Ouvrage couronné par l'Académie française*. 6ᵉ *édition*. 1 vol. in-18 raisin. 2 fr.

VICTOR RETAUX & FILS, LIBRAIRES-ÉDITEURS

MARIN ET JÉSUITE

VIE ET VOYAGES DE FRANÇOIS DE PLAS

ANCIEN CAPITAINE DE VAISSEAU, PRÊTRE DE LA COMPAGNIE DE JÉSUS

Par le R. P. MERCIER, S. J.

1809-1888

2 volumes in-8, avec portraits . . . . 12 fr.

JEUNES CHRÉTIENS DE NOTRE TEMPS

QUINZE NOTICES BIOGRAPHIQUES

PAR LE R. P. DIDIERJEAN, DE LA COMPAGNIE DE JÉSUS

Un volume in-8 . . . . 5 fr.

Dans les vies si courtes, mais si pleines, que nous racontons, nos jeunes contemporains trouveront en grand nombre de magnifiques exemples de foi, d'innocence, de piété envers Dieu et envers la famille, de dévouement à l'Église et à la Patrie. En face de ces exemples, d'autant plus acceptables qu'ils leur viennent de jeunes hommes de leur âge et de leur temps, leurs cœurs, nous l'espérons, se sentiront non seulement émus et ravis, mais encore fortifiés pour la lutte et entraînés à la pratique courageuse du bien.

HENRI TRICARD, *Scolastique de la Compagnie de Jésus (1859-1890)*. Souvenirs religieux et littéraires recueillis par le R. P. LONGHAYE, de la même Compagnie. 1 volume in-8 . . . . 3 fr. 50

LA FRANCE HÉROIQUE, vies et récits dramatiques d'après les chroniques et les documents originaux, par Bathild BOUNIOL. 8ᵉ édition, corrigée et considérablement augmentée. 4 vol. in-8. . . . 20 fr. »

LES MARINS FRANÇAIS, suite et complément de la *France héroïque*, vies et récits dramatiques, d'après les documents originaux, par Bathil BOUNIOL. 4ᵉ édition, revue, corrigée et complétée jusqu'à ces dernières années. 2 vol. in-8 . . . . 10 fr. »

GARCIA MORENO, président de l'Equateur, vengeur et martyr du droit chrétien (1821-1875), par le R. P. A. BERTHE, de la Congrégation du T. S. Rédempteur. 2 vol. in-8 . . . . 7 fr. »

VICTOR RETAUX ET FILS, LIBRAIRES-ÉDITEURS

OUVRAGES DE LOUIS VEUILLOT

Correspondance. 6 vol. in-8. . . . . 36 fr. »
Chaque volume se vend séparément 6 fr.
T. I. *Lettres à son frère, à sa famille, à divers*, 1 vol. — T. II et III. *Lettres à sa sœur*, 2 vol. — T. IV, V et VI. *Lettres à son frère et à sa sœur*, 3 vol.

A propos de la guerre. Brochure in-8. . . . . 1 fr. »
Çà et là. 2 vol. in-18 jésus. . . . . 8 fr. »
Corbin et d'Aubecourt. 1 vol. in-18 jésus. . . . . 2 fr. »
Les Couleuvres. 1 vol. in-18 jésus. . . . . 2 fr. »
Les Droits du seigneur au moyen âge. 1 vol. in-18 jésus. . 3 fr. »
Le Guêpier italien. Brochure in-8. . . . . 1 fr. »
La Guerre et l'homme de guerre. 1 vol. in-18 jésus. . . . 3 fr. 50
Historiettes et Fantaisies. 1 vol. in-18 jésus. . . . . . 3 fr. 50
L'Illusion libérale. In-8. . . . . 2 fr. »
La Légalité. In-18. . . . . 1 fr. 25
La Liberté du Concile. In-18. . . . . » fr. 75
Les Libres-Penseurs. 1 vol. in-18 jésus. . . . . 3 fr. 50
Les Odeurs de Paris. 1 vol. in-18 jésus. . . . . 4 fr. »
Œuvres poétiques. 1 vol. in-18 jésus. . . . . 4 fr. »
Le Parfum de Rome. 2 vol. in-18 jésus. . . . . 7 fr. »
Paris pendant les deux sièges. 2 vol. in-8 (*occasion*). . 12 fr. »
Le même ouvrage. 2 vol. in-18 jésus. . . . . 7 fr. »
Vie de Notre-Seigneur Jésus-Christ. 1 vol. in-18 jésus. . 4 fr. »
Hommages à Louis Veuillot, avec une préface et des notes, par Eugène VEUILLOT. 1 fort vol. in-8. . . . . 7 fr. 50
On trouvera en outre dans ce volume, à côté de chaleureux et justes éloges, quantité de renseignements, d'anecdotes, de traits de caractère, sur Louis VEUILLOT, et même sur d'autres. Sous ce rapport, les hommages seront donc le complément naturel, nécessaire et indispensable de sa Vie, que prépare son frère, de sa Correspondance, de ses Mélanges, en un mot de ses Œuvres complètes.

Louis Veuillot. Etude morale et littéraire, par le R. P. Etienne CORNUT, de la Compagnie de Jésus. 1 vol. in-8. . . . . 4 fr. »
Ce volume n'est pas une biographie de Louis VEUILLOT, mais une étude approfondie et une analyse délicate de son âme et de son talent. L'auteur a soigneusement écarté toutes les controverses entre catholiques : des luttes contre les rationalistes et les impies, il n'a rappelé que ce qu'il était impossible de taire. C'est le chrétien magnanime avec son dévouement à l'Église, l'homme intime avec son exquise sensibilité et l'écrivain avec son talent prodigieux que le P. Cornut a voulu peindre. Le lecteur verra qu'il y a réussi.

Bernard Veuillot. Notice sur sa vie et extraits de sa correspondance, par le R. P. Gabriel BILLOT, S. J. 1 vol. in-18 jésus. . . . . 3 fr. »

Imp. D. Dumoulin et Cᵉ, à Paris.

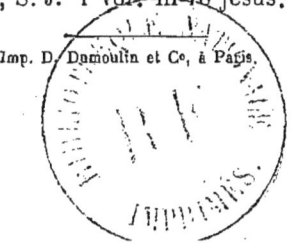

TABLE DES MATIÈRES

Avertissement I

Chapitre I. — En route pour la Nouvelle-Calédonie. — La frégate *l'Uranie*. — Mgr Douarre et le commandant Bruat. — Tempête. — L'escadre de l'amiral Dupetit-Thouars. — Le *Bucéphale*. — Visite triomphale à Wallis. — Arrivée à Balade. — Le grand chef Païama. — Les marins missionnaires. 7

Chapitre II. — Visite officielle au grand chef. — Noël sur la terre canaque. — Le pavillon national ombrage la nouvelle mission. — Les Français sont de bons blancs. — Larmes d'adieu. — Pauvreté et misère. — Un évêque maçon. — La famine. — Un navire américain. — Le *Rhin* sauve la mission de Balade. 15

Chapitre III. — Les anthropophages. — Menaces de mort et d'incendie. — Courage et intrépidité des missionnaires. — Coups de bâton et de lance. — Protection merveilleuse. — Visite d'un martyr. — Massacre de l'île Isabelle. 23

Chapitre IV. — Les couleurs françaises. — Visite de l'*Héroïne*. — Une croix sur la tombe d'un brave. — Un évêque bon marin. — Lâche guet-apens. — Le P. Montrouzier blessé. — Le pardon de l'assassin. . . . 33

Chapitre V. — Excursion. — Naufrage de la *Seine*. — Un évêque sauveteur. — Deux cent trente naufragés. — L'égoïsme des Anglais. — Retour en France. — Mgr Douarre et Louis-Philippe. — Ingratitude du gouvernement. — Noble fierté de l'évêque. — Courses apostoliques à travers la France. — Fatale nouvelle 41

Chapitre VI. — Les Canaques flairent leur proie. — Fondation de la station de Pouébo. — Peste et famine. — Calomnie des Anglais. — Complot. — Arrivée de Mgr Collomb à bord du *Speck*. — Sinistres pressentiments. — Premier assaut. — Trahison. — Siège de la mission de Balade. — Incendie. — Capitulation. — Fuite nocturne. 47

Chapitre VII. — Refuge à Pouébo. — Un martyr. — Pillage de la mission de Balade. — Pas une voile à l'horizon. — Le siège de Pouébo. — Mesures défensives. — Deux braves molosses. — Nobles dévouements. — Secours inespéré. — La *Brillante*. — Descente à terre. — Dernière attaque des Canaques. — Projets de vengeance. — Le pardon des injures. — L'*Anonyme*. — Représailles. — Trois nouveaux martyrs. — L'*Ariadne*. — Mort de l'aspirant Jean de Kersabiec. — Évacuation de la Nouvelle-Calédonie 61

CHAPITRE VIII. — Tout est perdu fors l'espérance. — Mgr Douarre et le général Cavaignac. — Départ de l'évêque à bord du *Cocyte*. — Marceau ramène au feu les vaillants soldats de Jésus-Christ. — Retour en Nouvelle-Calédonie. — Station à Annatam, à Halgan. — Perfidie et ingratitude. — L'île des Pins. — Installation des PP. Goujon et Chatelus. — Arrivée de Mgr Douarre à Annatom. — Il fait voile pour la Nouvelle-Calédonie. — Le *Cutter* est pris et l'équipage mangé. — Les Canaques demandent pardon à l'évêque. — La réduction de Yaté. — Nouvelles menaces. — Fuite de l'évêque. — Les néophytes s'exilent à Wallis. — Retour du P. Rougeyron. — Victoire. — Établissement définitif en Nouvelle-Calédonie.. 77

CHAPITRE IX. — L'*Alcmène* en exploration. — Un canot en perdition. — Recherches. — Les Canaques anthropophages. — Abordage. — Un missionnaire seul contre plusieurs centaines d'anthropophages. — Délivrance de trois prisonniers. — Terrible imprudence. — Attaque subite. — Massacre. — Vengeance. — Charité du missionnaire.. 93

CHAPITRE X. — La France vengée. — Ordres secrets. — Départ de la *Forte*. — Réceptions officielles à Papeïti. — Armement du *Phoque*. — Bal taïtien. — Sa Majesté la reine Pomaré. — Déportation de son royal époux. — Départ mystérieux du *Phoque*. 105

CHAPITRE XI. — Le vieil amiral et son vieux navire. — Préoccupations légitimes. — Les Nouvelles-Hébrides. — Le plan de campagne. — L'évêque catholique et français. — L'escadre réduite à un seul navire. — La *Constantine*. — Gare aux Anglais !. 125

CHAPITRE XII. — Les *Loyalty*. — Les affreux Canaques. — La ceinture de corail. — Les tours de Notre-Dame. — La maison blanche des missionnaires de Balade. — Le *Phoque* à l'ancre en face de la mission catholique de Pouébo. 135

CHAPITRE XIII. — Une pirogue. — Entrevue de l'amiral et du missionnaire. — Un navire signalé. — Sans nouvelles de la *Constantine* et des Anglais. — Conseil à bord. 143

CHAPITRE XIV. — Le P. Rougeyron à bord du *Phoque*. — Nouveau conseil en présence du missionnaire. — Les Anglais n'ont pas montré leur pavillon. — La baie de Kanala. — Balade. — La *Constantine* est en retard. — Les pêcheurs de tripans. 153

CHAPITRE XV. — Nouveaux renseignements. — L'île des Pins menacée. — Projet de service régulier de paquebots anglais. — Départ pour Balade. — Le *Phoque* jette l'ancre en face de la mission. — Les PP. Forestier et Vigouroux viennent saluer l'amiral. — Recommandations prudentes. — Férocité des anthropophages. — Pas de ressources alimentaires. — Les missionnaires chargés de traiter avec les Canaques. — Reconnaissance à terre. 163

Chapitre XVI. — La résidence des missionnaires. — Projet d'occupation immédiate de l'île des Pins. — Reconnaissance de la rade et des passes. — Le pavillon français flotte à terre. — Prise de possession solennelle de la Nouvelle-Calédonie. — Salves d'artillerie. — Frayeur des Canaques. — Signature du procès-verbal. — Joie des matelots. — Indisposition de l'amiral. — Ordre de départ pour l'île des Pins 171

Chapitre XVII. — La garde du pavillon. — A travers les récifs. — Excursion dans la baie de Kanala. — Exploration d'un fleuve microscopique. — Un festival de chair humaine. — En route pour l'île des Pins. — Un navire de guerre en vue. — Marche lente à travers un chenal. — L'Anglais! — Désespoir! — Visite à bord du *Phoque* d'un officier du *Herald* . . . 185

Chapitre XVIII. — Espoir! — Expédition nocturne à terre. — Retour après minuit. — Un missionnaire à bord du *Phoque*. — Bonnes nouvelles. — Un roi canaque ami de la France. — Une conversation importante par signaux. 197

Chapitre XIX. — Les Anglais trop peu clairvoyants. — Une promenade en rade. — Visite de politesse à bord du *Herald*. — Le pavillon français flotte au-dessus de la mission catholique. — Prise de possession de l'île des Pins. — Revanche. — Une Majesté jetée par-dessus bord. — Menaces tardives. 207

Chapitre XX. — Partage fraternel avec les Anglais. — La correspondance des Anglais à la mer. — En route pour la Nouvelle-Zélande! — Course au travers des récifs. — Retour triomphant à Balade. — Point de *Constantine!* — Projet de construction. — La caisse d'outils de Papeïti. — Les ouvriers improvisés. — Le massacre des niaoulis. — Affolement des Canaques. 215

Chapitre XXI. — Un bâtiment à voiles en vue. — Couleurs américaines. — Guet-apens de Canaques. — Le *John-H.-Millay*. — Un Yankee. — Conventions de ravitaillement. — En route pour Sydney. — Une troupe de Fidjiens. — Le *tabou*. — La famine. 229

Chapitre XXII. — La race admirable des marins. — Paresse et frayeur des Fidjiens. — Une tuilerie improvisée. — Visites à bord des Calédoniens. — Familiarité et voracité des sauvages. — Le grand chef Tiangoun conspire. — Un Canaque blondin. — Les vivres gâtés. — Pêche infructueuse. — Le P. Montrouzier garde-malade de l'amiral. — Commerce avec les Canaques. — Précautions prudentes. — La première pierre du blockhaus. — Le missionnaire sauve la vie à l'amiral. — Une garde armée à terre. 241

Chapitre XXIII. — Assassinat d'une prétendue sorcière. — Violation du territoire français. — Le P. Montrouzier amène les coupables à bord du *Phoque*. — Trois Canaques aux fers. — L'assassin à fond de cale. — Anxiété des naturels. — Les blancs rôtissent et mangent leurs prisonniers . . . 257

TABLE DES MATIÈRES

Chapitre XXIV. — Vapeur en vue. — Les couleurs nationales. — Arrivée du *Prony*. — Pas de vivres, pas de nouvelles. — Changement de direction dans les travaux. — Rapport sur les ressources de l'île. — Expédition du *Phoque* dans la baie du Diahot. — Un fleuve navigable et un Niagara en miniature. — Retour à Balade. — Les Canaques menaçants. — Partie de plaisir interrompue................... 265

Chapitre XXV. — Arrivée du *Catinat*. — Le *Phoque*, bâtiment amiral. — Encore vingt-cinq jours de vivres. — Tiangoun conspire. — Plan d'attaque des villages canaques. — Hypocrisie des Canaques. — La mort terrible d'un chat et d'un goret. — Empoisonnement général. — Le pavillon de partance. — La gourmandise d'un Marseillais. — Huit victimes. — Un poisson vénéneux.................. 277

Chapitre XXVI. — Projet de massacre. — La conspiration est découverte. — Un palabre nocturne. — La mission arme. — Le corps expéditionnaire sur pied. — Débarquement de nuit. — Enlèvement des chefs Dominico et Ondou. — Capture de Michel et de Tiangoun. — Quidago et Toulanguy prisonniers. — Les Canaques terrifiés............. 289

Chapitre XXVII. — Les Canaques réclament la protection du missionnaire. — Le P. Montrouzier demande grâce. — Tiangoun ne sera pas pendu. — Quatre libérés. — Le grand chef gardé à vue. — Évasion audacieuse. — Rien ne sert de courir : il faut partir à temps............ 301

Chapitre XXVIII. — Mécontentement de l'amiral. — C'est la guerre ! — Consternation du missionnaire. — Menaces d'incendie et de massacre. — Le P. Montrouzier s'interpose. — Ultimatum. — Négociations. — Le Missionnaire ramène le fugitif. — Entrevue du grand chef et de l'amiral. — Le nouveau Rollon. — Pacification............. 311

Chapitre XXIX. — L'équipage à la demi-ration. — Une voile ! — Le *Marian-Watson*. — La mort foudroyante d'un commodore. — Fureur des Anglais. — La guerre d'Orient. — Espoir. — Noël. — Une étoile dans la nuit sombre. — Une grand'messe chantée par des anthropophages. — Le *John-H.-Millay*. — Partage et réjouissance. — Adieux de l'amiral Fébvrier des Pointes. — Départ du *Catinat*. — Marins et Missionnaires.......... 321

Table des gravures...................... 333

FIN

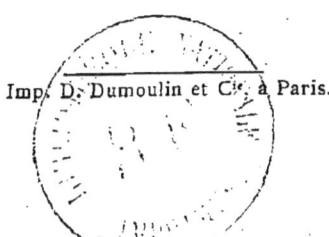

Imp. D. Dumoulin et Cⁱᵉ à Paris.

VICTOR RETAUX & FILS, ÉDITEURS
RUE BONAPARTE, 82, A PARIS

JEUNES CHRÉTIENS
DE NOTRE TEMPS
QUINZE NOTICES BIOGRAPHIQUES
Par le R. P. DIDIERJEAN, de la Compagnie de Jésus.

Un volume in-8. . . . . 5 fr.

 Dans les vies si courtes, mais si pleines, que nous racontons, nos jeunes contemporains trouveront en grand nombre de magnifiques exemples de foi, d'innocence, de piété envers Dieu et envers la famille, de dévouement à l'Eglise et à la Patrie. En face de ces exemples, d'autant plus acceptables qu'ils leur viennent de jeunes hommes de leur âge et de leur temps, leurs cœurs, nous l'espérons, se sentiront non seulement émus et ravis, mais encore fortifiés pour la lutte et entraînés à la pratique courageuse du bien.

Henri Tricard, *Scolastique de la Compagnie de Jésus* (1859-1890). Souvenirs religieux et littéraires recueillis par le R. P. LONGHAYE, de la même Compagnie. Un volume in-8 . . . . . . 3 fr. 50

Louis Veuillot. Etude morale et littéraire, par le R. P. Étienne CORNUT, de la Compagnie de Jésus. Un volume in-8 . . 4 fr.

Témoignages et Souvenirs, par le marquis A. DE SÉGUR. 6ᵉ édition. Un volume grand in-8, illustré. . . . . 4 fr.

Monseigneur de Ségur. Souvenirs et récits d'un frère, par le marquis A. DE SÉGUR. 25ᵉ mille. Un volume grand in-8, orné de nombreuses gravures hors texte . . . . 4 fr.

Costume (le) **au moyen âge, d'après les sceaux**, par G. DEMAY, sous-chef de la section historique aux Archives nationales. Un volume in-4, contenant 600 grav. et 2 chromos, broché. 15 fr.

Théâtre chrétien, par le R. P. G. LONGHAYE, de la Compagnie de Jésus. Deux vol. in-8 (Ne se vendant pas séparément). 12 fr.

 Voici la table des deux volumes :

 TOME PREMIER : *Jean de la Valette*, tragédie en cinq actes. — *Connor O'Nial*, ou l'Irlande sous Edouard VI, tragédie en cinq actes. — *Les Flavius*, tragédie en cinq actes. — *Bouvines*, tragédie en trois actes. — *Helvetia* (le bienheureux Nicolas de Flüe), tragédie en quatre actes.

 TOME SECOND : *Campian*, tragédie en quatre actes précédés d'un prologue. — *Canossa*, tragédie en trois actes. — *La Confédération de Bar*, tragédie en quatre actes précédés d'un prologue.

 — Comédies et scènes littéraires : *La Querelle du Cid*. — *Le Souper d'Auteuil*. — *Richelieu, homme de lettres*. — *A Ferney*. — Appendice : trois épîtres en vers.

Drames en un acte, en vers, par le R. P. Henri TRICARD, S. J. Un volume in-18 jésus. . . . . 3 fr. 50

Les sept pièces qui forment ce volume sont également publiées en brochures séparées. Chacune de ces pièces se vend 60 centimes.

Imp. D. Dumoulin et Cie, Paris.

www.ingramcontent.com/pod-product-compliance
Lightning Source LLC
Chambersburg PA
CBHW070902170426
43202CB00012B/2160